존 홀트의
학교를 넘어서

국립중앙도서관 출판시도서목록(CIP)

존 홀트의 학교를 넘어서 : 학교 밖에서 찾는 능동적 배움의 길/
존 홀트 지음 ; 공양희 옮김.
— 서울 : 아침이슬, 2007
p. ;   cm
원서명: Instead of Education
원저자명: Holt, John Caldwell
ISBN 978-89-88996-77-5 03370 : ₩12000
370.1-KDC4
370.1-DDC21   CIP2007002301

존 홀트의

학교를 넘어서

학교 밖에서 찾는 능동적 배움의 길

존 홀트 지음 | 공양희 옮김

아침이슬

| 차례 |

학교를 벗어나 세상 속에서 배우기

이 시대는 교육 개혁의 열정으로 불타고 있다. 그 열정은 끝 간 데를 모른다.《뉴스위크Newsweek》의 보도에 따르면 미국 전역에 걸쳐 주 의회의 3분의 1 이상이 기초 학력 달성에 역점을 두는 시험을 의무화 하는 법령을 통과시켰다. 정치적 견해를 달리하는 온갖 단체를 막론 하고 한결같이 "좀 더 난이도가 높은 테스트를!", "더 높은 기준을!", "기초 학력부터 다시!"를 요구하고 있다. 모든 정당이 하나같이 교육 은 지금 심각한 정밀 검토가 필요하다는 점에 동의한다. 그럼에도 국 가는 여전히 국민들에게 공교육의 대의를 지지하고 4년제 대학 교육 의 중요성을 인정하며 점점 더 길어지고 있는 자녀들의 학교교육 기 간을 감당하라고 요구하고 있다. 이는 곧 학부모들이 늘어만 가는 교 육비를 충당하기 위해 더욱더 허리띠를 졸라매야 한다는 것을 의미 한다. 이 책의 초판이 나왔던 1976년의 사정도 그러했지만 오늘날의 상황도 거의 다를 바 없다.

세상의 흐름에 몸으로 부딪치면서 격변의 70년대를 보낸 홀트는 학교 제도의 도움 없이 자녀들이 배우고 익힐 수 있는 길을 실천하고, 또 모색해나가고 있는 사람들이 상당수 된다는 사실을 알게 되었다. 홀트는 그 일을 지지했고 도움을 주고자 했다. 홀트가 이 책에서 시대의 상황을 묘사하고 해법을 내놓았던 1976년 이후 사정은 더 심각해졌다. 그때 이후 아이들이 학교에서 보내야 하는 시간은 물론이고 통과해야 하는 시험의 횟수도 늘어만 가고 있다. 오늘날 4년제 대학을 수료하는 데 드는 비용은 많은 이들에게 엄청난 빚이 되고 있다. 그런데도 교육자들은 여전히 '엄청난 판돈이 걸린 시험'을 통해 고등학교 졸업장의 가치를 유지시키려 애쓰고 있다.

홀트는 대부분의 어른들이 학교란 아이들에게 힘든 곳이어야 한다고 생각하므로 이런 추세에 대해 이런저런 논의를 하는 것이 쓸데없다고 판단했다. 그리고 학교를 떠나 관심이 있는 사람들에게 구체적인 선택 사항을 제시해주는 편이 낫겠다고 결정했다. 그는 이 일을 해나가는 가운데 어느 누구보다도 먼저 홈스쿨링homeschooling 운동을 예견해 그 세부적인 부분까지 밑거름을 대줄 수 있었다. 존 홀트는 이 일에 자신의 관찰력, 열정적이고 광범위한 독서, 뉴잉글랜드인의 근성, 그리고 엄청난 수의 학교, 정치인, 운동가, 교사, 학생, 어린이, 부모, 저술가 들과 평생에 걸쳐 나누었던 만남과 우정을 모두 활용했다. 그럼에도 홀트가 무슨 일을 했는지 모르는 사람이 아직도 많다.

존 홀트는 1950년대를 전통적인 사립학교의 5학년 담임교사로 보냈다. 그가 여기저기서 했던 말들을 요약해보면 교사로서 지낸 그 시기는 의문의 나날들이었다 한다. '나는 가르친다. 하지만 이 아이들은 배우지 않고 있다. 이게 도대체 무슨 일이란 말인가?' 결국 홀트는 그 의문의 해답을 얻었고 첫 책이자 가장 대중적인 인기를 얻은 책 『아이들은 왜 실패하는가How Children Fail』에서 그 이유를 상세히 밝혔다.

홀트는 교사인 그 자신의 존재가 오히려 아이들이 배우고 익히는 데 방해가 되는 경우가 많다는 사실을 알아차린다. 교사가 버티고 앉아 질문을 해대는 상황은 배움의 밑거름이 되기는커녕 아이들의 학습에 방해가 되는 경우가 태반이다. 아이들은 진짜 주제에 관심을 가지기보다는 교사가 뭘 원하고 있는지에 대해 더 많은 궁리를 하게 된다. 홀트는 스트레스를 적게 주고 간섭을 줄이는 식으로 교수법을 바꾸자 아이들에게 훨씬 좋은 결과가 온다는 사실을 알았으며, 나중에는 학교와 학부모들의 인정까지 받게 될 정도였다.

그럼에도 부모나 교사들은 홀트에게 수업 시간을 좀 더 재미없게 만들어야 한다고 요구했다. 배움이란 진짜 세상처럼 '모두 놀이와 장난으로 이루어져 있는 게 아니지 않느냐.'는 것이 그 이유였다. 홀트는 학교 당국과 학부모들 사이에 이 관점을 지지하는 세력이 너무도 뿌리 깊다는 사실을 알아차리고는 배우는 사람들에게 학교를 이용하지 않고 도움을 줄 수 있는 방법이 없을까 궁구하게 되었다. 홀트는 그 몇 해 동안 우리의 삶과 배움이 교육에 대한 잘못된 개념으로 인해 산산이 찢겨져나가고 있음을 절실하게 느꼈다. 이 책은 삶과 배움을 재통합해야 하는 이유와 그 방법을 보여주려는 홀트의 시도다.

홀트는 강제적인 학교교육의 목적과 목표에 대해 수없이 반성하고 생각했다. 그는 70년대에 이 주제를 두고 이반 일리히Ivan Illich 등의 학자들과 더불어 연구를 계속했고 여기서 나온 여러 가지 생각들을 자신의 경험을 통해 걸러냈다. 홀트는 교실 개혁가에서 학교 개혁가로, 또 사회 개혁가로 변해갔다. '학교교육schooling은 교육education과 다르다. 나아가서 교육은 배움learning과 다르다.'라는 사실을 점점 깨닫게 되었기 때문이다. 이 책에서 홀트는 일반 대중을 대상으로 일부러 선동적인 글을 쓰고 알아듣기 쉬운 어조로 교육을 분석한다. 그의 글은 정책 입안자들을 위한 까다롭고 학구적인 논문이 아니다. 교육에 대한 홀트의 정의나 관습적인 학교교육에 퍼붓는 모멸에 찬 어조는 가혹하기 그지없다.

사람들은 대부분 교육이란 어떤 사람들이 자신의 이익을 위해 다른 사람들을 모양 짓고 짜 맞추어, 그들이 알아야만 한다고 생각하는 바를 다른 사람들이 배우게 만들려고 애쓰는 그 무엇이라고 정의한다. 나 역시 이제 와서는 교육을 그렇게 정의하려고 한다. 오늘날 이 세계의 어디를 가도 '교육'이란 그 모양이 되어 버렸기 때문이다. 내가 반대편에 서고자 하는 것은 바로 그 모양을 한 교육이다.

그러나 사람들은 여전히 '교육'을 더욱 효과적이고 효율적으로 만드는 방법은 무엇일지, 어떻게 하면 좀 더 많은 이들에게 교육의 혜택을 베풀지, 또 어떻게 베풀 것인지, 그 교육을 어떻게 개혁하고 인간답게 만들 것인지 따위를 논의하면서 많은 시간을 허비한다. 나 역시 그렇게 몇 년을 허비했다. 하지만 우리가 그 교육이라는 것을 한층 더 효과적이고 효율적인 것으로 만들려고 하면 할수록 사태는 더 나빠져만 갈 것이고 심지어 해악을 끼치기조차 할 것이다. 교육을 개혁할 수는 없다. 지혜롭고 자비롭게 꾸려나갈 수도 없다. 왜냐하면 교육은 그 목적 자체가 지혜롭거나 자비로운 것이 아니기 때문이다.

홀트가 교육을 두고 종국에 가서는 나쁘게 되고야 마는 것으로 판정하고 그 자체를 거부하고 있기는 해도, 우리는 이 책 속에서 괜찮다고 인정할 만한 학교와 교사들의 예를 많이 만날 수 있다. 그는 아이들과 더불어 나아가는 학교나 단체, 그 각각의 예 속에서 희망을 보기도 한다. 그리고 좀 더 인간적인 학교를 만들고 싶어 하는 부모들과 교사들에게 할 수 있다면 그렇게 하라고 촉구한다. 하지만 홀트의 눈은 이미 다른 목표에 꽂혀 있었다. 그저 대안학교가 아닌 학교에 대한 대안에.

홀트는 교육에 대한 개념의 변화가 왜 필요한지를 역설한 후에 사람들이 하고자 하는 일을 더 잘할 수 있게 도와주는 여러 방법들의 개요를 분명하게 그려 보인다. 그리고 이 책 전체를 관통해 이러한 변화를 가져오는 데 필요한 학습 조건이나 교육법, 마음가짐 등등을 검토한다. 홀트는 1976년 당시의 많은 예들을 인용하고 있다. 그러나 21세기를 살아가는 우리가 이해하기 어렵지 않은 이유는, 오늘날 홈스쿨링을 하고 있는 사람들이 그 예들을 널리 활용하고 있기 때문이다.

각자의 학습 스케줄을 위해서는 학교 스케줄을 삼가하고 독립적인 공부 프로그램을 세운다. 여러 군데의 지역 대학이나 특별학교, 학원 등에서 개별 강의를 수강한다. 만남과 모둠놀이를 위해 수영장이나 공설운동장 같은 지역공동체의 자원을 활용한다. 러닝 센터learning center, 박물관, 콘서트, 도서관이나 대학의 강연 시리즈에 참여한다.

그 외에도 새로운 지역 자원을 만들어낸다. 자신이 가진 지식을 서로 나누는 교육통화나 지역 환경보호단체 등이 그 예다. 홀트는 이런 자원들 말고도 다른 여러 배움터에 관해 썼고 가까운 장래에 이런 배움터들을 지원할 수 있는 방법과 또 그래야 하는 이유를 썼다.

초판에 실렸던 서평을 훑어보면 비평계나 학계는 아이들이 학교나 공식적인 프로그램 없이도 제대로 배울 수 있다는 홀트의 주장을, 고작해야 한 몽상가의 꿈쯤으로 치부하고 있음이 역력하다. 하지만 이 책에서 홀트는 꿈꾸는 데 그치지 않았다. 그는 아이들이 강요된 학교로부터 도망칠 수 있도록 돕는 교육의 '지하조직underground railroad'*을 만드는 전략과 전술과 자원들을 제시한다. 그는 부모들에게 합법적으로, 아니면 법을 무시하고서라도 아이들을 학교에서 빼내올 것을 촉구한다. 비록 이 책의 많은 부분을 배우려는 이들에게 좋은 장이 되어주는 공적·사적 교육 사업과 제도에 대해 할애하고 있지만 그런 지원 없이도 배울 수 있는 길을 제시하는 데도 많은 지면을 할애하고 있다.

홀트는 교육에 대한 현대적 개념이 얼마나 널리 퍼져 있는지를 완벽하게 이해하고 있었다. 오늘날 세계 곳곳에서는 학교와 대학, 운동과 예술 프로그램, TV 쇼, 제약 회사나 자동차 회사, 병원, 장의사, 쇼핑몰에 이르기까지 어느 것 하나 우리를 교육시키고자 하는 프로그램을 광고하지 않는 곳이 없다. '소비자 교육'은 오늘날 사업계의 큰

---

*미국 노예해방 이전, 남부에서 북부나 캐나다로 탈출하는 노예들을 도와주던 비밀 조직.

건수다. 그것은 무시하지 못할 단체 학습의 기회로, 고객과 관계를 맺는 데 필요한 하나의 체계다. 자격증 발부 프로그램은 손금 읽기에서 이력서 쓰기에 이르기까지 모든 품목에 적용된다. 이들 중에는 정부가 운영하는 것도 있지만 대부분은 정부 인가 대행기관에 의해 운영된다. 우리의 문화는 면허증에 미치고 학위에 짓눌린 문화이며 서서히 세계는 하나의 교실로 바뀌어간다. 가히 홀트가 두려워했던 상황이다.

처음에는 불확실했지만 지금은 분명하다. 학교의 담을 자꾸만 넓혀가야 한다는 나의 말에 일리히가 왜 그렇게 공포에 가득 찬 반응을 보였는지. 그때는 배움과 나머지 삶을 분리시켜서는 안 된다는 뜻에서 그 말이 상당히 좋은 표현이라 생각했다. 시간이 흐른 지금에야 나는 그때 일리히가 정확하게 보았던 그 위험을 본다. 지구 규모의 학교 건물, 정신병자 수용소, 교도소를 한번 떠올려보면 되겠다. 정신병자 수용소와 교도소란 무엇인가. 강제 처치가 자행되는 기관들이다.……

지구 규모의 학교가 하나의 세계가 될 판이다. 그렇다, 우리는 지금 그 세계를 향해 가고 있는 것 같다. 그 세계란 우리의 전 인생에 걸쳐 한 무리의 사람들이 자기들을 제외한 우리 전부에게 여러 가지 시험을 치르게 할 권리를 갖고, 또 만약 자격 미달이면 우리가 그 일을 해낼 때까지 온갖 종류의 처치를 받도록 요구할 권리를 갖는 그런 곳이리라. 이보다 더한 악몽은 상상하기 어렵다.

사립학교운동*과 홈스쿨링 운동은 관료체제나, 학력검증시험, 엄격한 교육과정, 전통적인 학교의 교수 방법에 의지하지 않고 성장해왔고 번성하고 있다. 특히 오늘날 홈스쿨링이 폭발적으로 성장하는 것을 볼 때 이 책에서 아이들이 학교에 가거나 전통적인 학교교육 패턴을 따르지 않고도 어떻게 배움이 가능한지에 관해 얼마나 치밀하게 탐색하고 있는지를 여실히 알 수 있다. 그러나 홈스쿨링의 교육과정과 방법론, 이데올로기의 엄청난 다양성은 홀트가 희망하면서도 두려워했던 것이다. 선택권이 넓다는 점은 좋다. 하지만 더욱 많은 사람들과 상품이 홈스쿨링 시장으로 밀려들어옴에 따라 기존의 교육 상품과 교육 스케줄까지 가리지 않고 그 시장으로 쏟아져 들어오기 때문에 생기는 선택의 혼란 역시 크다. 이제 홈스쿨링을 통해 교육의 자급자족을 이루려는 성향까지 과소평가될 판이다. 최근의 연구 조사에서 탄생한 용어를 써보면 '독립 홈스쿨링'은 '등록된 가정 학습 학생들'에게 자리를 내준 듯 보인다.

내가 이 글을 쓰고 있는 이 시점에도 교육자들은 더 높은 학습 기준을 채택하고 더 자주 시험을 치르게 하는 것이 학교 개혁의 열쇠라고 보고 있다. 국가 보고서가 '위험에 직면한 우리 미국', '어떤 아이도 뒤떨어져서는 안 된다' 따위를 선언한 이후에 우리는 바로 그 같은 개혁을 눈앞에 두고 있다. 테크놀로지와 사회적 조건은 싫든 좋든 과거 160년을 지나는 동안 우리의 가정과 일터와 삶을 바꾸어놓았다. 그러

---

* 여기서 말하는 사립학교는 사립 대안학교를 뜻하지만, 현재 우리나라에 있는 이른바 대안학교들(이 중 특히 정부 지원을 받는 특성화학교)과는 다르다. 기존의 체제 내에서 대안을 추구하는 미국 내의 공립 대안학교들과 구별하기 위해 '대안학교운동'이라는 말 대신 '사립학교운동'이라는 말을 썼다. ―옮긴이

나 교육, 교육 개념, 교육 목적, 교육법, 미국 학교의 일반적 운영 방식은 19세기 후반의 교육가 호레이스 만Horace Mann의 시대로부터 크게 바뀌지 않은 형태로 남아 있다. 그 오래 묵은 교육 개념들을 차례대로 열거해보자. 평가 등급, 닫힌 교실 체제, 강제 학습, 지식이라는 통합체를 과학, 역사, 문학 등의 분리된 과목으로 쪼개는 행위, 학업 성취의 측정 도구로 상대 평가에 초점을 두는 것, 여전한 교육의 장과 교육자들, 학습 규칙들, 특히 학교가 지닌 본래의 강제적 특성⋯⋯.

사람들이 해야 할 일을 강요하는 행위는 그들이 배우고 익히는 것을 도우며 더불어 성장하는 데 결코 최선의 방법이 될 수 없다. 대부분이 동의하듯 미국 군대는 지원병 제도를 채택하면서 부대의 질적 수준이 나아졌다. 강제 징집은 지금에 와서는 극단의 경우에만 한하는 것으로 인식되고 있다. 사정이 이러한데도 미국의 학교들은 자신들의 권력을 휘두를 발판으로 강제 출석제에 매달려 아이들이 어디에서나 배움을 얻을 수 있다는 그 모든 증거를 무색하게 만든다.

이 책에서도 그 이야기가 나오는데 홀트가 자신의 잠수함 복무를 훌륭한 '배움 공동체'의 모델이 된다고 한 것을 두고 홀트를 비판하는 비평가들도 있다. 그 이유는 2차 대전 중에는 군 복무가 강제였다는 것이다. 비평가들은 "어떻게 훌륭한 배움 공동체가 그 본성상 강제성을 띨 수가 있는가?" 하고 주장한다. 하지만 이런 주장은 홀트가 한 말의 요지를 이해하지 못해서 생긴 것이다. 그는 해군에 자원입대해 잠수함 복무를 자원했는데, 이는 사람들이 비록 어렵더라도 강제당하기보다는 할 만한 가치가 있는 일을 스스로 찾을 것이라는 홀트 자신의 관점을 증명해준다.

홀트는 미국 문화 속에서 배움 공동체, 즉 가능하면 언제든 일상의 삶 속으로 어린 사람들을 기꺼이 받아들이는 사회를 보았고 또 만들려고 힘썼다. 홀트는 학교 개혁에 참여했던 당시의 동료들과 수많은 교사들로부터 쏟아지는 비난을 견뎌냈다. 그들은 홀트가 학교교육뿐만 아니라 교육 그 자체에 마음을 끊었다는 사실을 믿을 수 없어 했다. 하지만 이 책이 분명하게 말해주듯 홀트는 결코 사람들이 배움을 얻을 수 있는 학교나 여타의 장을 단념하지 않았다. 단지 학교와 교육에 관한 우리의 관념을 버렸을 뿐이다. 이 책은 홀트가 이후 1983년에 했던 다음과 같은 주장으로 나아가는 데 중요한 한 걸음이 된다.

"내가 우리 아이들과 모든 사람들을 위해 진정 바라는 것은 '더 나은 교육'이라 불리는 어떤 대단한 것이 아니라 살 만한 가치가 있는 삶, 할 만한 가치가 있는 일, 바로 그것이다."

—패트릭 파렌가Patrick Farenga, 존홀트연구소 소장

1 교육 대신에 '하기'
Doing, Not 'Education'

나는 '교육education'에 반대하며 '하기doing'를 지지하는 입장에서 이 책을 썼다. 여기서 내가 말하는 교육이란 능동적인 삶과는 거리가 먼, 유혹과 위협에 넘어가거나 욕망과 두려움에 짓눌려서 억지로 받게 되는 '배움learning'을 뜻한다. 이와는 반대로 '하기'란 스스로 방향을 정하며 목적 있고 의미 있게 살고 일하는 것을 뜻한다.

또 나는 이 책에서 그 '하기'를 하는 사람들, 나아가 그 '하기'를 잘하는 사람들에 관해 썼다. 그리고 '하기'를 더 잘할 수 있는 조건들과 그런 조건이 주어진 상태에서 '하기'를 하는 사람을 도울 수 있는 몇 가지 방법에 대해서 썼다. 물론 왜 이런 조건을 의무적이고 강제적이며 경쟁적인 학교 체제 안에서는 찾아볼 수도, 그렇다고 만들어낼 수도 없는가 하는 그 이유에 대해서도 썼다.

누구나 다 내가 이 책에서 쓰고 있는 의미로 '교육'이라는 말을 쓰지는 않는다는 것은 나도 알고 있다. 교육이란 타인이 내게 베풀거나 처방하는 것이 아니라 '스스로 획득하는 것'이라고 보는 사람들도 있는 줄 안다. 나도 한때는 교육이라는 말을 그런 의미로 쓰기도 했다. 하지만 사람들은 대부분 교육이란 어떤 사람들이 자신의 이익을 위해 다른 사람들을 모양 짓고 짜 맞추어, 그들이 알아야만 한다고 생각하는 바를 다른 사람들이 배우게 만들려고 애쓰는 그 무엇이라고 정의한다. 나 역시 이제 와서는 교육을 그렇게 정의하려고 한다. 오늘날이 세계의 어디를 가도 '교육'이란 그 모양이 되어 버렸기 때문이다. 내가 반대편에 서고자 하는 것은 바로 그 모양을 한 교육이다.

그러나 사람들은 여전히 '교육'을 더욱 효과적이고 효율적으로 만드는 방법은 무엇일지, 어떻게 하면 좀 더 많은 이들에게 교육을 실시하거나 제공할지, 그 교육을 어떻게 개혁하고 인간답게 만들 것인지 따위를 논의하면서 많은 시간을 허비한다. 나 역시 그렇게 몇 년을 허비했다. 하지만 우리가 그 교육이라는 것을 한층 더 효과적이고 효율적인 것으로 만들려고 하면 할수록 사태는 더 나빠져만 갈 것이고 심지어 해악을 끼치기조차 할 것이다. 교육을 개혁할 수는 없다. 지혜롭고 자비롭게 꾸려나갈 수도 없다. 왜냐하면 교육은 그 목적 자체가 지혜롭거나 자비로운 것이 아니기 때문이다.

살아갈 권리 그 자체를 제쳐두고라면 우리 인간이 지닌 가장 근본적인 권리는 자신의 마음과 사고를 스스로 다룰 수 있는 권리이다. 그것을 다른 말로 표현하자면 우리를 둘러싼 세계를 탐색하는 방법을 스스로 결정할 권리라고도 할 수 있고, 우리 자신과 다른 이들의 경험에서부터 스스로의 삶의 의미를 발견하고 만들어나갈 권리라고도 할 수 있다.

그 권리를 우리로부터 앗아가는 자는 그 누구든 우리 존재의 바로 핵심을 공격하고 우리에게 가장 깊고 영원한 상처를 입힌다. 교육자들이 바로 그런 자들이다. 그들은 요컨대 이렇게 말하고 있다.

"과연 너희들에게 생각할 능력이 있는지조차 믿을 수 없다. 그러니 너희들은 이 세계와 너희들 인생의 의미를 끊임없이 일러주는 다른 사람들에게 의지해서 살아야만 한다. 너희들이 자신의 경험으로부터 스스로 만들어낸 의미 따위는 어떤 가치도 없다."

온갖 상벌, 성적, 졸업장, 면허증 등 그 의무적이고 경쟁적인 학교 교육이라는 지원 체제를 갖춘 '교육'은 내게 인류의 온갖 사회적 발명품들 중 가장 위험하고 권위적인 발명품으로 여겨진다. 교육이야말로 이 세계에 널리 퍼져 있는 현대적 의미의 노예 상태를 유지하는 가장 깊은 토대라 할 수 있다. 그 속에서 사람들 대부분은 생산자요 소비자, 방관자, 기껏해야 '팬' 이외엔 아무것도 아닌 존재라는 느낌 속에서 탐욕과 시기심과 두려움으로 인해 갈수록 인생의 모든 부분에서 내몰리고 있다. 나의 관심사는 그런 노예 상태를 만들어내는 '교육'을 아예 없애버리려는 데 있다. 개선하려는 것이 아니다. 나는 '사람 만들기'라는 추하고 반인간적인 사업을 끝장내고 사람들 스스로가 참다운 자신을 만들어가게 하고 싶다.

누구도 다른 사람들이 생각하고 느끼는 바에 영향을 끼치거나 아예 그런 시도 자체를 해서는 안 된다는 뜻이 아니다. 우리는 모두 더불어 살아가며 함께 일하는 사람들과 관계를 맺고 서로를 변화시킨다. 인간은 본래 사회적이고 말이 많은 존재다. 그러니 그런 인간이 자신을 둘러싼 사람들과 자신의 세계관을 나누려는 것은 극히 자연스러운 일이다. 나 역시 작가 또는 강연자로서 일을 할 때나 친구들과 교류를 나눌 때나 가리지 않고 늘 그렇게 한다. 하지만 그들을 내 의견에 동의할 수밖에 없는 입장에 두는 상황은 거부한다. 나는 그들이 원한다면 내 생각을 전적으로 거부할 권리를 갖기를 원한다. 내가 그들의 생각을 거절할 권리가 있기를 원하고 또 요구하듯이. 내가 지금껏 살아오면서 알게 된 한 가지 진실이 있는데 누구의 생각이든 그에 반대해서 "아니."라고 자유롭게 말할 수 없는 상황에서 "그렇다."고 진심으로 말하는 사람은 없다는 것이다. 바로 이 점이 내가 의무적이고 경쟁적인 학교에서 더 이상 교사 생활을 하지 않으려는 이유다.

앞의 말은 그 누구에게도 어떤 사람이 알고 있고 할 수 있는 일을 보여달라고 요청할 권리는 없다는 뜻 역시 아니다. 만약 누군가 자동차를 운전하거나 비행기를 몰거나 남들의 삶과 건강에 직접적으로 영향을 끼치는 일을 하기를 원한다면, 그때는 사회가 대행사나 대리인을 통해 원하는 일을 해낼 능력을 보여달라고 요구할 권리가 있다. 실제로 경우에 따라선 건강이나 안전 문제가 아니더라도 어떤 사람에게 유능함을 보여달라고 하는 일이 극히 정당할 수 있다. 만약 누군가 오케스트라에서 연주를 하거나 합창단에서 노래를 하거나 연극 무대에서 연기하기를 원하는 등 남들과 같이 일하기를 원한다면, 그 이유가 무엇이든 간에 사람들에겐 남에게 방해가 되지 않고 도움이 될 만큼 충분히 그 일을 잘 해낼 수 있는지 보여달라고 요구할 권리가 있다. 이런 요구는 시간과 장소에 따라 그 조건이 달라진다. 하지만 이것은 이 세상에 살아도 된다는 허락을 받기 위해 이런저런 것을 알고 있다는 사실을 증명해 보여야 한다는 것과는 전혀 다르다.

'하기'라는 말은 여기서 머리 쓰는 일만을 뜻하거나, 몸이나 근육, 양손과 도구를 써서 행하는 일만 뜻하지 않는다. 나는 사람들이 '육체적'이라고 부르는 것과 '지적'이라 부르는 것을 분리하거나 상반되는 의미로 쓰지 않는다. 그런 구별은 당치않을 뿐만 아니라, 해롭기까지 하다. 오직 그런 말로 구별할 때만 몸과 머리는 분리된다. 실제로 그 둘은 하나다. 둘은 같이 움직인다. 그러므로 당연히 '하기'라는 말 속에는 말하기, 듣기, 쓰기, 읽기, 생각하기, 나아가서 꿈꾸기와 같은 활동들이 모두 포함된다.

요점은 무엇을 말하고, 듣고, 읽고, 쓰고, 생각하고, 꿈꿀 것인지 결정하는 사람은 어떤 누구도 아닌 '하미do-er' 자신이라는 점이다. 하미는 자기 활동의 중심에 있다. 자신의 활동을 계획하고 방향을 정하고 다루고 판단하는 사람은 하미 자신이다. 그는 자기 자신의 목적을 위해 그 일을 한다. 물론 그 속에는 다른 이들과 공유하고 있는 공통된 목적도 포함된다. 그의 활동은 외부로부터 명령받거나 조종되지 않는다. 그 활동은 그에게 속해 있고 그의 일부다.

하미들에게 가장 멋지고 훌륭한 장소는 아직은 존재하지 않는 어떤 사회다. 그 사회에서는 모든 이들이 나이, 성, 인종 등을 막론하고 다양하고 흥미로운 일을 할 수 있다. 또 그 일이란 그들이 가진 기술과 지성을 자극하고 보람을 얻을 수 있으며, 잘했을 때 자부심을 느낄 수 있는 일이다. 나아가 그들은 그 일을 통제하고 그 일의 최종 목표를 충분히 이해하고 존중할 수 있다.

오늘날에는 아주 소수의 사람들만이 이런 일을 하고 있다. 소수의 예술가들, 장인들, 숙련된 기술자들, 전문가들, 그런 부류의 사람들만

이 자신의 일을 그렇게 느낀다. 그렇다. 지금은 극소수의 사람들만이 그렇게 느끼고 있다. 하지만 그런 사회가 되면 모든 사람들이 '우리들이 생각하고, 원하고, 말하고, 행하는 것이 우리들과 주변 사람들의 인생에 진정한 변화를 가져오고 있구나.' 하고 느끼게 될 것이다.

정치 행위도 일과 마찬가지로 의미를 갖게 될 것이다. 그들이 뽑은 공무원은 진정한 공복이 될 것이고 거들먹거리는 왕이나 황제들의 모습은 찾아볼 수 없을 것이다. 그들은 그 사회에 의해 만들어지거나 다루어지는 것이 아니라, 자기들이 살고 있는 사회를 스스로 만들고 다룰 것이다. 그런 사회 속에서는 어느 누구도 '교육'을 염려하지 않을 것이다. 사람들은 흥미로운 일거리를 다루느라 바쁘고 그 일을 하는 가운데 점점 더 지식을 쌓아가고 유능해지며 현명해질 것이다. 그들은 그 세계 속에서 살고 일하면서, 그 세계를 변화시키는 가운데, 또 같이 일하는 사람들의 엄청나게 다양한 삶들을 알아가면서 세계를 이해하게 될 것이다.

그러나 지금은 어디에도 그런 사회는 없다. 너무 작고 원시적이라 도움이 못 되는 몇몇 작은 사회의 예외가 있기는 하겠지만. 물론 현재 만들어지고 있는 것도 없다. 우리에게는 본보기로 삼을 만한 모델이 전혀 없다. 그러니 우리 스스로 그런 사회를 고안하고 계획해야만 한다. 그런 사회가 어떠할지, 그런 사회를 어떻게 만들지 진지하게 생각하고 이야기하는 사람은 전 세계를 통틀어 아주 극소수에 불과하다. 그 대신 사람들은 성장, 효율성, 진보 따위를 주제로, 그러한 최종 목표를 위해 인간을 최선의 방식으로 선택하고, 만들고(교육시키고), 활용하는 것에 대해 이야기하고 논의할 뿐이다.

하지만 이 책에서 그런 '하는 사회doing society'를 역설하려는 것도 아니고 그 사회의 모습을 그려보자는 것도 아니다. 다만 이 책은 하미들을 위해 우리가 지금 살고 있는 이 사회를 조금이나마 쓸 만하고 살 만한 곳으로 만들려면 어떻게 해야 하는지에 관한 글이다. 또 적어도 몇몇 사람들을 좀 더 능동적이고 흥미로운 삶으로 이끌고, '하는 사회'의 몇 개의 시초나 아주 작은 모델들을 만드는 데 어쩌면 도움이 될 수도 있는 자원들에 관해 궁구한 글이다.

이 책은 빈곤, 게으름, 차별, 착취, 낭비, 고통과 같은 이 세상의 당면 문제를 해결하거나 다루는 방법에 대해 이야기하려는 것이 아니다. 이런 문제들은 교육 때문에 생긴 것도, 학교 때문에 생긴 것도 아니다. 그런 문제들은 의무제 학교에서 이루어진 교육으로 해결된 적도 없고 해결될 수도 없는 문제이고, 이들 학교를 변화시킨다 해도, 아니 심지어 이들 학교를 모조리 없애버린다 해도 해결되지 않을 문제이다. 최상의 기대라고 해봤자 이런 문제들을 학교가 풀 수 있다는 망상을 버릴 때에야 비로소 이 문제들을 직접적이고 실제적이며 지적으로 마주보기 시작할 수 있다는 정도이다.

이렇게 쓰고 있자니 내가 내 얘기의 주 대상으로 삼는 사람들은 극소수라는 느낌이 든다. 말하자면 그 대상이란 아이들이 지금보다 훨씬 더 잘 살고 많이 배우며 이 세상에 잘 대처할 수 있게 성장해가려면 어떤 특별한 조건이 필요하다고 믿는 극히 소수의 부모들, 교사들, 교사 지망생들과 학생들에 한한다는 것이다. 그들이 바라는 그 특별한 조건이란 걸 나열해보자면 이렇다. 아이들을 끊임없이 유혹하고 속이고 윽박지르고 위협하고 모욕하고 상처주지 않는다, 몇몇을 제외한 모두가 지게 마련인 경주에 끊임없이 서로를 적대하며 달리게 하는 일이 없다, 아이들을 계속 무능하고 바보스럽고 믿음직스럽지 못하고 죄 많고 두렵고 수치스럽다고 느끼도록 만들지 않는다, 그리고 그들의 흥미나 관심, 열의가 무시되거나 멸시당하지 않는다…… 등등.

그 대신에 가장 재미있고 관심을 끄는 일들에 관해 생각하고 말하고 읽고 쓸 수 있게, 서로 돕고 서로에게서 배우며 같이 나아갈 수 있도록 허용하고, 용기를 주고, 도와준다…… 등등. 짧게 말해 아이들에게는 자기 식대로 세상을 탐색하고, 가능하면 많은 영역에서 자신들의 삶을 스스로 방향 짓고 다룰 수 있는 조건이 필요하다는 말이다.

앨리슨 스톨리브라스Alison Stallibrass는 아주 흥미롭고 중요한 책 『자신을 존중하는 아이The Self-Respecting Child』에서 어린아이가 세상에 눈뜬 그 시초의 날부터 어떻게 이 탐색을 해나가는지 너무나도 정확하고 자세하게 묘사하고 있다. 그때부터 벌써 아기는 자기에게 필요한 것이 무엇이고 알고 싶은 것이 무엇인지 안다. 아이들을 세상에 관해 배우도록 만들 필요도 없고, 그들에게 배우고 익히는 방법을 보여줄 필요도 없다. 아이들은 배우기를 원하고 또 어떻게 배워나가야 할지 알고 있다.

이들 소수자들에게 당분간은 이런 이야기를 하고 싶다. 지금의 세태를 볼 때 적어도 다음 세대가 지나갈 때까지는 전 세계적으로 확대되는 의무교육과 강제적인 학교 제도의 혜택을 받을 수밖에 없다. 그러니 여러분의 소중한 에너지를 학교를 개혁하는 데 낭비하지 말라. 학교는 개혁될 수 없다.

물론 여러분 중 몇몇은 학교라고 부르는, 어린이나 젊은이들에게 인간적이면서도 쓸모 있는 '하기 공간'을 만들 수도 있다. 그런 일이 가능하다면 최선을 다해 그 일을 하라. 하지만 극히 몇 곳을 제외하고는 그만한 공간을 만드는 일도 어렵기 짝이 없다. 그러니 우리가 할 수 있는 최선의 길은 몇 명의 아이라도 학교와 교육으로부터 벗어날 수 있는 길을 찾아내고, 또 벗어날 수 없는 아이들 중 몇이라도 그 교육으로 인해 조금이라도 덜 손상되도록 돕는 방법을 찾아내는 일이다.

아이들이 세상을 탐색하는 데 필요한 호기심과 에너지, 지략, 자신감을 학교가 말살해버리지 못하게 하자. 그리고 이 훌륭한 자질들을 키우고 북돋울 수 있는 길을 학교 밖에서 찾을 수 있게 하자. 그리하면 비록 학교에 다니는 동안 전혀 배운 게 없다 할지라도 학교를 다니기 전에 그토록 훌륭하게 해냈던 그 배움의 길을 계속 갈 수 있게 이끌 수 있으리라.

이 일을 해나가면서 지금 당장이라도 우리가 할 수 있고 또 해야만 하는 일은 의무교육과 학교 체제의 합법성을 공격하는 것이다. CIA의 말버릇처럼 우리는 '그 은폐물을 파괴'할 필요가 있다. CIA처럼 단호하게 일을 시작하려면 먼저 의무교육과 학교 체제의 숨겨진 본 모습이 무엇인지 폭로하지 않으면 안 된다. 우리는 진실을 밝혀야 한다. 우리는 학교 당국과 교육자들이 스스로를 정당화하면서 되풀이되는 실패를 설명하려고 우리(때로는 자신들)에게 늘어놓는 온갖 이야기와 알리바이가 근거 없는 신화요, 환상이며 거짓이라는 것을 사람들에게 알려야 한다.

"그대가 의무교육과 학교에서 자행되는 강제적인 길들이기를 원한다면 받아도 좋다. 하지만 광고에 속거나 포장에 넘어가지 말라, 그대가 받아들이는 것의 정체가 무엇인지를 알라."

한 세대 정도만 지나도 사람들은 확실히 알게 되고 더 이상 그 상품을 원하지 않을 것이다.

하지만 그렇지 않을 수도 있다. 그럴 경우 이 책은 인간의 자유와 존엄성을 진지하게 생각하고 그 자유와 존엄성에 높은 가치를 부여하는 사람들이나 사회에게는 하나의 경고로 여겨질 수도 있으리라. 만약 우리가 뭘 배우고 알아야 하는지 판단할 권리를 몇몇 특정한 사람들에게 양도한다면, 혹은 누가 누구보다 유능하고 가치 있다고 공식적·객관적으로 인정할 수 있는 권리를 양도한다면, 우리는 인간이라면 마땅히 누려야 할 자유를 가질 수 없다. 또 그 자유가 둥지를 틀 수 있는 개개인의 고유성과 존엄성과 가치의 의미를 알 수 없다.

그러니 그런 판단을 하고자 하는 사람이 누구든 그 판단을 사적인 일로 만들게 하자. 그리고 그 판단은 단지 개인적이고 주관적일 뿐이라는 사실을 이해시키도록 하자. 그렇지만 그들에게 어떤 영구한 힘을 가지는 공적인 인허가권도 건네주지 말자. 그렇지 않으면 우리들 시민들의 자유와 존엄성은 머지않아 영원히 사라져버릴 것이다.

2 '배움'이라는 신화
The Myth of 'Learning'

내가 왜 '배움' 대신에 '하기'나 '더 잘하기'라는 용어를 쓰는지 의아해하는 이들도 있을 것이다. 그 이유 중 하나는 '배움'이라는 말이 오늘날에 와서는 아주 특정한 의미를 갖게 되었기 때문이다. 오늘날 대부분의 사람들은 이렇게 믿는다. 배움은 삶과 동떨어져 있고, 우리는 다른 일은 하지 않고 배우는 일만 할 때에만 배우게 되고, 또 그때에만 가장 잘 배울 수 있으며, 오직 배우는 일 이외에 다른 일은 일체 하지 않는 장소에서만 최고로 잘 배울 수 있다.

학교를 나온 사람들은 거의 누구나 할 것 없이 다음과 같은 사실을 믿게 된다.

(1) 만약 내가 무엇이든 중요한 것을 배우고자 한다면 학교라는 장소로 가서 교사라 불리는 사람에게 가르쳐달라고 해야 한다.

(2) 그 과정은 지루하고 고통스러울 것이다.

(3) 나는 필경 그것을 배우지 못할 것이다.

그러나 학교에서 배워야 한다는 생각은 아주 근래에 들어서야 받아들여진 것이다. 바로 최근까지만 해도 사람들은 학교에서 배우는 것이 최고인 것도 있지만, 학교 밖에서도 배우고 익힐 수 있고, 또 학교 밖에서라야 더 잘 배울 수 있는 것도 있으며, 학교에서는 전혀 배울 수 없는 것도 많다는 사실을 잘 알고 있었다. 그 시절의 사람들이라면 모든 지식과 지혜는 학교 교실과 책 속에 들어 있다는 생각을 비웃었을 것이다. 무엇이든 학교에서 배워야 한다고 생각하는 요즘 사람들도 대부분 자신이 알고 있는 것의 거의 전부를 학교가 아닌 곳에서 배웠을 것이다.

나의 경우 내가 알고 있는 것의 대부분은 학교에서 배우지 않았다. 그렇다고 해서 소위 '학습 환경'이라 부르는 곳에서 배운 적도 없다. 즉 뭔가를 배우려는 목적으로 의도된 경험에서는 배운 적이 없다는 뜻이다. 나는 '뭔가를 배울 목적으로'는 어떤 것도 하지 않는다.

나는 리허설이나 콘서트를 보면서 음악과 연주에 관해 많은 것을 배웠지만 음악에 관해 '배우려고' 간 적은 없다. 단지 그곳에서 보고 듣는 것을 좋아했기 때문에 갔다. 나는 국내외의 여러 곳을 여행하면서 그곳들에 관해 많이 알게 되었지만 '배울 목적'으로 그곳에 간 적은 없다. 단지 사람들을 만나고 해야 할 일을 하러 갔을 뿐이다.

최근에 나는 고향인 보스턴에서 다른 시민들과 함께 도시개발계획을 저지할 양으로 어떤 일을 해왔다. 이 일을 하면서 나는 보스턴 시의 법과 정치와 경제, 그리고 주 행정부나 시 행정부의 업무에 관해 많은 것을 알게 되었다. 그러나 이 모든 일을 배울 양으로 그 일에 뛰어든 것은 아니었다. 단지 우리 시가 유린되고 황폐해지는 것을 막으려고 했을 뿐이다. 나는 많은 책이나 잡지를 읽지만 그 속에 실린 내용을 '배우기 위해서'가 아니라 그 내용이 내 관심을 끌거나, 아니면 도움이 되고 재미가 있으리라 생각하기 때문에 읽는다. 때로는 뭔가를 찾아보려고 읽지만 그 뭔가를 배운다는, 즉 기억한다는 문제는 그 내용이 내가 일하고 살아가며 즐기는 데 도움이 되는지 아닌지에 달려 있다.

여기서 내가 전에 썼던 책에서 언급한 이야기를 다시 한 번 해보겠다. 내가 지금까지 겪었던 가장 멋진 배움 공동체는 2차 세계대전 당시의 잠수함 USS 바르베로호였다. 그 당시에는 '배움 공동체' 같은 말로 불리지도 않았고 또 그렇게 여겨지지도 않았다. 잠수함 승무원이었던 우리는 '배울 목적'이 아니라 전쟁을 치르는 데 도움이 되려고 그 배에 탔다.

그 시절의 수백만 사람들과 마찬가지로 우리는 '배움'에 대해서는 이야기하지도 생각하지도 않았다. 우리는 우리가 함께 하도록 명령받은 일을 통해 배웠고 우리 능력이 닿는 한까지 경험과 기술을 나누었다. 진정으로 건강하고 활력 있는 사회에서는 모든 사람들이 그렇게 할 것이다. 어떤 누구도 다른 사람들이 무식하고 기술이 없고 바보 같다는 이유로 쉽게 속이거나 통제하려들지 않을 것이고, 또 그들이 지불하는 대가로 배를 불리려고 하지도 않을 것이다.

올더스 헉슬리Aldous Huxley는 『멋진 신세계Brave New World』에서 세계 통치자인 무스타파 몬드를 통해 완전히 알파들(지성인들)로만 이루어진 사회를 이야기하며, 한때 실험으로 조직되었던 이 사회는 제대로 작동하지 않았고 또 작동할 수도 없다고 이야기한다. 그러나 헉슬리는 틀렸다. 우리의 잠수함은 바로 그런 알파들로 이루어진 사회였다. (그런 사회는 많다.) 그렇지만 너무나 잘 되어나갔다. 비극이라면 많은 사람들이 그런 사회에서 살 수 있는 기회를 갖게 되는 것은 오직 전쟁 때문이라는 사실이다.

'배움의 경험'에 관해 말할 때 생기는 어려움은 그 말이 모든 배움을 두 종류, 즉 뭔가를 배우게 되는 경험과 아무것도 배우지 못하는 경험으로 나눌 수 있다는 뜻을 내포한다는 점이다. 하지만 아무것도 배울 수 없는 경험이란 없다.

우리는 우리가 행하는 온갖 일, 우리에게 일어난 온갖 사건, 또 우리에게 가해진 온갖 행위로부터 뭔가를 배운다. 우리의 배움은 우리를 보다 박식하게도 무지하게도, 지혜롭게도 바보스럽게도, 강하게도 약하게도 만들 수 있지만 어쨌든 우리는 항상 뭔가를 배운다. 그 배움의 내용은 그 경험에 달려 있고, 무엇보다도 그 경험을 우리가 어떻게 생각하느냐에 달려 있다.

이 책의 주된 요지는 우리의 삶 속에서 우리가 관심을 두고 중요하게 생각하는 것과 밀접한 관련이 없는 경험으로부터는 어떤 훌륭한 것도 배우지 못한다는 것이다. 호기심이란 절대로 게으른 법이 없다. 호기심은 진정한 관심과 진정한 필요성으로부터 자라난다. 사실 그보다 더 중요한 것은 강제된 경험으로부터는 어떤 훌륭한 배움도 얻지 못한다는 것이다.

강제된 경험이란 타인의 유혹과 위협과 속임수에 넘어가 하게 되는 일을 말한다. 우리는 대개 그런 경험으로부터 분노와 후회, 무엇보다도 자조와 자기혐오를 배우게 된다. 다른 사람에게 떠밀리고 이용당하도록 자기를 내어준 데 대해, 거부하고 거절할 만큼 충분히 명민

하고 강하지 못했다는 데 대해. 일상의 삶 속에서 엄청나게 많은 일을 하지만(지루하고 경쟁적이며 의미 없는 일들, 혼잡한 교통 속에서 여러 시간을 운전하거나 텔레비전을 보는 등) 아무것도 배우지 못한다고 말하는 사람도 있을 것이다.

하지만 그런 경우에도 사람들은 뭔가를 배운다. 사람을 바보로 만드는 일을 하는 사람은 그 일에 대한 혐오를 배운다. 그리고 그런 일을 하는 스스로에 대한 혐오를, 때로는 그 일을 하지 않아도 되는 이들에 대한 증오를 배운다. 교통이 혼잡한 도로에서 차를 운전하는 사람은 다른 운전자나 행인을 불쾌한 존재, 장애물, 심지어는 적으로 생각하는 법을 배운다. 자신이 목적지에 좀 더 빨리 도착하는 것을 방해하는 그런 존재로 말이다.

그리고 텔레비전을 시청하는 사람들은 그들이 스크린에서 보고 있는 사람들이 진짜든 가공의 인물이든 모든 점에서 더 젊고, 잘생기고, 섹시하고, 똑똑하고, 강하고, 용감하고, 행복하고, 성공적이고, 존경스럽다는 등등 자기들보다 낫다는 사실을 거듭거듭 배우고 알게 된다. 마침내 꿈의 나라로부터 현실로 돌아가야 할 시간, 피곤한 몸을 일으켜 텔레비전 화면을 끌 때 그 생각은 마음속에서 더욱 커져간다. '왜 나는 저들처럼 될 수 없지?'

어떤 경험이 우리를 어떻게 변화시킬지, 즉 우리가 무엇을 배우는지는 그 경험이 가져다주는 만족과 재미와 기쁨이라는 경험의 질에 의해 결정된다. 내가 『아이들은 왜 실패하는가』에서 썼듯이, 수치스럽고 위협적이며 고통스런 가운데 어떤 것을 경험하게 된 아이는 교사가 가르치려 하는 것을 배울 수도 없고 배우지도 않을 것이다. 또 배운다 한들 하루 이틀 만에 잊어버릴 것이다. 이것이 짐 헌돈Jim Herndon이 쓴 『당신의 조국에서 살아남는 법How to Survive in Your Native Land』의 '지진아 학급'이라는 장에 나오는 아이들이 학교 밖에서는 아주 잘하는 일을 학교 안에서는 어떻게 해야 할지조차 모르는 이유다. 또 이것이 바로 사람들이 스스로 배움 속으로 과감하고 자신감 있게, 또 열렬하게 뛰어들 때에만 비로소 진짜 배우게 되는 이유다.

'하기'는 '배우기'다

'배움'이라는 단어 속에 숨겨져 있는 또 하나의 잘못된 통념은 하기와 배우기는 종류가 다른 활동이라는 생각이다. 몇 년 전 나는 첼로를 연주하기 시작했다. 나는 첼로라는 악기를 좋아하고 하루에 몇 시간씩 그것을 연주하며 열심히 연습해서 언젠가는 멋지게 연주하고 싶다. 사람들은 내가 하고 있는 일을 '첼로 연주 배우기'라 말할 것이다. 영어에는 그런 행위를 일컫는 다른 말이 없다.

하지만 이런 말은 첼로 연주 배우기와 첼로 연주라는 두 개의 아주 다른 과정이 존재한다는 이상한 생각이 들게 한다. 이 말은 내가 첼로 연주를 완전히 할 때까지는 첫 번째 과정을 계속할 것이고 완벽하게 할 수 있게 되면 그 과정을 끝내고 두 번째 과정을 시작할 것이라는 뜻이다. 다시 말해 나는 '연주를 완전히 익힐' 때까지는 '연주 배우기'를 계속할 것이며 그때에 가서야 '연주'를 시작할 것이라는 말이다.

이건 말이 안 된다. 두 개의 과정 따위 없다. 오직 하나가 있을 뿐.

우리는 그것을 함으로써 그것을 하는 방법을 배운다. 다른 방법은 없다. 뭔가를 처음 할 때 필경 잘하지는 못할 것이다. 하지만 계속하다 보면, 또 따라할 만한 훌륭한 모델이 있어 필요할 때 도움이 될 충고를 얻는다면, 그리고 늘 최선을 다한다면 더 잘하게 될 것이다. 언젠가는 아주 잘할지도 모른다. 이 과정은 결코 끝나지 않는다.

뛰어난 음악가, 무용가, 운동선수, 외과의사, 비행사라면 누구든 끊임없이 자신의 기술과 기능을 갈고 닦아야 한다. 날이면 날마다 음악가들은 음계를 연습하고 무용가들은 연습을 한다. 내가 아는 외과의사는 달리 바쁜 일이 없을 때면 언제나 보지 않고 한 손을 사용해 가는 봉합사로 매듭 묶는 작업을 연습하곤 한다. 그런 의미에서 사람들은 이미 하는 방법을 알고 있는 일이라도 결코 '익히기learning'를 멈추지 않는다. 얼마나 그 일을 잘 해내는지에 상관없이 그들은 날이면 날마다 '익혀야 한다.' 그렇지 않으면 머지않아 지금보다 못한 상태로 떨어질지도 모른다. 쿠세비츠키Koussevitzky가 이끄는 보스턴 심포니의 수석 플루트 주자는 이렇게 말하곤 했다.

"하루만 연습을 빼먹으면 내 귀에 차이가 들려요. 이틀이면 지휘자가 알아듣죠. 사흘이면 청중이 알아차리게 됩니다."

우리는 '하면서' 배운다

교육자들은 항상 읽기 기능, 쓰기 기능, 대화 기능, 듣기 기능에 이르기까지 '기능'에 관해 이야기한다. 어려운 일을 잘하려면 누구나 다양한 기능을 구사해야 한다는 뜻에서 기능이라는 말을 쓴다면 틀린 말이 아니다. 그러나 이 말이 어떤 어려운 활동을 가르치기 위해선 그것을 가능한 한 여러 개의 분리된 기능으로 쪼개서 하나하나 차례로 가르치는 것이 최상의 방법이라는 뜻은 아니다. 언젠가 화이트헤드Whitehead가 말했듯이 하나의 행위에 포함된 여러 기능과 그 행위를 분리할 수는 없다.

아기들은 말하기 기능을 먼저 익힌 후 그것을 말하는 데 활용하는 식으로 말하기를 배우지는 않는다. 또는 걷기 기능을 배운 후에 걷는 식으로 걷기를 배우지는 않는다. 아기는 말을 하면서 말하기를 배운다. 그리고 걸으면서 걷기를 배운다. 아기가 맨 처음 머뭇거리며 발길을 떼어놓을 때 아기는 '연습 중'인 게 아니다. 아기는 채비를 갖추는 중도, 나중에 어디에선가 걸으려고 걷는 법을 배우는 중이 아니다. 아기는 지금 당장 걷고 싶기 때문에 걷는 것이다. 아기는 이미 걸음마에 대해 생각했고, 마음속에서 해답을 냈고, 어떻게 걸어야 할지를 알고, 또 걸을 수 있다고 확신했다. 그리고 이제 걸음마를 하려는 것이다.

기능과 행위를 분리해서는 안 된다. 그 둘을 분리하려고 시도할 때 우리는 파멸적인 실수를 저지른다. 말하기는 하나의 기능도, 기능의 집합체도 아니다. 단지 하나의 행위이거나 '하기'이다. 그 행위의 뒤에는 하나의 목적이 있다. 두 살짜리 아기이건 92세 노인이건 마찬가지다. 말하고자 하는 내용과 대상이 있기 때문에, 말하고자 하는 바가 중요하다고 생각하거나 영향을 끼치고 싶기 때문에 말을 하는 것이다.

말하기를 시작하는 아기는 말이라고 구별해낼 수 있는 소리를 내기 훨씬 전에, 아니 말을 이해하기도 전에, 자신의 예리한 관찰력으로 자기보다 큰 사람들이 입을 가지고 만들어내는 소리가 다른 일에 영향을 끼친다는 사실을 안다. 아기들이 볼 때 큰 사람들의 말은 어떤 일이 일어나게 만든다. 아기는 정확하게 무엇을 어떻게 해야 할지 모를 수도 있다. 하지만 아기는 말하는 어른들의 무리에 끼고 싶다.

마찬가지로 걷기는 기능이 아니라 목적이 있는 행위이다. 큰 사람들이 움직이는 것을 보면 아기도 걷고 싶다. 그들처럼 빨리 그리고 능숙하게.

읽기 역시 기능이 아니라 행위이다. 아이는 주위를 온통 둘러싸고 있는 글자들을 본다. 아이는 자기보다 나이 든 사람들이 그 글자를 읽고 쓰고 그 글자에서 뜻을 알아낸다는 것을 안다. 그 글자들은 일이 일어나게 만든다. 어느 날(우리가 그 아이에게 기회를 주면) 아이는 그 글자들이 무엇을 말하고 뜻하는지 찾아내고 싶어 하며 스스로 찾아내겠다고 마음을 먹는다. 바로 그 순간 아이는 읽기 시작한다. 읽기를 배우는 게 아니라 읽기 시작한다. 물론 처음에는 잘하지 못한다. 한 글자도 못 읽을지 모른다. 하지만 그 '하기'를 계속하도록 해주면(그런 경우는 거의 없지만), 그 아이는 짧은 시간 내에 제대로 읽게 된다. 불과 채 몇 달도 걸리지 않는다.

다만 자기만의 방식과 자기만의 이유로 글자들의 의미를 찾게 해주어야 한다. 또 아이가 원하는 만큼만 도움을 주어야 한다. 아이 스스로 노력하는 작업을 못하게 한 다음, 다른 누군가의 명령 아래 행해지는 수없이 조각나고 의미 없는 작업들로 대체해서는 안 된다. 어른들은 아이가 스스로 정한 이 작업으로는 글자들이 의미하는 바를 알아닐 수 없다고 판정하면서, 읽기란 환자가 의사에게서 주사를 맞듯 교사에게서 받아내야 하는 것이라는 신념을 심어주지 않도록 조심해야 한다. 그 아이가 너무나 운이 좋아서 이 모든 나쁜 일들을 겪지 않는다면 아이는 제대로 읽게 된다.

그렇게 오래된 일은 아닌데 각 사범학교에서 읽기와 읽기 지도 부문을 연구하는 사람들에게 편지를 써서 스스로 읽기를 깨우친 아이들과 그 과정에 대한 연구에 대해 아는 바가 있는지 물어본 적이 있다. 한 명만이 답장을 보내왔는데 그런 연구에 대해 들어본 바가 없다는 것이었다. 그 이후에도 수백 명의 교육자와 독서 지도사들에게 물어보았지만 어느 누구의 대답도 마찬가지였다.

독서 지도사가 이런 질문을 던져보지 않았다는 게 이상하게 여겨질지도 모른다. 그 사람들이 제일 먼저 던져볼 만한 질문이 아닌가. 하지만 조금만 더 생각해보면 전혀 이상한 일도 아니다. 이런 질문에 대한 답은 그들의 입장을 위험하게 만들 수도 있으니까. 가장 빠르고 효율적이고 영향력이 크고 유용하며 영속적인 배움은 우리 스스로가 하기로 결정한 일을 할 때 얻어진다. 그리고 이런 일을 할 때에는 거의 남의 도움이 필요 없을 때가 많다. 물론 전혀 필요 없을 때도 있다.

모든 지식은 행동이다

이런 식으로 더 나아가면 지금까지 지식 체계니 학문의 장이니 학문 분야니 과목이라고 잘못 생각해왔던 것들이 사실은 고정된 명사형이 아니라 동사형이며, 세상 바깥 어딘가에 독립해서 존재하는 일들이 아니라 사람들이 '하는do 일'이라는 사실을 아주 잘 이해하게 될 것이다.

누구도 "여기는 생물학, 여기는 수학, 여기는 철학이 있어요."라고 말할 수는 없다. 어느 누구도 물리학은 저거다 하며 가르치거나, 화학은 이거다 하며 보여줄 수 없다. 실제로 지리학에서 역사를, 화학에서 물리를, 언어학에서 철학을 갈라놓을 수 있는 경계선은 없다. 이들 과목은 단순히 실재의 전일성과 인간 경험을 이루고 있는 여러 부분들을 바라보는 데 쓰이는 각각의 다른 방법일 뿐이다.

우리는 그 방법 안에서 각 방법에 맞는 특정한 종류의 질문을 던지게 된다. 역사란 과거의 특정한 양상들에 관해 질문을 던지는 행위이다. 지리학이나 고생물학도 마찬가지다. 그러나 그 질문의 방식은 다르다. 예를 들어 물리학과 화학은 우리 주위의 무생물적 세계에 관해 또 다른 종류의 질문을 던지는 특정한 방식이다.

물론 이 모든 학문 행위는 집단 행위다. 우리는 그 일들을 다른 사람들과 같이 한다. 그리고 많은 사람들이 여러 세월에 걸쳐 그 일을 해왔다. 따라서 이들 인간 활동 하나하나는 그 자체의 역사가 있다. 수학이나 물리학, 철학의 적어도 어느 한 부분은 다른 수학자나 물리학자, 철학자가 해온 일에 대한 설명이다. 그러나 이런 일들에 관한 우리의 '지식'이란 이 사람들이 했던 일에 대한 기록이다. 그들이 어떤 질문을 던졌고, 또 해답을 얻기 위해서 어떻게 나아갔는지, 어떤 해답을 얻고 그 해답으로부터 무슨 결론을 끌어냈는지 하는 기록일 뿐인 것이다. 이 분야에서 우리가 하는 일은 무엇이든 다른 이들이 그

전에 했던 일에 덧붙여지고 따라서 그 일부가 된다.

이반 일리히의 말처럼 이 세계 속에 지식이 있는 것이 아니다. 세계는 있는 그대로일 뿐. 지식은 이 세계에 살고 있는 사람들의 마음속에 존재하는 하나의 과정이다. 지식이란 우리가 인간이란 무엇인지, 또 세계란 무엇인지, 그리고 우리 주위에 무슨 일이 일어나고 있는지를 발견하려고 할 때 하게 되는 일이다.

3 하미를 위한 학교, 교육자를 위한 학교
Do-er Schools vs. Educator Schools

우리가 '학교school'라 부르는 곳 중에서도 '하기'의 장소가 있다. 운전 학원, 요리 학원, 무용 학원, 스키 학교* 등등. '하미들'을 위한 다른 자원인 도서관, 박물관, 극장 등은 학교로 불리는 일이 없다. 벌리츠어학원이라는 곳이 있다. 그곳은 교육자들보다는 하미들을 위한 자원이 되는 훌륭한 예이다. 이 학교는 외국어를 공부하라고 법으로 강요하지 않으며 우리가 외국어를 잘하면 좋은 직업을 얻을 거라거나 성공하고 부자가 될 거라고도 하지 않는다. 또 제대로 해내지 못하면 실패하고 가난해질 거라고 하지도 않는다. 그곳은 어떠한 약속이나 위협도 하지 않는다. 단지 우리가 외국어를 하게 되면 삶이 더 즐거워질 거라고 넌지시 말할 뿐이다.

---

*우리말에서는 '학원'과 '학교'로 나눠 부르는 게 자연스럽지만 영어에서는 이런 구분 없이 모두 school이다.—옮긴이

케임브리지에 있는 하버드스퀘어 지하철역에는 '아카데미아'라는 어학원을 선전하는 포스터가 한 장 걸려 있다. 포스터에는 한 남자와 한 여자가 서로 이야기하는 그림이 잉크로 그려져 있고 "무엇이든 프랑스어로 하면 더 멋있게 들린다!!"라는 제목이 붙어 있다. 또 그 밑에는 이런 대화가 적혀 있다.

여자: Cheri, veux-tu sortir les poubelles?
남자: Oui, mon amour.

번역하자면 이렇다.

여자: 여보, 쓰레기 내놓는 것 잊지 말아요.
남자: 알았어, 걱정 마.

하미들을 위한 학교가 모두 이런 가벼운 어조로 사람의 마음을 끌려는 건 아니다. 어떤 기술학교의 지하철 광고는 무뚝뚝하게 시작된다.

"당신에게 도움이 되지 않는 교육은 쓸모가 없습니다."

이런 식으로 광고할 수 있는 이유는 뭘까. 어학원은 외국 여행을 할 만한 여유가 있는 사람들에게 호소하고 있기 때문에 그런 큰 약속을 해야 할 필요를 느끼지 못하는 것이다. 그들은 외국어를 하고 싶다면 꼭 자기들 학원에서만 배워야 한다거나 학원이라는 곳에서 배워야 한다고 말하지 않는다. 그들은 나름대로 특별한 이유가 있어서 외국어를 하고 싶다면 외국어에 능통한 사람들, 테이프, 레코드, 같이 배울 친구들처럼 자기들이 가진 여러 자원이 우리에게 도움이 될 수 있으니 원한다면 (보통 일정한 이용료를 내고) 부디 이용하라고 말할 뿐이다.

벌리츠나 그런 유의 학교들은 우리가 입학하기에 손색이 없을 정도로 똑똑한가, 우리가 '벌리츠감'인가, 벌리츠에 어울리는가 등을 알아보려고 시험을 치르지 않는다. 또 입학하기가 가장 어렵다는 이유로 자기 학교가 최고라고 말하지도 않는다. 그 학교에서는 그저 원하는 외국어를 공부하면 된다. 프랑스어를 배우도록 허락받기 위해 독일어를 배울 필요는 없다. 그저 우리가 원하는 만큼만 다니면 된다. 충분하다고 생각되면 떠난다. 우리가 얼마만큼 배웠는지 알아보려고 마지막에 시험을 치지도 않고 졸업증서나 자격증 같은 것을 주지도 않는다. 그들은 우리의 신상이나 활동을 다른 사람에게 알릴 목적으로 기록하지도 않는다. 그들은 우리가 어떤 학생이었는지 세상에 알리려고 딱지를 붙이지 않으며 다른 공개적인 판단도 하지 않는다.

이와 반대로 우리가 학교라 부르는 곳의 대다수는 교육자를 위한 학교들이다. 그 속에는 법으로 출석이 강제되는 모든 초등, 중등, 기타 학교들이 있다. 물론 실질적으로는 모든 전문학교, 대학, 종합대학, 대학원, 전문 대학원 등도 포함된다. 대다수의 사람들이 사회에서 살아가고 직업을 얻는 데 필요한 자격증을 발부하는 것은 바로 이런 학교들이며 다른 방법으로는 그런 것을 얻을 수 없다.

지금부터는 하미를 위한 학교들, 즉 자기가 선택한 방식으로 세계를 탐색하게 도와주는 학교를 작은 글자 '학'을 써서 '학-교(s-chool)'라 하겠다. 그리고 교육자들을 위한 학교, 자기 학생들을 감옥이나 무능함, 가난 따위의 말로 협박해서 붙잡고 가두는 학교를 큰 글자 '학'을 써서 '학-교(S-chool)'라 부르겠다. 이들 학-교를 좀 더 나은 곳으로 만들 수 있는 길은 거의 없다. 그리고 이 학-교들은 틀림없이 점점 더 나빠져 가고 있다.

감옥은 여전히 감옥일 뿐

학-교와 학-교의 구별은 그 속에서 운용되는 교육학, 교육철학, 교수법, 커리큘럼, 교재 따위와는 하등 상관이 없다. 물론 교실 안에 선택권이나 활동, 자유, 협동, 대화, 다양성, 에너지, 재미, 즐거움이 많으면 많을수록, 그리고 불쾌한 비교나 시험, 스티커 붙이기, 성적 매기기, 서열 세우기, 창피 주기, 강제, 위협, 벌, 두려움이 적으면 적을수록 아이들에게 훨씬 좋은 곳이 될 것이다. 그리고 교사에게도 역시 좋은 곳이 될 것이다. 하지만 학교가 얼마나 좋은 곳인지 또는 그 학교에 애완동물이 있는지 없는지 하는 기준은 학-교냐 학-교냐를 구별하는 것과는 무관하다.

나는 서머힐학교를 세운 닐A. S. Neill을 몹시 존경하고 좋아한다. 그리고 그 학교를 인정한다. 그러나 그곳 역시 하나의 학-교였다. 그곳에 있는 학생들에겐 서머힐을 다니느냐 다른 학-교를(거의 더 나쁜 곳임에 분명한) 다니느냐 말고는 선택의 여지가 없었다. 학교를 아예 다니지 않아도 된다는 선택권은 없었다.

1965년 처음으로 서머힐을 방문했을 때 닐은 긴 대화를 나눈 끝에 파이프 담배를 뻐끔거리며 말했다.

"알다시피 여긴 녀석들이 하고 싶은 걸 마음대로 할 수 있는 천국이지요."

사실이었다. 닐의 용기와 현명함 덕분에 그곳의 아이들은 어떤 다른 곳에서보다 하고 싶은 것을 더 잘할 수 있었다.

그러나 그때 서머힐 아이들에겐 런던에 가는 것이 허락되지 않았다. 런던은 수많은 아이들이 흥미를 가지는 일들로 가득 차 있었고 그곳에서 열차로 한 시간 반밖에 떨어져 있지 않았는데도 불구하고. 뿐만 아니라 아이들은 닐 때문이 아니라 법적인 문제 때문에 일하는 것도, 여행을 하는 것도, 혼자 사는 것도, 스스로 택한 친구와 사는 것도 불가능했다. 그것이 무엇이든 간에 한 사람의 인간으로서 스스로 책임을 지며 능동적으로 사는 것이 허락되지 않았던 것이다.

사회가 허락한 단 하나의 선택은 이 학교를 가느냐 아니면 다른 학교를 가느냐였다. 그와 같은 강제된 체제에 속하는 학교는 어느 것 할 것 없이 학-교다.

짐 헌돈의 학급 아이들은 '그 모든 창조적인 일'을 왜 하필이면 수업 시간에 하고 싶어 했을까? 왜냐면 정규 공부보다는 그 일이 더 좋았기 때문이다. 하지만 짐이 아이들이 창조적인 일을 하면서 모든 시간을 보낼 수 있기를 바라는 마음에 동료 한 명과 함께 창조적 예술을 위한 특별 수업을 개설해 아이들에게 원하는 걸 할 수 있다고 말했을 때, 그는 아이들이 그 창조적인 일 중 어떤 것도 하고 싶어 하지 않는다는 사실을 알게 되었다. 전에는 단지 말도 안 되는 엉터리 중에서 그나마 그것이 제일 낫다고 생각해서 그 일을 한 것뿐이었다.

지금 서머힐이나 그 비슷한 학교에 다니는 십대들에게 혼자 또는 친구들과 같이 살면서 일하며 돈도 벌고 여행도 하는 생활과 학교생활 중에 아무것이나 선택해도 좋다는 법이 허용된다면, 모든 아이들이 계속 그런 학교에 다닐까? 분명 그렇지 않을 것이다. 법이 아이들에게 그런 선택권을 부여할 때, 그제야 서머힐은 (그리고 다른 학교들도) 학-교가 될 것이다. 그러기 전에는 아니다. 요컨대 정부가 기결수들에게 들어갈 감옥을 선택할 수 있게 해준다면 그 감옥들은 조만간 조금은 나아질지도 모른다. 하지만 감옥은 여전히 감옥일 뿐이다.

선택권이 배우는 사람에게 있다면

이와는 달리 매우 빡빡하고 딱딱한 체제를 갖춘 학-교가 대단히 많다.

춤이나 무예를 가르치는 학교는 너나 할 것 없이 학생들을 경직되고 혹독한 훈련 속에 집어넣는다. 발레나 가라테 시간에 연습을 하고 있는 학생들을 지켜보자. 수업 중인 학생들에게 다른 선택권이란 전혀 있을 수 없다. 교사가 말한다.

"자, 이렇게 해봐. 양팔을 들고, 두 다리를 이렇게 하고, 다 같이 내가 가라고 하면 가. 내가 멈추라고 하면 멈춰."

스키 학교의 교사는 이렇게 말한다.

"자, 오른쪽으로 돌기를 합니다. 전부 저를 따라하세요. 아니죠, 어깨가 여기 있는데 무릎도 함께 뻗었군요. 반대로 해야죠. 다시 해보세요."

20대 후반의 한 친구는 태어나서 처음으로 체조를 시작했다. 시킨 사람은 아무도 없다. 체조를 할 줄 안다고 해서 일자리를 구하거나 승진을 하는 것도 아니다. 단지 하고 싶어서 한다. 하지만 훈련은 엄격하고 혹독하다.

앞의 예들보다는 육체적 훈련이 덜한 다른 예로 언어가 있다. 물론 대다수의 사람들이 배우는 품목 중에서 근육 운동의 조정이 가장 어려운 것이 언어이긴 하지만 말이다. 멕시코의 쿠에르나바카에 있는 CIDOC(국제문화자료센터)라는 연구소는 사상가 이반 일리히 같은 이들이 자주 세미나를 여는 곳으로 스페인어 학교를 운영하는 것도 그 활동 중의 하나다. 이 학교는 딱딱하고 엄격하게 조직되어 있다. 학생들은 미 국무성 해외 담당자용으로 만든 엄청난 분량의 교과서를 이용해서 날이면 날마다 방대한 양의 단어와 문장을 외운다. 그리고 수업 시간에는 보통 한 학급에 두 명이 배정되어 원어민과 함께 여러 시간 회화 연습을 하며 보낸다. 지금까지 배운 단어와 문장을 여러 가지로 활용하면 틀릴 때마다 교사가 열심히 고쳐주는 식이다. 학생들은 모든 수업에 참석해야 한다. 한두 시간이라도 수업을 빼먹은 학생은 어떻게든 관리자를 납득시켜야 중도에서 탈락하지 않을 수 있다.

CIDOC에 다니는 미국 젊은이들이 학-교와 학-교의 구별에 관해 듣는다면 내가 왜 이 어학원을 학-교라 부르는지 의아해할 사람도 있을 것이다. 간단하다. 그 어학원은 사람들에게 스페인어를 배워야만 한다고 말하지 않을 뿐 아니라, 스페인어를 잘한다고 해서 상을 주거나 못한다고 해서 벌을 주지도 않기 때문이다. 더구나 어학원에서만 스페인어를 익힐 수 있다느니, 자기네 어학원에서만 배울 수 있다느니, 아니면 다른 데보다 자기들이 낫다느니 하는 말도 하지 않는다.

스페인어를 배우거나 스페인어를 배울 수 있게 도와줄 방법은 수백 가지다. 쿠에르나바카(아니 다른 데라도 상관없다.)의 거리를 이리저리 걸으며 사람들에게 말을 걸어 스페인어를 익힐 수도 있다. 많은 사람들이 이런 식으로 스페인어(다른 어떤 언어라도 마찬가지다.)를 배웠다. 하지만 이런 방법은 시간이 걸리고 불리한 점이 없잖아 있는데다 사실 수줍은 성격의 사람들에게는 어려운 방식이기도 하다.

CIDOC는 이렇게 말한다.

"그런 방식으로 하기를 원한다면 그렇게 해도 좋습니다. 우리는 다만 여기 와서 우리가 권하는 대로 하면 석 달 후에 유창하고 정확한 스페인어를 구사할 수 있다는 점을 말하고 싶습니다. 여기서 공부한 많은 사람들이 그런 성과를 얻었기 때문에 자신을 가지고 여러분께 한 가지 제안을 하겠습니다. 이 제안을 받아들인다면 여러분을 위해 몇 가지 확실한 약속을 드리겠고 손쉽게 이용할 수 있는 자원을 마련하겠습니다. 여러분께서도 몇 가지만 약속해주시면 됩니다. 규칙적으로 수업에 출석하고 또 수업 때마다 우리가 요구하는 과제를 성실하게 해오는 일입니다."

이런 계약을 받아들일지 말지는 전적으로 학생에게 달려 있다. 하지만 일단 계약이 성립되면 CIDOC는 항상 그 약속을 주지시킬 것이다. 결국 CIDOC 측의 주장은 스스로의 약속을 지키지 않는다면 그 계약의 최종 결과물을 얻을 수도 없고 얻으려 해서도 안 된다는 것이다. 이만하면 공평한 제안이지 않은가.

교-사와 교-사

'학교'라는 장소가 하기나 교육의 장소 중 하나에 속하는 것처럼 '가르치기'라는 일을 하는 '교사' 역시 마찬가지다. 하기의 측에 선 사람들은 하미들이 하고 싶은 게 무엇인지 자유롭게 결정해서 하는 일을 돕는다. 반면 교육의 측에 있는 사람들은 다른 사람들이 배워야만 한다고 결정한 일을 배우게 하려고 애쓴다.

나는 첫 번째 행위는 '가-르치기(t-eaching)'로, 두 번째 행위는 '가-르치기(T-eaching)'라 부르겠다. 한때는 나도 이 두 행위를 똑같은 것으로 생각했다. 두 행위 사이의 차이점에는 관심이 없었다. 교사란 단지 학생이 뭔가를 배우도록 하려는 사람일 뿐이었다. 학생이 열심이면 열심일수록 교사에게는 더더욱 좋았다. 보통 학생은 무관심하고 의욕 없고 반항적이었다. 하지만 어떤 경우에나 교사의 작업은 같은 것이라 여겼다.

그런데 이제 와서는 이 두 개의 작업이 너무도 달라서 같은 이름으로 불러서는 안 될 것 같다. 아마 사람들이 하고 싶어 하는 것을 하도록 돕는 일에 대해 보다 적절한, 새로운 단어가 꼭 필요한지도 모르겠다. 그리고 '가르친다'와 '교사'라는 말은 오랜 명예를 가진 말이기에 그 말을 교-사들에게 넘겨주고 싶지는 않다.

학-교와 학-교의 구별처럼 교-사와 교-사를 분명하게 구별 짓는 일 역시 어렵다. 아이들에게 좀 더 많은 자유와 선택권을 부여하는 친절하고 애정 어린 교사가 교-사라고 생각하는 사람도 있을 것이다. 그러나 학-교에서 가르치는 사람이면 그 누구든 교-사일 수밖에 없다. 단지 성적 평가나 학점이 주어지지 않는 완전히 자발적인 과외활동을 지도하는 경우만 예외다. 그래서 연극부의 지도교사나 학교 운동부가 아닌 학생들의 운동을 지도하는 교사, 예술이나 공예활동, 취미, 토론 그룹의 지도교사는 교-사로서 그 일을 한다고 할 수 있다.

그러나 학-교에서는 아주 즐겁고 흥미 있는 수업조차도 의무와 강제, 매수, 위협이라는 체제에 속해 있다. 때문에 그런 수업을 이끄는 교사는 어떤 교사라 한들 교-사의 범주에 들 수밖에 없다. 학-교에서 근무했던 15년 동안 나 역시 그 대열에서 빠질 수는 없었다.

학-교와 학-교의 경우처럼 교-사와 교사의 차이 역시 철학이나 방법론, 인격과는 아무 관계가 없다. 교사가 편안한가 엄격한가, 친절한가 가혹한가, 재미있나 지루한가, 따뜻한가 냉정한가 따위의 성격과도 관계가 없다. 교-사와 교사의 차이는 학생들이 교사와 시간을 보낼지, 교사가 하는 일을 자기도 할지, 교사가 주는 도움을 받아들일지, 교사의 생각을 경청할지, 받아들일지, 거부할지를 얼마나 자유롭게 선택할 수 있느냐에 달려 있다.

나는 책걸상이 열 지어 있는 교실보다는 책걸상이 아예 없는 교실을 좋아한다. 마찬가지로 친절하고, 감수성 있고, 재치 있고, 애정 있고, 대체로 봐서 자기 학생들을 좋아하는 교사가 더 좋다. 하지만 이 모든 성향을 다 갖추고 있어도 어쩔 수 없이 교-사일 수밖에 없는 사람도 있고, 이 가운데 어떤 성향도 갖추지 못한 사람일지라도 교-사일 수 있다. 만약 두 번째 경우라면 그 교사는 학생을 많이 얻지는 못하리라. 하지만 그가 나누어줄 수 있는 지식이나 기술이 좀처럼 얻기 어려운 것이거나, 그 지식이나 기술을 나누는 데 뛰어나게 훌륭하다면 그 모든 결점에도 불구하고 스스로 좋아서 그에게 오는 사람들이 있을 것이다.

아이들과 교사의 진실한 만남

교-사와 교사에 대한 구별이 중요한 이유는 여러 가지다. 그 이유 중 하나는 조지 데니슨George Dennison이 『아이들의 삶The Lives of Children』에서 '진실한 만남'이라고 불렀던 것과 관련이 있다. 그는 여기서 학교교육이 아이들에게 거의 도움이 안 될 뿐만 아니라 나아가 거의 언제나 심각하게 해를 끼치는 한 가지 이유를 정확하게 지적한다. 바로 아이들과 교사 사이에 진실한 만남이 없다는 것이다.

교사들은 자기 자신으로 행동하는 대신 주어진 역할을 연기한다. 교사들은 자기에게 실제적인 것, 즉 자기가 알고, 좋아하고, 흥미를 가지는 일에 대해 이야기하지 않는다. 단지 교사가 전달하도록 되어 있는 교과서대로, 교사용 지침서대로, 교과 계획서대로 이야기할 뿐이다. "……에 관해 이야기해봅시다." 하고.

교사들은 아이들의 행동과 요구에 자연스럽고 솔직하게 반응하지 않는다. 단지 지시된 규칙에 따라 반응할 따름이다. 교사들은 언제나 스스로에게 묻는다. '내가 이렇게 하면, 아니 이런 말을 하면, 학생들에게 이렇게 하도록, 또는 저런 말을 하도록 내버려두면 문제가 생기지나 않을까?' 그러고는 스스로가 내린 답에 따라 행동한다. 교사들의 두려움이 근거가 없다거나, 이런 위험성이 상상에 불과하다고 말할 수는 없다. 사실이니까. 신문에는 지역사회가 싫어하는 말을 했다는 이유로 해직당한 교사들에 관한 기사가 심심찮게 오른다. 아이들에게 진실을 숨겼다고 해고당한 사람은 없지만 진실을 말했다는 이유로 쫓겨난 사람은 많다.

어느 해인가 한 해 동안 1학년 아이들을 맡은 적이 있었다. 그러면서 그 또래 아이들에 대해서 여러모로 많이 알게 되었다. 하루는 이런 일이 있었다. 여섯 살짜리 여자아이 두 명이 내게로 다가오더니 넌지시 그림 한 장을 보여주었다. 조잡한 손놀림으로 아무렇게나 그린 그림 속에는 똥을 누고 있는 사람의 엉덩이에서 똥 덩어리가 총탄처럼 발사되고 있는 장면이 그려져 있었다. 그 그림을 보자 10% 정도는 재미있었지만 90%는 염려스러운 마음이 들었다.

나에겐 화가 잔뜩 난 교사들과 부모들, 심지어는 판사들까지 나를 향해 소리치는 광경이 떠올랐다. "아니, 선생의 반 아이들이 이 따위 그림을 그려도 좋다고 말하는 거요? 애들이 아무 거리낌 없이 이렇게 혐오스러운 그림을 그리고 보여주는 게 올바른 행동이라고 생각하다니 대체 뭘 가르쳤소? 애들이 다시는 이런 그림을 그리지 않도록 무슨 조처를 취했소?" 등등.

내가 그 아이들에게 무슨 말을 했는지는 정확하게 기억나지 않는다. 하지만 충격을 받은 척했거나 화가 난 척하지는 않았다. 필경 그림을 숨기거나 찢어버리는 게 좋겠다고 했을 것 같다. 그 그림을 보면 심사가 좋지 않을 사람들이 많을 테니까. 아마 나 역시 마뜩치 않다는 눈치를 주었을 것 같기도 하다. 그러나 그 그림을 보고 놀라거나 재미있어 하는 등 교-사답지 않은 인간적 반응은 하지 않았다. 지금에 와

선 그때 그렇게 했더라면 하고 아쉽게 생각하지만.

교사답게 행동해야 한다는 강박관념이 없었다면 십중팔구 왜 나에게 그 그림을 보여줬는지 물었을 것이다. 어쩌면 아이들은 다른 어른들이 숨기고 있는 어떤 비밀에 대해 얘기하고 싶었던 게 아닐까. 아니면 단순히 내 반응이 궁금했는지도 모르고. 그림을 보고 내가 놀랄 거라고 짓궂게 추측했는데 딱 맞아떨어졌는지도 모른다. 그런데 나도 사실 다른 학교나 학교 밖에서라면 그 그림이나 똥 누기에 관해, 아니 그 애들이 같이 얘기하고 싶어 하는 것이면 뭐든지 이야기를 나눌 수 있었을 것이다. 아이들은 그런 이야기 속에서 엄청나게 배웠을지도 모른다. 아이들은 우리 어른들을 통해 세상에 대해 배우고 싶어 하지만 대개의 경우 어른들은 가장하고 무언가를 숨기며 거짓말을 한다는 사실만을 배울 따름이다.

한 편에서 다른 편을 지배하고 있는 상황에서는 만남, 진실성, 솔직함 같은 진정한 덕목은 실현될 수 없다. 아주 오래 전 하버드대학 4학년이었던 한 친구와 나누었던 이야기가 떠오른다. 그때 그 친구는 대학 생활을 즐겼고 성적도 좋았다. 하루는 친구에게 그 자신이나 과 친구들이 교수와 의견이 맞지 않을 때가 많지 않느냐고 물었다. 그 친구는 큰 소리로 웃으며 말했다.

"교수님들이란 모두 우리가 그렇게 해주었으면 하는 것을 우리에게 다 드러낸다네."

그러고는 그와 과 친구들은 A를 받고 싶으면 담당 교수와 논쟁을 하지 않는 편이 좋다는 사실을 알게 되었노라고 덧붙였다. 시험, 리포트, 심지어 토론에서도 A를 얻어내는 길은 교수의 의견과 자기 의견을 꼭 맞추고, 단지 교수가 자기 말을 그대로 돌려준다는 생각을 하지 못할 정도로만 표현을 살짝 바꾸는 일이라고 했다.

몇 년이 지난 후 나는 토론토에서 일단의 교사들에게 한 사람이 다른 사람을 지배하고 있는 상황에서는 서로 간에 아주 솔직한 대화는 이루어지기 어렵다는 얘기를 했다. 모임이 끝난 후 한 젊은 여교사가 내게로 왔다. 속이 상하고 화가 난 듯한 얼굴로.

그녀는 내가 말한 '하기'와 '교육'의 구분이나 학-교와 학-교, 교-사와 교-사에 관한 구분을 탐탁지 않게 생각하는 게 분명했다. 그녀는 자기 학생들에게 성적을 매기고 벌칙을 가할 수 있다고 해서 아이들이 자기와 솔직한 이야기를 주고받지 못하는 건 아니다, 또 아이들은 절대 자기들의 생각을 얘기하기를 겁내는 일이 없다고 주장했다. 그녀는 내 말 속에는 자기 학급 아이들이 두려워하고 정직하지 못하다는 뜻이 담겨 있다며 불쾌해했다.

나도 내 주장을 했지만 그녀는 전혀 수그러들지 않았고 더 화를 냈다. 내가 말하는 내용은 사실이 아니며 남에게 해를 끼치는 거라고도 했다. 십여 분 후에 그녀에게 물었다.

"선생님 학교나 학교 체제 내에서 선생님께 권력을 행사하는 사람이 있나요? 승진이나 해고, 봉급 인상 등에 영향을 줄 수 있는 사람 말입니다."

그녀는 그렇다고 했다. 그래서 내가 다시 말했다.

"방금 전 저에게 말씀하신 것처럼 그분들 중 한 분과 얘기해보실 의향은 없습니까?"

내 말을 곰곰이 생각하더니 그녀의 표정이 바뀌어갔다. 잠시 후 그녀는 부드럽게 말했다.

"아뇨. 그러고 싶지 않군요."

"그런 경우라면 저도 그렇습니다. 그게 바로 제 말의 요점이지요."

그렇다, 그게 바로 요점이다.

4 하미들을 위한 다양한 자원
Resources for Do-ers

우리가 현재 가지고 있기는 하지만 하미들을 위해서 좀 더 많았으면 하고 생각되는 자원에는 어떤 것이 있을까? 또 지금은 없지만 꼭 필요한 자원은? 아마 남녀노소를 가리지 않고 이용이 가능하고 좀 더 다양하고 적극적이며 흥미로운 삶에 이르게 해주는 자원, 젊은이들이 학교에서 보내는 시간을 줄일 수 있을 때 갈 만한 장소, 어른들이 어떻게 보내야 할지 모르는 여가를 더 잘 활용할 수 있는 장소. 그런 것들이 아닐까?

나더러 이런 성격을 띤 자원의 목록을 다 작성하라면 한도 끝도 없다. 독자들 역시 덧붙일 목록을 쉽게 생각해낼 수 있으리라. 지금부터 적어보는 사회자원들은 대부분의 지역사회에서도 쉽게 따라할 수 있는 예들로 거의 비용이 들지 않는 경우가 대부분이다. 이 가운데 내가 잘 알고 있는 곳 하나를 예로 든다면 비콘힐 프리스쿨Beacon Hill Free School이 있는데 보스턴의 내가 사는 곳 인근에 있다. 비콘힐 프리스쿨은 학교의 탁월한 예다. 1974년 여름 안내서에서 발췌한 몇 구절을 보면 비콘힐이 어떻게 운영되는가 짐작할 수 있다.

비콘힐 프리스쿨이 이번 학기로 다섯 번째 무료 강좌를 시작합니다. 지금까지 300개가 넘는 강좌가 나이 제한 없이 수천 명의 사람들에게 무료로 제공되어 왔습니다. 비콘힐은 계속 번성 중입니다. 강사분들이 자원해서 시간과 능력을 기꺼이 제공해주고 여러 이웃들과 단체들이 밤 시간에 비는 장소를 기꺼이 빌려주기 때문입니다. 인쇄나 발송 등 어쩔 수 없이 드는 비용은 호의를 가진 분들의 지원금과 가끔 생기는 수익금으로 해결하고 있습니다.

이 프로그램에 참가하는 데는 어떤 자격도 필요 없으며, 물론 시험, 성적, 학점, 학위 같은 것도 없습니다. 안내서는 석 달마다 열리는 총회의 결과에 따라 작성됩니다. 총회에서는 누구나 자유롭게 강좌를 개설하고 또 누구나 자유롭게 강좌를 채택, 신청하게 됩니다. 이 일에 필요한 행정 업무는 소수의 사람들이 해나가고 있습니다.

비콘힐 프리스쿨은 잭 파워스Jack Powers가 많은 분들의 영감과 도움에 힘입어 시작했습니다. ……이 학교의 목적은 나이를 초월해서 모든 이들과 손잡고 사람이든 물질이든 지역공동체의 자원을 활용하는 데 있습니다. 이 모든 일을 가능하게 만드는 데 동참하고 있는 분들에게 감사드립니다.

비콘힐 프리스쿨은 1년에 4학기로 이루어진다. 매학기는 총회와 함께 시작되고 총회는 대부분 찰스 스트리트 미팅 하우스에서 개최

되어 왔다. 사람들은 강좌나 여가 활동을 제안하거나, 제공된 강좌나 활동에 관해 더 잘 알아볼 목적으로 모임에 참석한다. 모임의 진행자인 잭 파워스가 학교 운영에 대해 잘 모르는 사람들을 위해 몇 마디 하고 나면, 강좌를 개설하고 싶은 사람은 모두 그곳에 참석한 이들을 상대로 자신이 제공할 강좌에 대해 이야기한다. 누구든지 자기 강좌를 개설할 수 있고 주제 역시 제한이 없다. 어떤 교-사도 자신이 유능하다고 증명할 필요가 없다. 학생들의 호기심을 끌어내고 붙들 수 있다면 그걸로 충분하다. 만약 어떤 강사가 강좌를 개설했는데 사람들이 오지 않거나, 몇 번 오더니 소식이 없다면 기꺼이 그 의미를 받아들인다. 만약 사람들이 그 강좌를 좋아한다면 교-사는 다음 학기에도 그 강좌를 개설할 것이다. 1974년 여름 안내서에 소개된 37개의 강좌 중에서 17개의 강좌가 다음 학기에도 계속되었다.

안내서에서 발췌한 아래의 인용문이 보여주듯이 비콘힐 프리스쿨은 학교 건물이 없다.

● 장소를 제공해주신 분들
비콘힐 벗님들의 집ー비콘힐 체스트넛 스트리트 6번지
보스턴 예술 센터ー사우스 엔드 트레몬트 스트리트 551번지
……
성 요한 복음교회ー보스턴 보도인 스트리트 33번지
홀트사단법인ー보스턴 보일 스톤 스트리트 308번지
스톤 수프 갤러리ー웨스트 엔드 케임브리지 스트리트 313번지
그리고 강사 몇 분과 벗님들이 본인들의 집을 강의실로 제공했습니다.

● 다음에 유의!

강좌에 참석하기 전에 반드시 담당 강사에게 연락을 해야 합니다. 특히 지난 학기에 이어서 계속되는 강좌를 새로 신청하신 분은 강좌 시작 전에 담당 강사에게 꼭 연락해야 합니다. 강좌 목록의 앞에 기재된 날짜는 강좌가 시작되는 날짜입니다. 추후 공고는 강좌의 날짜나 시간 등이 강사나 참여하는 학생들의 사정에 따라 바뀔 수 있다는 뜻입니다. 강사에게 전화!! 항상 피치 못할 상황이 있을 수 있으니까요.

비콘힐 프리스쿨은 가능하다면 지역공동체 안에서 교사들이 수업을 할 수 있는 공간을 마련해준다. 그것이 불가능한 경우에는 교사와 학생들이 스스로 알아서 마련한다. 안내서는 사실상 학생들에게 언제 어디서 수업이 이루어질지 알려주기 위한 행정적 방편으로 쓴다. 강사들은 학생들이 찾아올 수 있도록 주소와 전화번호를 알려준다. 그다음은 서로의 사정에 따라 언제 어디서 만날지 결정한다. 다음에 열거된 강좌 목록은 강사들이 학생들에게 어떤 종류의 정보를 제공하는지 보여준다.

● 자전거 클리닉

화 6~7:30 PM, 힐 하우스. 지난 학기에 이어집니다.

자전거 자기 힘으로 간수하기. 즉 펑크 때우기, 기어 조정 등등. XXX-XXXX번. 조지 베리에게 메모 남기세요. 1층 게임방에서 합니다. 수리가 필요한 자전거 가지고 오세요.

● 창조적 글쓰기

목 7~9 PM, 힐 하우스 1층 경로당. 지난 학기에 이어집니다.

신참자 환영. 커뮤니케이션과 사회변혁에 역점을 둔 창조적 매체로서의 글쓰기를 포함, 사진 활용과 심층 취재 보도에 초점을 둡니다. 강사는 프랭크 앤소니. 낮에만. XXX－XXXX.

● 현대 시 포럼

월 8~9 PM, 장소 추후 공고. 지난 학기에 이어집니다.

신참자 환영. 파운드, 휘트먼, W. C. 윌리엄스, 그리고 찰스 올슨에서 뻗어 나온 시적 전통에서 시작하여 현대 시에 나타난 미국적 작풍 속으로 떠나는 탐색 여행. 비콘힐 주변의 야외에서 만날 생각입니다. 조와 로즈던 부부가 이끕니다. XXX－XXXX.

● 기초 전자공학

월 5:30 PM, 힐 하우스. 지난 학기에 이어집니다.

신참자 환영. 전자공학을 공부한 경험이 없지만 키트 조립과 수리에 흥미가 있고 전자공학의 기본 원리에 관심이 있는 분. 약간의 실험 과정도 있음. 피터 그리핀이 수업을 이끕니다. XXX－XXXX.

1974년도 여름 학기에 개설된 모든 강좌의 리스트는 이렇다. 사생화, 자전거 클리닉, 창조적 글쓰기, 현대 시 포럼, 기초 전자공학, 인간의 성 탐색, 포르투갈어, 소통의 역학, 스페인어, 하타 요가, 감수성 훈련, 러시아어 회화 II, 창조적 활동, 베토벤, 서양철학의 몇 가지 주제, 자살을 생각해보셨나요?, 생각 함께 가져가기, 요가, 살아 있는 먹을거리—실내원예, 유기농 재배, 21세기를 위한 생존 전략, 존 테라피, 쿤달리니 요가, 시 낭송과 시 음송, 시작詩作 교실, 티들리 윙크 게임, F. 스코트 피츠제럴드의 소설 연구, 일반 수학과 응용, 생명과학과 물리학, 산업 디자인, 독서 능력 개발, 직업과 일거리 그리고 자기 정체성, 음악, 이란의 땅과 사람과 예술, 지압과 스웨덴 마사지, 목공예, 개인주의와 가족, 생태학—우리 지구 위에서의 상호 관계들, 자원 재생과 분리수거, 대체 에너지 자원, 벨 아일 염호 해협 연구.

여러 해에 걸쳐 외국어나 수학 같은 학-교 타입의 강좌보다는 공예나 춤, 몸 다루기, 요가 또는 토론, 감수성 훈련 같은 강좌를 더 많이 개설해왔다. 그리고 항상 다양하고 흥미로운 주제를 조합시킨 강좌가 있다. 이런 강좌들은 이 지역에 사는 사람들이 독특하게 관심을 가지는 일들을 주제로 삼는다. 한 나라 안이라 할지라도 지역이 다르면, 또 그보다 더 좁게 보스턴 시 정도의 한정된 지역 안에서조차도 구역이 다르면 관심사가 다르고 그 관심사에 따라 성격이 아주 다른 강좌가 이루어진다.

프리스쿨은 참여 학생에 관한 기록이 전무하기 때문에 추측을 할 수밖에 없는데, 시작한 지 4년 동안 약 2,000명이 강좌를 들었다고 한다. 어떤 학기에는 300~400명에 이르는 학생이 수강했다. 처음에는 거의 모든 교사와 학생들이 대학, 또는 대학원 졸업자로 어느 정도 학구적이고 예술적인 일을 생계 수단으로 삼고 있는 사람들이 대부분이라 여겨졌다. 그러나 시간이 흐르고 학교가 점차 알려지자 강좌를 개설하고 수강을 하는 사람들 중에는 학교교육을 많이 받지 못한 사람, 또 '학교'라 불리는 장소와는 별 인연 없이 살아온 사람들도 더러 나타났다.

여러 가지 점에서 프리스쿨은 보스턴과 인근의 케임브리지에 있는 기존의 성인교육 센터와 비슷하다. 아니면 지난 10년 사이에 수많은 미국의 대학 캠퍼스 내에서 학생들이 조직한 자유대학Free University 과도 닮았다. 하지만 몇 가지 중요한 차이점이 있다. 우선 비콘힐 프리스쿨은 앞의 두 가지 예보다 다른 지역에서 따라 하기에 쉬운 모델 이다. 『미국 내 자유대학 목록National Directory of Free U's』에 제인 Jane Litchtman이 썼듯이 "비콘힐 프리스쿨은 최소한의 행정조직과 최대한의 다양성을 가지며…… 바로 그 단순성으로 인해 멋지게 운 영된다."

제인의 말은 사실이고 그 이유는 무엇보다도 단순성이다. 비콘힐 프리스쿨은 일단 건물이 없다. 따라서 건물세가 필요 없고 유지비 걱 정이나 쫓겨날 염려도 없다. 돈을 받지 않기 때문에 학생들에게 뭔가 보장해줄 필요도 없다. 그러므로 교사에게 자격증이나 유능함을 보 여달라고 요구할 이유도 없다.

학생과 교사 사이에 돈이 오가지 않기 때문에 학교는 복잡한 장부 처리나 영수증 처리 등을 할 필요가 없다. 학교는 거의 예산 없이 운 영된다. 지출이라고 해봐야 계간으로 발행되는 안내서가 고작이며 그것도 최소의 경비로 발행, 인쇄된다. 안내서 사본은 지역 곳곳에 배 포되지만 따로 원하는 사람은 반송 우표를 붙인 봉투를 보내면 안내 서를 받아볼 수 있다. 이 학교는 전부 합해서 1년에 100달러가량의 비 용을 쓴다. 어느 때나 족히 200명 이상이 학교를 활용하고 있으니 학생당 1년에 50센트 이하의 비용을 쓴다고 할 수 있겠다. 이것은 우리 공립학-교의 연간 학생당 비용이 600달러(보스턴 내에서는 약 1,700달러)인 것과 주목할 만한 대조를 이룬다.

비콘힐 프리스쿨 학생은 단지 주당 한두 시간 정도만 학교를 이용할 뿐이다. 한편 대부분의 학생들은 주당 30~35시간을 학교에서 보낸다. 하지만 시간당으로 계산을 해도 학-교는 1년에 학생 1인당 20달러 남짓을 쓰는 셈이다. 그러니 비콘힐 프리스쿨은 가난한 지역사회나 나라에서 인간 성장과 배움을 위한 자원으로 연구하고 따라 하기 좋은 모델임이 틀림없다.

비콘힐 프리스쿨과 대학 캠퍼스 내에 자리 잡은 자유대학 사이의 또 다른 중대한 차이점은, 프리스쿨이 정치적 이데올로기를 중심으로 만들어지지 않았다는 점이라고 한다. 이 점 때문에 프리스쿨은 지역사회 내에서 훨씬 넓은 기반을 가질 수 있다. 왜냐하면 비콘힐 프리스쿨은 움켜쥔 주먹, 턱수염 기른 게릴라, 마오쩌둥 등의 사진과 혁명, 억압받는 사람들, 자본주의 같은 문제들이 자주 등장하는 캠퍼스 자유대학 안내서의 내용에 위협을 느끼고 마음 상한 사람들도 교사나 학생으로 끌어들이기 때문이다. 또한 이들 캠퍼스에 자리 잡은 학-교들은 매우 취약하다. 학-교에 관심을 갖고 일을 해나가는 학생들은 결국 졸업해서 캠퍼스를 떠나는데 대신 맡아줄 후배를 키워두지 않는 경우도 많다. 또 필요한 편의 시설을 대학 당국에 기대고 있기 때문에 학-교의 성격이 너무 급진적이 되기 쉽고 너무 인기가 좋을 경우 대학 측에서 못하게 할 위험도 있다.

비콘힐 프리스쿨의 경우 적으나마 항상 강좌를 열 공간을 구하는 어려움이 있다는 점에 유의해야 한다. 지역에 사는 대다수의 사람들, 아니면 적어도 학교를 이용하는 사람들은 작은 아파트에 살고 있어 대부분 개설하고 싶은 수업이나 활동을 제대로 해나가기에는 공간이 너무 협소하다. 지역 단체의 시설물, 특히 교회 건물 같은 곳에는 넓은 공간이 있기 마련이지만 한 시설에 여러 개의 공간이 있는 것이 아니라서 자체 프로그램에 쓰일 때가 많다. 이런 모임 장소의 부족은 어떤 종류의 활동을 어렵게, 때로는 불가능하게 만든다. 예를 들어 동네 합창단이나 연주 활동 등이 그렇다. 좀 더 많은 사람들이 교사나 학생으로 참여하고 싶어도 학교가 장소를 구해주기가 아주 어렵다.

그런데 비콘힐 지역에서 몇 블록 떨어지지 않은 곳에 있는 공립학교에는 이들 목적에 적합한 여유 공간이 많다. 하지만 거의 모든 공립학교 건물이 그렇듯이 방과 후면 이곳 역시 굳게 잠긴다. 몇몇 지역사회는 값비싸고 사치스런 장비가 가득한 이들 건물을 필요한 모든 사람들이 손쉽게 이용할 수 있는 길을 찾아냈는데, 우리 역시 그 길을 찾을 필요가 있다.

하미들을 위한 또 다른 아주 중요한 자원으로 교육통화learning exchange*를 소개하고 싶다. 이는 40여 개의 지역사회에서 이미 본뜨고 있는 모델로 일리노이 주 시카고 북쪽의 작은 위성도시인 에반스톤에서 활발히 이루어지고 있다. 교육통화는 1971년 5월 데니스 뎃젤Dennis Detzel과 로버트 루이스Robert Lewis가 시작했다. 두 사람

---

* 여기서 'learning'을 교육으로 번역한 것은 저자인 홀트의 의도에 어긋나지만 이런 시스템을 흔히 '교육통화'라는 이름으로 부르기 때문에 이에 따랐다.―옮긴이

은 그 당시 노스웨스턴대학에서 대학원 과정을 밟고 있는 학생이었다. 교육통화에 관한 아이디어는 뎃젤이 멕시코의 CIDOC에서 이반 일리히 등과 대화를 나누는 과정에서 탄생했고, 내용상 일리히가 『탈학교 사회Deschooling Society』에서 제안한 것에 아주 근접해 있다. 1974년판 교육통화 안내서를 보면 교육통화를 만든 이들의 그러한 믿음이 드러난다.

시카고 인근 지역에는 서로 나눌 수 있는 기술과 재능과 지식을 지닌 사람들이 엄청나게 많이 살고 있다. 장인, 전문가, 노동자, 주부, 은퇴한 사람, 학생 들. 실제로 사회의 구성원 하나하나가 모두 다른 이들에게 무언가를 가르칠 수 있다. 우리는 또 수많은 장소가 소위 '교실'로 활용될 수 있으리라 믿었다. 가정집, 사무실, 도서관, 교회, 지역 문화회관, 공원 등 등. 사람들은 어떤 주제에 관한 질문에 전화로 답할 수 있고 토론도 할 수 있었으므로 전화 역시 훌륭한 '모임 장소'로 쓰일 수 있었다. …… 이러한 필요를 채우기 위해 이 거대 도시 시카고에서 가르치고 배우고 관심사를 나누고 싶어 하는 사람들이면 누구나 쉽게 이용하고 활용할 수 있는 서비스를 구상하기 시작했다. 조직에는 가입 자격이 필요 없고 자격증이나 증명서를 발부하지 않으며, 이 서비스를 통해 가르치고자 하는 사람에게도 그것을 요구하지 않을 참이다.

교육통화는 이렇게 운영된다. 누군가가 뭔가를 배우고 싶거나 알아내고 싶을 때, 다른 사람들에게 가르쳐주고 싶은 지식이나 기술을 가지고 있을 때, 자신이 지닌 특별한 관심사를 나눌 만한 사람들을 만나기를 원할 때 전화를 하거나 편지를 띄운다. 참여 희망자의 이름과 주소, 전화번호, 관심 분야, 참여하고자 하는 부문(즉 배운다, 가르친다, 관심사를 나눈다)을 카드에 기입하고 파일에 저장한다.

또한 희망자의 관심 분야는 교육통화 자체의 사업 목록에 추가된다. 만약 이 방문자가 흥미를 가지는 분야에서 가르치거나 배우거나 관심사를 함께 나누기를 원하는 다른 이들의 명단이 교육통화 파일 속에 있을 경우에는 이 정보가 제공된다. 그 사람들과 언제, 어떻게, 어디서 만나 어떤 형식으로 같이 하고 싶은지를 결정하는 일은 전적으로 방문자에게 달려 있다. 보유하고 있는 목록 속에 방문자와 관심사를 같이할 적당한 명단이 없을 경우, 방문자의 명단을 일단 목록에 올려놓았다가 후에 적당한 사람이 방문하게 될 때 연락을 취해준다.

안내서에 나와 있듯이 "교육통화는 여러분이 하고 싶은 일을, 하고 싶은 곳에서, 하고 싶을 때, 하고 싶은 만큼, 좋아하는 사람들과 함께 할 수 있는 길이다." 아니면 적어도 좋아하는 사람들과 계속 만나고 싶다는 마음을 풀 수 있는 길이다.

교육통화는 임대 사무실에서 임대 전화기 한 대와 달랑 3×5인치 크기의 카드 몇 장이 든 작은 파일 박스 1개, 그리고 노스웨스턴대학에서 거둔 25달러의 자본으로 사업을 시작했다. 6개월이 지난 후 교육통화는 290개의 표제를 지닌 파일을 쌓아 올렸다. 1973년 말에 이르자 교육통화는 자체 사무실을 마련하고 4명의 스텝과 2,000개의 표제를 두고 서로 관심사를 나누는 15,000명의 명단을 확보하게 되었다. 1974년 안내서에는 그 항목이 모두 수록되어 있다. 그 항목을 읽어보는 것만 해도 재미있는데 우리 인간의 경험과 관심사가 얼마나 폭이 넓은지를 잘 보여준다. 건물과 학과, 봉급을 받는 자격 있는 교직원이 필요한 기존의 학-교는 이러한 인간 호기심 중 극히 작은 부분을 겨우 만족시키거나, 이 엄청난 지식의 보고 중 극히 일부분을 겨우 다루는 이상으로 나아갈 길이 없다. A로 시작되는 항목 20개를 열거해본다.

ACT (American College Test, 대학수학능력시험)

Abortion-Pro & Con (임신중절 찬반양론)

Abstraction (추출법)

Accordion (아코디언 연주)

Accounting (회계)

Acrobatics (곡예)

Acting (연기)

Acupuncture (침술)

Adler, Alfred (알프레드 아들러)

Adlerian Lecture Series, Speakers (아들러 강좌 시리즈)

Adlerian Life Style & Interpretation (아들러식 생활 방식과 심리 해석법)

Adoption, Single Parenthood (입양, 홀어버이 문제)

Adult Education (성인교육)

Adventures in Attitudes (삶의 자세 바꾸기)

Advertising (광고법)

Advertising Agency Management (광고대행사 경영법)

Aerialist (공중 곡예사)

Africa (아프리카)

African Culture (아프리카 문화)

African Culture & Art (아프리카 문화와 예술)

'마이크 라벨'이라는 철강 노동자가 있는데, 그는 《시카고 트리뷴 Chicago Tribune》에 고정 칼럼을 쓰고 있다. 그의 1972년 11월 28일자 칼럼에서 인용한 다음 기사는 교육통화가 실제 어떻게 이루어지는지를 잘 보여준다.

은퇴한 용접공인 노인 한 분이 한 무리의 십대들에게 용접하는 법을 가르치고 있다. 이분은 지금까지 쌓아온 지식과 연륜을 새롭게 활용하면서 놀랍도록 젊어지고 있고, 십대들은 지금까지 쓰지 않았던 새로운 육체적 힘을 발견하고 자신들의 손으로 만들어내는 마술에 취해 조금씩 성숙하고 지혜로워지고 있다.

멕시코인 주거지역에 사는 중년의 한 컴퓨터 프로그래머는 젊은 멕시코계 미국인 고등학교 중퇴자에게서 스페인어를 배운다. 그리고 그 대가로 컴퓨터 프로그래밍을 가르친다.

바이올린 연주를 좋아하는 14세의 한 소녀는 23세의 대학 교수와 35세의 주부에게 바이올린을 가르치는데 소녀가 사랑하는 이 황홀한 현의 마술은 이제 삼중주로 연주된다.

가르친다구요? 배운다구요? 물론이죠. 하지만 에반스톤의 교육통화에서 일어나고 있는 일은 그 이상입니다. 시를 좋아하세요? 아니면 시 쓰는 법을 배우고 싶나요? 시인을 만나세요. 글쓰기는? 작가를 만나세요. 목수일은? 목수를 만나세요. 전기를 알고 싶다구요? 전기 기술자를 만나세요. 모두가 교육통화의 자산입니다.

교육통화의 운영체제는 대충 이렇다. 여러분이 모르는 것을 배울 수 있고 여러분이 아는 것을 가르칠 수 있다. 이 가르치고 배우는 일은 프로그램이 완비된 단체에서 수업하고 학위를 받고 하는 일 없이 얼마든지 가능하다. 그 일은 오직 여러분에게, 여러분이 살아온 삶과 그 경험에 달려 있다. 본질적으로 말해 여러분이 지금까지 살면서 쌓아온 지식에 달려 있다는 뜻이다. 머리로 일하든 손으로 일하든 여러분은 살아 있는 대학 그 자체이다.

교육통화에는 잘난 척하는 사람이 없다. 철학박사 학위는 용접공의 불대나 목수의 톱, 주부의 냄비나 조립라인 노동자의 두 손보다 더할 것도 덜할 것도 없다. 남녀노소, 흑백, 먹물이나 안전모를 가리지 않고 여러분은 모두 교육통화의 자산이다.

1973년 2월 교육통화의 소식지에는 몇 가지 색다른 소식이 눈에 띈다.

한 중국 여성은 교육통화를 통해 영어 실력도 쌓고 비즈니스 경제학도 배우는 한편 세 사람에게 중국어를 가르친다.

한적한 시카고 근교에 있는 한 저예산 그래머스쿨은 교육과정에 사진술을 넣고 싶어 했다. 교육통화는 사진사 한 사람을 찾아주었고 그는 나중에 4주 과정의 사진 기초 강좌를 열었다.

요양소에 살고 있는 78세의 한 노부인은 대학생 한 명에게 독일어를 가르치는 한편 여러 사람들과 함께 독일 고전문학에 대한 관심사를 나누고 있다. 부인은 대학원 코스에 있는 학생들의 논문이나 학위 논문의 교정을 봐주는 일에 등록했는데 지금까지 이렇다 할 건수는 없다.

철학박사 학위를 가지고 있는 한 보험 심사원은 교육통화를 통해서 '윤리학과 가치 기준'이라는 작은 수업을 집에서 이끌며 철학에 관한 자신의 관심을 계속 살리고 있다.

한 맹인 여성은 교육통화를 통해 얻게 된 음악 이론 개별지도 덕분에 학사학위를 취득할 수 있었다. 그녀는 최근에 시력을 잃어가는 중인 연장자 남성에게 브라이 점자법을 가르치기도 했다.

주택 지구의 지역 일꾼으로 있는 23세의 한 청년은 많은 실업 청년들이 자동차 정비에 관심이 있다는 사실에 주목했다. 교육통화를 통해 보조해줄 정비사 한 명을 구해 곧 자동차 정비 워크숍을 열기 시작했다. 교육통화는 학생 몇 명을 연결해주었고, 난방이 되는 차고를 얻는 데 도움을 주었다. 또 최근에는 여분의 공구 세트를 마련하는 데 약간의 보조를 받을 수 있도록 원조를 아끼지 않고 있다.

한 대학생은 대학의 심리학 수업에 제시된 심리학 이론 중 몇 가지를 이해하는 데 약간의 어려움을 겪고 있었다. 이 여학생은 교육통화를 통해 심리학 부문에 박식하다고 자처하는 사람의 이름과 전화번호를 얻었고 45분간의 전화 통화 끝에 그 강좌를 이수하는 데 도움을 받았다.

나는 일리노이 주 데 칼브 소재에 있는 1974년 교육통화 가을 안내서를 가지고 있다. 데 칼브의 교육통화가 언제 시작되었는지 확실히는 모르지만 아마 에반스톤에서 시작된 지 1, 2년 후가 아닐까. 안내서에는 450여 개 항목의 관심사가 열거되어 있다. 그 혼합 비율은 에 반스톤의 안내서와 놀랄 정도로 비슷하다. '음악'이라는 표제 하나만 봐도 무려 43개 항목의 악기와 음악 활동이 열거된다. 미국 사회가 얼마나 엄청난 인적 자원을 가지고 있는지, 반면에 제대로 활용되고 충족되는 건 또 얼마나 빈약한지 참으로 놀라울 따름이다.

이들 교육통화 조직은 모두 하나의 문제를 공유한다. 성공이 실패의 길일 수도 있다는 점이다. 규모가 작을 때는 사무실과 전화를 빌려쓰고 자원 봉사자의 도움도 받기 때문에 일을 해나가는 데 거의 돈이 들지 않는다. 하지만 규모가 커지고 많은 사람들이 들락거리게 되면 자체 공간과 전일 근무를 할 사람이 필요하게 된다. 즉 봉사에 필요한 1인당 비용이 줄어들기보다는 늘어난다. 따라서 더 많은 돈이 필요하게 된다.

에반스톤 교육통화는 이런 종류의 서비스에 드는 비용은 가능한 한 이용하는 사람들이 부담해야 한다고 믿는다. 나 역시 그렇게 생각한다. 그편이 조직의 생명을 훨씬 안전하게 보장해준다. 정치인들이나 재단 임원이 예산을 끊어버리기로 결정하는 바람에 운영이 중단되는 일은 없을 테니까. 또한 그렇게 하는 편이 훨씬 책임 있는 운영을 할 수 있다. 이런 생각에서 에반스톤 교육통화는 연락을 주고받는 사람들 모두에게 처음에는 통화의 운영 방식과 회원제 서식이 적힌 1쪽짜리 설명서를 보내고 있다.

회원이 되려면 1년에 15달러, 2년에 25달러, 3년에 30달러가 든다. 회원은 카드 한 장과 새롭게 제공되는 강좌와 준비 중인 강좌에 관한 내용이 실린 계간 신문, 연간 카탈로그 1부, 그리고 더 빠른 서비스를 보장하는 특별회원용 전화번호를 받는다. 또한 나이 많은 시민과 저소득층을 위해 1년에 5달러의 저소득 회원권도 마련되어 있다. 물론 누릴 수 있는 특권은 같다. 회원권 서식에는 또 "통화의 목록과 서비스를 이용하기 위해 꼭 회원이 될 필요는 없습니다."라고 적혀 있다.

이 글을 쓰고 있는 현재 시점에서 교육통화는 회원제에서 나오는 수익으로 운영비의 반 정도를 감당하고 있다고 한다. 이 숫자가 올라갈지, 떨어질지, 그대로 있을지는 시간이 지나야 알 수 있을 것이다. 하지만 이런 과정 때문에 학-교나 다른 값비싼 정보 자원에 접근하기가 쉽지 않은 처지에서 교육통화를 필요로 하는 가난한 사람들 사이에서 교육통화가 자립을 이루는 일이 아주 어려워질 수도 있다. 왜 이들 교육통화를 활용하는 사람들이 학-교가 1년 동안 쓰는 (그것도 대부분 하잘것없는 일에 써버리는) 900억 달러가 넘는 예산 중의 일부를 쓸 수 없단 말인가?

5 하미들을 위한 또 다른 자원
More Resources for Do-ers

도서관—하미들을 위한 자원의 보고

공공도서관은 하미들을 위한 자원의 보고이다. 학교와 달리 도서관은 이런 말을 하지 않는다.

"여러분은 이곳을 이용해야만 합니다. 그렇게 하지 않으면 나쁜 일이 일어날 것입니다. 이용을 잘하면 멋진 일이 생길 것이고요……."

도서관은 우리가 원하는 때에 그저 거기 있을 뿐이다. 도서관은 그곳을 이용하고 싶어 하는 사람들이 적절한 자격을 갖추었는지 충분히 똑똑한지 시험하지 않으며, 똑똑한 사람들이 들어온다는 이유로 다른 도서관들보다 낫다고 주장하지도 않는다. 그리고 들어와서 무엇을 해야 하는지도 강요하지 않는다. 시험도 없고 성적도 순위도 매기지 않으며 생활기록부도 만들지 않는다.

지금 현재 도서관이 우리를 도울 수 있는 일은 극히 제한되어 있다.

부분적으로는 도서관에 충분한 돈이 없기 때문이다. 도서관은 지역 사회의 사람들 모두를 감당하고 있음에도 학-교에 배당되는 돈의 부스러기 정도를 얻어갈 뿐이다. 사실 학-교가 감당하는 건 얼마 안 되는 사람들뿐인데 말이다. 또 최근까지도 도서관 운영을 맡은 사람들은 대부분 자기들이 하는 일에 관해 상당히 구태의연하고 편협한 견해를 갖고 있었다. 도서관은 책이나 문자로 된 기록물들을 보관하는 장소일 뿐이었다. 도서관은 학-교의 부속물이었고 주로 교-사와 학생들이 뭔가를 찾아보기 위해 가는 곳이었다. 대부분의 사람들은 학-교를 다닐 때 강제되었던 일들(독서까지 포함해서)을 싫어하기 때문에 학교를 떠나게 되면 더 이상 그 일을 하지 않는다. 그래서 도서관을 이용하지 않는다. 그러나 이런 양상은 변화하기 시작하고 있다. 도서관은 지금까지와는 다른 기능을 하기 시작했다. 그리고 도서관은 훨씬 더 많은 일을 할 수 있으며 또 해야 한다고 주장하는 사서들이 생겨나고 있다.

머레이 밥Murray Bob도 이런 사람들 중 하나다. 그는 뉴욕 주 제임스타운의 서토커-카타라구스 도서관의 관리자로 '공공도서관을 위한 새로운 지침'이라는 제목으로 쓴 기사의 사본 한 장을 나에게 보냈다. 이 기사에서 머레이는 다른 무엇보다도 다음 내용을 강조하고 있다.

도서관은 온갖 종류의 시청각 교재, 예를 들어 테이프, 레코드, 필름, 슬라이드, 필름 루프, 비디오테이프 같은 것들을 수집하고 보관하는 한편 카탈로그를 만들어 손쉽게 이용할 수 있도록 해야 한다. 도서관은 사람들의 일터 어디에나 지점을 두어야 하며(스칸디나비아 일부지역에서는 이미 실시되고 있다.) 아이디어의 교섭을 증진시키는 데 도움을 줄 수 있어야 하고 또 주어야만 한다. 소규모 인쇄기, 영화 촬영용 카메라, 녹음기 등 온갖 종류의 복사를 위한 온갖 종류의 복사기들을 무료로 대여해주거나 도서관 내에서 이용할 수 있도록 해야 한다. 그는 계속해서 이렇게 말하고 있다.

나는 지금 이미 출판된 작품의 복제, 즉 저작권을 침해하는 복사에 대해 말하는 건 아니다. 나는 '말 못하는 밀턴들Mute Miltons'의 작품을 복사하는 문제에 대해 말하는 것이다. 온갖 종류의 기관과 개인들이 일절 비용을 치르지 않고 쉽게 손에 넣을 수 있는 인쇄물을 만드는 일 말이다. 자유언론의 권리란 것도 소리치면 들리는 거리를 벗어나 있는 사람들이 그 언론을 들을 수도, 읽을 수도, 볼 수도 없는 형편이라면 무슨 의미가 있겠는가? 우리들의 의견을 퍼뜨리고 유포시키는 일은 독점된 대중문화라는 현실 속에서 무엇보다 절실하다.

어떻게 해야 이 말에 더 강력한 동의를 표할 수 있을까. 우리는 지금까지 '출판의 자유'란 신문이나 라디오, TV 방송사의 사주들이 자기들이 하고 싶은 대로 말하고 찍어낼 권리를 말한다고 배우고 가르쳐왔다. 물론 닉슨 사건이 보여주듯이 이런 권리도 수호해야 할 가치는 있다. 하지만 이런 것이 출판의 자유가 말하는 최우선적인 의미는 아니었다. 출판의 자유란 인쇄기를 돌릴 수 있는 자유, 즉 자기 자신의 생각을 찍어내고 퍼뜨릴 수 있는 자유를 의미했다. 머레이 밥은 계속 이렇게 말하고 있다.

연방정부는 공공도서관의 예산 지원을 줄이는 만큼 예술 단체에 예산을 지원하고 있다. 도서관이 예술 단체가 되게 하자. …… 이를테면 인구 30,000명 이하 촌락이나 작은 읍내(대학을 유치하는 영광을 얻지 못한), 새로 형성된 변두리 지역에서는 실제로 다양한 문화시설을 갖추기 위한 지원을 받을 길이 없다. 따라서 통합 문화 공간이 실제로 사리에 맞을지도 모른다. 정부의 예산 지원을 받는 전통을 지닌 도서관이 지역의 문화 발전을 위한 공공기금을 추가로 받는 것은 논리적으로 당연하다. 물론 도서관이 화랑을 운영하고 예술 회관을 운영한다면 사서뿐만 아니라 관리 감독자 타입의 큐레이터 역시 필요하겠지만 말이다.

그는 마지막으로 도서관은 결국 내가 앞에서 소개했던 교육통화 같은 일을 위한 센터가 되어야 한다고 제의한다.

우리는 머레이 밥보다도 더 나아가 도서관이 보관하고 빌려주어야 할 물품들의 목록을 작성해볼 수 있을 뿐만 아니라 도서관이 할 수 있는 일과 사람들에게 줄 수 있는 도움을 더 확장해서 생각해볼 수 있다. 나는 『자유 그리고 그 너머Freedom and Beyond』에서 도서관의 영역이 책이나 시청각 교재에만 그쳐서는 안 되고, 개인이나 단체를 위한 악기와 연습실 역시 운용되어야 하며 넓은 범위의 예능 부문을 해내는 데 필요한 장비도 갖추고 있어야 한다고 주장했다.

만약 이런 일을 할 만한 편리하고도 값싼 장소가 있다면 지금보다 훨씬 많은 사람들이 이런 일을 할 수도 있다. 대부분의 사람들에겐 악기를 다루거나 그림을 그리고, 나무나 금속으로 물건을 만들거나 도자기 작업을 할 만한 공간이 없다. 장비를 갖추는 데 필요한 돈은 제

처두고라도 엄청난 규모의 도시 안에서도 이런 일을 할 수 있는 곳은 얼마 되지 않으며 그것도 보통 수수료가 필요하다. 하지만 그런 곳은 대부분 사람들이 살고 있는 곳에서 너무 멀리 떨어져 있고 비용도 너무 많이 든다. 작은 도시나 근교 주거지역에는 아예 그런 자원이 없다. 그토록 많은 사람들이 TV 시청이라는 수동적인 오락에 묶여 있는 것도 결코 놀라운 일이 아니다. 그것 말고는 할 만한 일이 거의 없기 때문이다.

도서관은 장난감, 게임 기구, 초보적인 과학 장비, 화학·전기 장비, 스포츠 장비, 스케이트, 라켓 같은 것도 갖추고 대여해줄 수 있다. 중산층이나 부유층의 아이들은 장난감과 게임을 통해 많은 것을 배운다. 빈곤층의 아이들에겐 이런 장난감과 게임 기구가 거의 없다. 유복한 아이들은 거의 대부분 필요 이상의 장난감을 가지고 있다. 아이들의 옷장 안은 사용하지 않는 잡동사니들로 가득 차 있다.

도서관에 이것들을 모으고 빌려줄 수 있는 장소를 마련하고 자체 내에서도 어느 정도 구입해두면 어떨까. 오늘날의 사회에서는 너무나 많은 것이 낭비된다. 이 쓸데없이 버려지는 물건들을 보관하고 활용하는 장소로 도서관의 개념을 확장하면 어떨까. 예능을 위한 도구뿐만 아니라 사람들의 주거나 가구, 자동차, 쓰고 있는 가전제품, 그밖에 여러 설비를 수리하고 만들 때 쓸 수 있는 도구들을 보관하고 대여하면 어떨까.

누가 그런 일을 할까 싶은가? 수백만 명의 사람들(그중에 교사가 많다.)이 일을 찾고 있다. 그리고 이 일은 사람들이 하는 많은 일과 달리 에너지와 원재료를 낭비하지 않고 오염도 일으키지 않는, 할 만한 가치가 있는 일이다. 어디서 그 공간을 찾을까? 우리는 이미 갖고 있다. 엄청난 비용을 들여 지은 저 온갖 학-교 건물들 안에.

나는 500명 남짓 수용할 수 있는 학-교에 인구가 50만 명인 도시의 전체 성인이 다 쓸 수 있는 것 이상의 예능 장비와 도구가 갖추어져 있는 것을 보았다. 또 다른 도시에서는 그보다 작은, 교육대학의 실험 학-교가 그에 진배없는 호화로운 장비를 갖추고 있었다. 학-교 안팎을 가리지 않고 이런 도구를 이용하고자 하는 사람들이 이런 물건들을 손쉽게 이용하지 못할 이유가 어디 있는가?

작은 읍내에 사는 한 친구가 쓴 글을 보면 자기가 사는 곳에 있는 학-교들은 어찌나 끔찍한지 자기 아이들이나 알고 있는 모든 아이들이 그 학-교를 싫어하고 그곳을 벗어나고 싶어 한다고 했다. 하지만 그는 또 이 지역사회 안에 달리 무슨 장소가 있어 아이들이 50,000달러짜리 작업장이나 악기, 운동기구를 접할 수 있겠냐고 묻는다.

세상이 이대로인 한 그런 곳은 없다. 그렇다고 아이들이 학-교라는 작업장을 이용하기 위해 하루 온종일 그 학-교에 있어야 할 이유가 뭔가. 그 작업장을 이용하고 싶을 때 학-교에 갈 수 있으면 되지 않는가. 또 왜 어른들도 똑같이 그걸 이용해선 안 되는가. 전 국민이 이런 설비를 유지하기 위해 세금을 냈다. 그러니 모든 국민이 그것을 이용할 수 있어야 한다.

도서관 이용을 위한 또 다른 프로젝트가 하나 있는데 이는 도서관의 전통적인 임무에 아주 가까운 것이다. 나는 『자유 그리고 그 너머』에서 거의 돈을 들이지 않고 아이들, 특히 가난한 층의 아이들이 글을 더 잘 읽을 수 있도록 도와줄 수 있는 읽기 프로그램을 제안했다. 여기서 짚고 넘어가야 할 것은, 더 잘 읽는다고 해서 가난한 아이들이 부자가 되거나 지금보다 더 잘살게 되는 것은 아니라는 점이다. 가난이란 읽기의 문제가 아니며 더 잘 읽는다고 가난 문제가 해결되는 것은 아니다. 마치 읽기가 그 문제를 해결해준다는 식으로 구는 것은 잔인한 속임수다. 하지만 읽기가 성공과 돈을 가져다주지 않는다 할지라도 빠른 이해력과 즐거움을 얻기 위해 배울 만한 가치는 있다.

나는 '읽기 길잡이'라고 부를 만한 이들을 두자고 제안한 적이 있다. 대학생이나 고등학생들, 더 어린 아이들도 읽을 줄 안다면 읽기 길잡이가 될 수 있다. 주부나 나이 든 은퇴 노인들은 어떤가? 사서들, 주차 안내인은? 일상적으로 아이들이나 문맹자를 접할 수 있는 사람이면 누구나 다 좋다. 길잡이들은 아무거나 표시가 되는 모자나 완장, 단추 등을 달면 된다. 그러면 원하는 사람은 누구나 표시를 달고 있는 길잡이에게 질문을 할 수 있다. 적혀진 쪽지를 보여주거나 "이게 무슨 말이죠?" 하고 물어보면 된다. 또는 길잡이에게 "이렇고 이런 말을 어떻게 쓰나요?"라고 물어볼 수 있고 길잡이는 그에 맞는 그 단어를 써주면 된다. 그걸로 족하다. 그게 길잡이가 해야 할 일의 전부다.

그런 프로그램을 돌리는 데는 거의 비용이 들지 않는다. 길잡이 테스트는? 필요 없다. 물어보는 모든 단어를 읽고 쓸 수 있어야 할 이유가 어디 있는가. 질문해오는 단어 대부분이 어쨌든 쉬울 테니까. 모르는 단어를 물어오면 "모르겠는데요. 다른 길잡이를 찾아보시죠."라고 말하면 된다.

학교, 교회, 학부모회, 학생들 스스로가 그런 프로그램을 시작할 수 있다. 지금까지 내가 아는 어느 누구도 이런 프로그램을 시작하자는 나의 제의를 받아들이지 않았다. 아마도 학교의 읽기 프로그램의 비용이 계속 증가하고 점점 실용성이 없어지면 누군가가 할 것이다. 그렇게 되면 이 프로그램은 토대가 필요하게 된다. 사람들이 프로그램에 관해 얘기를 듣고, 참여할 방법을 찾아내고, 필요한 배지나 단추, 리본 등을 달고, 무엇을 어떻게 개선하고 좀 더 많은 이를 참여시킬 것인지를 의논하는 그런 장소. 도서관과 도서관 지부가 이 일을 하는 자연스러운 장소가 될 것이다.

머레이 밥은 도서관 관계자들이 흔히 그렇게 말하듯이 지역 도서관의 수를 늘리자고 제안한다. 좋은 생각이다. 하지만 우리에게는 지역 도서관 이상의 체제가 필요하다. 그래야만 저소득층과 가난한 사람들이 책 읽기에 어느 정도라도 가깝게 다가갈 수 있다. 소규모의 지역 도서관조차도 비용이 너무 많이 들어서 도시 여기저기에 빽빽하게 산재시킬 수가 없다.

가난한 사람들이 살고 있는 혼잡한 지역 안에서 무엇보다도 필요한 것은 우리가 아직 갖고 있지 않은 형태의 소형 도서관이다. 신문이나 잡지, 보급판 도서를 갖추는 정도면 된다. 한층 더 격식을 갖춘 도서관에 있는 값비싼 참고문헌이나 정교한 목록은 없어도 된다. 소형 도서관은 큰 점포의 문간이나 교회 건물의 지하층같이 아주 작은 공간만으로도 충분하다. 낡은 트럭이나 버스 뒤편에 이런 소형 도서관을 마련해 동네의 구획마다 정기적으로 돌아다녀도 된다. 주마다, 아니면 달마다 어떤 날짜에 이동도서관이 자기 구획을 방문할지 알게 되면 아이들뿐만 아니라 어른들도 쉽게 이용할 수 있을 것이다.

언젠가 '책차'라고 불리는 이런 이동도서관이 있었다. 하지만 이 이

동도서관은 너무 많은 인력과 비용이 들기 때문에 어떤 도서관 체제라 해도 전 도시를 샅샅이 관통해서 이런 이동 체제를 퍼뜨리진 못한다. 몇몇 이동도서관에 그 가격을 물어본 적이 있는데 15,000달러 이상을 호가했다. 훨씬 적은 가격에 가능한데도 말이다.

몇 년 전 내가 알고 지내던, 머리가 비상하고 상상력이 풍부한 달린어서라는 여성은 자신이 살고 있는 시골 근방에는 도서관이 거의 없어 사람들이 손쉽게 책을 접할 기회가 없다는 걸 알고 이동도서관 비슷한 일을 하기로 결정했다. 그녀는 낡은 스쿨버스 한 대를 얻고(만약 샀더라면 800달러 정도 했을 것이다.) 500달러 정도를 들여 필요한 부분을 수리했다. 그리고 100달러 상당의 물품을 사고 친구들의 도움을 얻어 차의 좌석을 떼어내고 도서관과 염가 서적 판매대를 겸한 서가를 비치했다. 그녀는 그 버스를 '책벌레'라고 불렀다. 버스의 헤드라이트를 벌레의 눈으로 삼아 버스 양쪽 아랫부분에 커다란 초록 벌레를 그렸던 것이다. 이사를 가는 날까지 그녀는 이 '책벌레'를 몰고 그 시골 마을 곳곳을 규칙적으로 돌아다녔다.

모든 것이 번쩍번쩍하는 새것이어야 하고 특별하게 제작되어야 한다는 생각을 버리면, 그다지 돈을 들이지 않고도 이같이 멋진 일을 아주 큰 규모로 할 수 있다. 시골이나 도시를 가리지 않고 말이다. 우리 주위에는 용도 변경이 가능한 낡은 트럭과 버스가 엄청나게 많다. 내가 이 글을 쓰고 있을 때 보스턴 우체국이 우체국 소유의 낡은 트럭 여러 대를 판다고 내놓았다. 이 중 많은 차량이 소형 도서관을 만들기에 이상적이다. 많은 사람들이 그 일을 할 수 있고 하고 싶어 할 것이다.

다시 한 번 말해두지만 이런 프로그램들이 수많은 가난한 사람들을 부유하게 만들어주거나 그들에게 일거리를 마련해주는 것은 아니다. 하지만 그들의 삶을 지금보다 더 재미있게 해줄 것이고, 또 더 나아가서 그들의 지역사회와 동네를 지금보다 훨씬 살기 좋은 곳으로 만들 여러 협력 활동에 관한 아이디어를 제공해줄 수 있을 것이다.

머레이 밥이 제안한 몇몇 아이디어 중에서 가장 흥미로운 것은 아마도 염가 출판이라는 아이디어일 것이다. 이것은 나도 줄곧 생각해온 아이디어인데 소규모로는 일시적으로 해보기도 했다. 우리는 여러 해 동안 내 사무실에서 교육에 관한 기사뿐 아니라 사람들에게 유용하다는 생각이 드는 여러 종류의 기사들을 비용을 받거나 무료로, 아니면 종종 축소된 크기로 만들어 배포해왔다. 어떤 기사는 무려 50,000부 이상의 출력물을 만들어 발송하기도 했다. 우리는 이 일을 하는 데 상업용 프린터를 쓰는데 지금은 보통 사람들이 자신의 목적에 맞게 이용할 수 있는 기계들이 훨씬 더 많다.

아주 가까운 중심가에 상업 인쇄를 하는 곳이 있는데 여러 가지 물건 중에 복사기도 가지고 있다. 이 복사기는 한 번의 작동으로 복사가 가능할 뿐만 아니라 여러 크기로 축소 복사를 할 수도 있다. 이것은 엄청나게 많은 사람들이 출판 일을 손쉽게 할 수 있도록 해준다. 계산을 해보라. A4 용지 한 장을 빼곡히 채웠을 때 천 개가 약간 넘는 단어로 이루어진 문서를 담을 수 있다. 이 기계를 이용하면 문서를 충분한 크기로 축소해서 한 장에 2배 이상의 글자를 넣을 수 있다.

가격을 매겨보면 10장 복사의 경우 장당 7.4센트, 100장 복사의 경우 장당 2.64센트, 1,000장 복사의 경우 장당 1.6센트가 든다. 종이 한 장의 양면에 4,000단어가량을 실을 수 있는데 대개 잡지 기사의 경우 한 부당 가격은 우리가 원하는 복사량에 따라서 15센트에서 4센트까지 내려간다. 보통 양면으로 종이 20장이면 80,000개의 단어를 수록할 수 있는데 웬만한 분량의 책이면 80센트에서 3달러 사이에서 가능하다. 오늘날 가장 싼 보급판 책값도 80센트 이상이다.

이것은 뭔가 할 말이 있는 사람이면 상업용 프린터를 이용해서 보급판 가격이나 그보다 낮은 가격에 책을 출판할 수 있다는 뜻이다. 책의 모습이 그다지 고상하지는 않을 것이고 독자의 손에 책을 쥐어줄 길을 찾는 일이 남지만, 이 문제라면 해결할 길이 많이 있을 것이다.

이 비슷한 서비스를 도서관에서 자유롭게 이용하도록 할 수 있다. 도서관은 전동 타자기나 자동 타자기를 비치해서 사람들이 원고의 사본을 만들 수 있게 할 수도 있다. 때로는 작가가 자신의 소논문이나 책을 스스로 발행하고 난 연후에 상업적인 출판인을 설득해서 그것을 다시 발행하게 할 수도 있다. 많은 사람들이 이미 그 책을 샀다는 것을 보여줄 수 있다면.

때때로 이런 자유 출판은 가난한 사람들이나 저소득층에서 매우 유용하게 쓰일 수 있다. 이들은 대량 인쇄 매체로부터 완전히 고립되어 있고 또 자기들 소유의 상업적 출판을 할 수 있을 만큼 규모가 크지도 부유하지도 않다. 따라서 서로에게나 바깥 세상에 말을 할 수 있는 어떤 목소리를 갖지 못한다. 이 점은 그들을 소외시키고 서로를 분열시키며, 따라서 정치적으로 약하게 만들어버리는 역할을 한다. 만약 그들이 서로의 공동 관심사에 관해 이야기할 수 있고 바깥의 사람들에게 이 관심사를 알릴 수 있는 방법을 가진다면, 정신적으로 훨씬 더 통합되고 정치적으로나 경제적으로 더 큰 영향력을 발휘하게 될 것이다.

또 이런 사람들은 학교에 다니는 자식들이 전혀 알지도 못하는 중산층이나 앵글로색슨 선남선녀들의 교외 생활과 문화를 다루는 교과서로 공부해야 한다는 사실에 정당한 불평을 할 때가 많다. 이들은 자유 출판을 통해 아이들과 함께 그들을 위한 학교용 교과서를 만들거나 단순히 학교 바깥에서 이용할 만한 책을 만들 수도 있다. 아이들이 의미를 찾고 재미있어 하며 쓸 만하게 느끼는 그런 내용으로 말이다. 이런 교과서 중 어떤 것은 그다지 훌륭하지 못할 수도 있다. 그럴 경우에는 그 교과서를 이용하지 않으면 되고, 저자에게 직접 뭐가 나쁜지, 좀 더 쓸모가 있으려면 어떤 식으로 고쳤으면 좋을지 이야기하면 된다.

일단 사람들이 다른 사람들이 읽을 수 있도록 자기의 생각을 글로 쓸 수 있다는 생각을 하게 되면 현대사회에 엄청난 변화를 가져올 수 있다. 그리고 이런 민간 출판은 어떤 학-교의 교육과정보다 읽기와 쓰기에 대한 사람들의 관심을 증가시킬 것이다.

그 밖의 자원들

수많은 상업적 출판물도 어느 정도 하미들을 위한 자원이 된다. 신문에 나와 있는 분야별 특집란은 하나의 예다. 《포퓰러 사이언스Popular Science》나 《포퓰러 머캐닉스Popular Mechanics》 같은 잡지들은 몇 년 동안 자동차 정비, 장난감 만들기, 가구, 보트 만들기, 집수리 등 D.I.Y에 지면을 할애하고 있다.

요리책 같은 종류의 책 역시 하미들을 위한 자원이 될 수 있다. 상당수의 출판사가 물건을 만들고 고치는 방법에 관한 매뉴얼 전집을 내놓고 있다. 로데일출판사는 자사 발행 잡지 《유기농 텃밭 가꾸기 Organic Gardening》 같은 책들을 통해 텃밭에서 좀 더 품질 좋은 먹을거리를 더 많이 거둘 수 있게 도움을 주고 있다. 그 밖에도 예는 수없이 많다.

최근 10년은 잡지계에 어려운 시기였다. 《콜리어스Collier's》, 《라이프Life》, 《루크Look》와 같이 규모 있고 유명한 여러 잡지들을 비롯해 많은 잡지들이 폐간됐다. 남은 잡지들도 고전을 면치 못한다. 하지만 이런 가운데서도 걸출한 성공을 거둔 몇몇 잡지들이 있다. 그중 두 개를 여기서 언급하고 싶다. 하미들을 위한 자원이기 때문이다.

하나는 다른 나라에도 잘 알려진 《호울 어스 카탈로그Whole Earth Catalog》이고 다른 하나는 규모는 작지만 급성장하고 있는 《마더 어스 뉴스Mother Earth News》이다. 두 잡지는 다양한 성격을 지닌 엄청나게 많은 그룹의 사람들을 집필진과 독자로 두고 있는데 연령층은 대부분 40세 이하이다. 그들은 스스로 붕괴되고 파멸해가는 듯 보이는 문명 속에서 살고 일할 수 있는 새로운 길을 모색하고 공고히 하며, 가능하다면 퍼뜨려보고자 애쓰고 있다.

이 두 잡지의 가장 진보적이고 새로운 성격은 아마도 한편으로는 집필자와 전문가들, 다른 한편으로는 독자들 사이에 가로놓인 장벽을 허물었다는 점일 것이다. 두 간행물의 경우 독자는 곧 집필자다.

그들은 훨씬 큰 무리의 외부자를 향해 이야기하는 소수의 내부자가 아니라 서로 생각과 정보를 나누는 사람들이며, 그 생각과 정보는 그들이 원하는 새로운 종류의 삶과 일을 스스로 만들 수 있도록 도울 힘을 지닌 도구들이다.

전통적인 잡지들이 사람들의 견해와 정치의식을 바꾸려고 노력해온 반면, 이 두 잡지는 사람들이 자기 삶을 바꾸는 데 도움을 준다. 그리고 무엇보다도 해야 할 일을 일방적으로 전하는 게 아니라, 서로 영향을 주는 방식으로 도움을 주는 데 관심을 기울인 첫 번째 주자들에 속한다. 이 잡지들은 일리히가 '네트워크'라 불렀던 것의 좋은 예가 되고 있다. 일종의 인쇄된 형태의 교육통화라고나 할까.

이 잡지들은 그 밖의 몇 가지 점에서도 기존 방식에서 벗어났다. 우선 아주 싼 종이를 쓰고 한 장에 많은 낱말과 정보를 담아 비용을 절감한다. 특히 《호울 어스 카탈로그》의 경우는 기존의 편집 체계에서 벗어나 자유로운 편집 형식과 틀을 취했고, 광고주들이 아니라 독자들로부터 지원을 받는다. 《마더 어스 뉴스》는 아주 적은 양의 광고를 싣고 《호울 어스 카탈로그》는 전혀 싣지 않는다.

《호울 어스 카탈로그》를 모델로 삼아 돈도 별로 없고 기존의 방식에서 벗어난 삶을 살고 있는 사람들에게 필요한 수단과 자원이 될 수 있는 자료 목록을 간행하는 사람들도 있다. 보스턴의 경우 이런 정보의 대다수가 두 개의 일간지에 실린다. 급진적이고 폭로적인 데가 있으며 주로 젊은 사람들을 대상으로 발행되는 《피닉스Phoenix》와 《리얼 페이퍼Real Paper》가 그 신문이다. 물론 훨씬 정평 있고 기존의 체제를 고수하는 《보스턴 글로브Boston Globe》 역시 이런 정보의 일부를 제공한다.

《호울 어스 카탈로그》의 또 다른 후예들은 상업적 언론에서 찾을 수 있다. 여성운동 잡지 《미즈MS》는 포맷이나 관심사에 있어서는 《호울 어스 카탈로그》나 《마더 어스 뉴스》와 꼭 들어맞지는 않지만 다른 몇 가지 점에서는 닮았다. 그것은 《미즈》가 크게 보아 여성들을 위한 자원과 정보 교환을 위한 책이라는 점이다. 《미즈》를 이끄는 주체는 남자들에 의해 지배되고 있는 낡은 사회적 패턴에서 벗어나 법적, 사회적, 개인적 평등성을 확보하고자 하는 새로운 여성들이다.

《마더 어스 뉴스》의 가장 최근호(통권 36호)에서는 지역자립연구소 Institute for Local Self Reliance의 이야기를 다루고있다. 이 연구소는 세금 공제를 받는 비영리 재단으로 지역사회에 거주하는 개인이나 가족들이 스스로 이끌어가는, 자립 경제적이고 생태적으로 건전한 도시 속의 지역공동체를 건설하는 일을 돕고 있다. 지역자립연구소가 하는 일에는 도심의 빈민 거주 지역 내에서 먹을거리를 생산하고 가공하고 분배하는 일과 쓰레기 재활용, 태양에너지 이용 등에 있어 새로운 방법을 모색하는 몇 가지 실험이 포함되어 있다. 이 작업의 대부분은 워싱턴 D. C.의 애덤스 모건 지구에서 진행되고 있다. 좀 더 많은 정보를 원하면《마더 어스 뉴스》를 보거나 지역자립연구소에 편지를 보내면 된다.

인도에서는 큰 정부 기관이나 대학의 도움 없이 성장 중인 정보 교환 네트워크가 있다. 이 네트워크를 통해 평범하고 가난한 농부들과 시골 거주자들이 먹을거리 가꾸기, 집짓기, 식수 구하기뿐 아니라 생활 곳곳에서 부딪히는 나날의 문제에 대해 좀 더 나은 방법을 모색하며 서로 생각을 나누고 있다. 이 네트워크에 속해 있는 사람들 중 많은 수가 문맹이기 때문에 서로에게 보내는 자료는 글에 아주 분명하고 알아보기 쉬운 펜화가 곁들여진다.

미국 내에서, 그리고 모르긴 하지만 분명 다른 나라에서도 사고팔고 돈을 주고받는 경제체제에서 벗어나 사람들의 필요를 충족시켜주고 기술을 나눌 수 있는 새로운 방법이 모색되고 있다. 예를 들어 생활협동조합 회원들은 식품비의 20~30%를 절약할 수 있다. 또한 조합 정비소도 있어 자기 차를 고치러 가거나 정비소의 도구를 이용할 수 있고 필요하다면 충고와 도움을 얻을 수도 있다.

여성운동The Women's Movement은 남자들이 주도하는 의료 업계에서 받을 수 없는 의료 혜택이나 건강에 관한 정보를 얻고 나누는 건강 센터를 많이 세우고 있다. 매사추세츠의 케임브리지에는 '액자'라는 작업장이 있다. 이곳에서는 사람들이 작업장의 도구를 이용해 인쇄물이나 사진을 액자로 만들 수 있고, 필요하면 전문가의 도움도 받을 수 있다.

집짓기(아니 차라리 주거의 문제)는 대다수 현대 국가에서 가장 채워지지 않는 인간 욕구 중의 하나가 되었다. 내가 알고 있는 하미들을 위한 가장 흥미로운 자원 중 하나는 메인 주 바스에 있는 주거연구소 Shelter Institute이다. 이론적인 면에서나 실제적인 면에서 자기 집이나 헛간, 차고 등을 제 손으로 짓는 법을 알아보러 갈 수 있는 곳이다. 이 연구소에는 도서관과 서점이 있는데 주택 건설의 제반 사항에 관한 서적을 비치해놓고 있다. 이보다 더 주목할 만한 점은 미래의 건축자들을 위한 두 개의 강좌, 3주에 걸친 45시간짜리 기초 과정, 좀 더 짧은 디자인 강좌, 그리고 누군가 이미 짓고 있는 집에서 약간의 실제적인 경험을 쌓을 기회 등을 제공한다는 것이다. 연구소의 회보에는 기초 과정과 설계 강좌에 대한 설명이 이렇게 나와 있다.

● 기초 과정
45시간, 사전 지식 필요 없음. 개개인에 대한 집중 배려를 위해 수강 인원을 제한함.

이 과정은 건축공학, 건축 재료학, 토양 환경, 태양열 효과를 가르칩니다. 이 과정을 거친 학생은 자신의 요구에 맞고 자연환경의 이점을 최대한으로 살릴 수 있는 독창적인 설계를 할 수 있습니다. 장기적으로 볼 때 성공적인 집짓기가 될 수 있도록 장기적인 전망에 주안점을 둡니다.

지하수면이 낮아지고 있는 시점에 수세식 화장실이 적절한가? 유가 상승의 추이로 볼 때 태양열과 장작을 병용하는 에너지 체계가 장기적인 안목에서 더 안전하지 않을까? 등등. 또한 온갖 종류의 일반적인 골조 가구, 전기 배선, 배관 공사의 시공 방법뿐 아니라, 표준화되고 엄격한 고가의 상업적 관행에서 벗어난 대안적 방법 또한 공부합니다. 시방규준示方規準에 관해서도 자세하게 알려드립니다. 건축 재료의 허용 응력 값을 활용해서 예상되는 하중을 견디는 부재의 적정 단면적을 구하는 법과 같이 건축에 필요한 온갖 수학적 계산도 단계적인 순서를 밟아 가르쳐드립니다.

강좌의 구성은 부지 선정에서 진입로 공사, 수도, 전기, 가스 배관, 건축 공간 심리학, 여러 가지 주택 체계 그리고 하수 처리 및 대안적 쓰레기 처리 체계에 이르기까지 이어집니다. 200달러. 부부 동반 300달러.

● 설계 강좌

기초 과정 이수 후에 하는 것이 좋지만 꼭 필요하지는 않음.

이 과정의 목적은 학생이 본인의 주택 설계를 발전시키도록 돕고 안내하는 데 있습니다. 한 번만 수업료를 내면 주당 한 번 실시되는 강좌에 무제한 참석할 수 있습니다. 세미나의 체제는 이렇습니다.

(1) 학생은 그룹별로 이루어지는 토론에서 자신의 설계 진척 상황을 제시한다. (2) 그룹으로부터 여러 해결책을 끌어내기 위해 특정한 문제점을 상정한다. (3) 일반화된 관심사들, 예를 들면 사우나나 간이 돼지우리 등을 짓는 법에 대한 아이디어를 제시한다.

세미나가 끝나는 시점에는 참석 학생 모두 청사진과 모형도 만들고 건축 비용도 산출해야 합니다. 전임 강사진 외에도 건축가, 건자재상, 금융관계인, 그 밖의 전문가들이 특강합니다. 1주일에 1회, 시간제한 없음. 주택 한 건당 100달러.

이런 방법으로 지금은 상업화된 주택 건설을 감당할 여유도, 그렇다고 해서 자기 자신의 집을 직접 신축하거나 개축, 개선할 실력도 없는 많은 사람들이 머지않아 자기 자신의 목적을 달성할 수 있게 될지도 모른다. 딱히 시골이나 교외에서만 할 수 있는 건 아니다. 이런 방법을 통하면 도시 중심가에 살고 있는 사람들도 현대사회나 산업, 정부가 지금까지 만들지 못했고 앞으로도 가망이 없어 보이는 버젓한 주택을 스스로의 힘으로 지을 수도 있을 것이다.

6 하미들과 하미의 교-사들
Do-ers and their t-eachers

누구도 다른 사람을 대신해서 행동하거나 배울 수 없다. 하미는 자기 일을 스스로 해내야 한다. 과제, 선택, 목적 모두가 자신의 몫이다. 하지만 교-사가 여러 가지로 도움을 줄 수는 있다. 어떻게 도움을 주는지에 대한 좋은 실례가 될 만한 글이 있어 여기 한 부분을 실어본다. 한 젊은이가 친구에게 보낸 편지에서 뽑은 내용이다.

겨울 동안 발레 수업도 받았어. 여러 점에서 아주 대단한 경험이었어.

첫째, 금방 강해졌어. 또 서서히 아주 유연해지고.

둘째, 남들에게, 아니 나 자신에게도 뭐라고 합리적으로 증명할 수는 없지만 나 자신이 특별한 일을 하고 있다는 것을 알게 되었어. 결국 증명하려는 시도는 포기하는 것이……. 그냥 하는 거지 뭐.

셋째, 이렇게 선택된 소수에게 비법을 가르치는 학교에 다녀본 건 처음이야. 말하자면 격식 있는 춤에 관한 엄청나게 격식 있는 연구라고나 할까. 아, 뭐라고 말로 표현이 안 돼. 신비롭고 모호하기 짝이 없는 프랑스식 용어로나 가능할까.

무용 교사의 시범.

난 어림짐작으로 반응해. 그러면 교사가 바로잡아서 점점 더 오차가 줄어들게 해주는 거야. 내가 방법을 배우고 익혀감에 따라 같은 내용의 연습은 점진적으로 힘들어지고 훨씬 더 큰 집중력을 필요로 하게 돼. 마침내는 '교수법'이 내 신경 체계로부터 나오기 시작해. 춤으로 나아갈 수단과 가능성을 배우는 거야.

여기서 얻는 지식이 너무 많아. 근육의 긴장을 푸는 법, 주의력 배양, 독립적이면서도 동시적인 팔다리의 움직임(즉 그대 자신을 기계로 바꾸어라.), 부상 치료, 이미 잘못되어 있는 몸의 치유, 균형, 중력 중심, 자세, 공간 적응―리프팅, 점핑, 스피닝.

그러니까 전에는 이런 식으로 뭔가를 배워본 적이 없어. 사실 요 몇 해 동안 내가 배운 것 중 가장 새롭다는 생각이 들어. 지금까지 해본 것 중에서 음악을 제외하고 이렇게 내 관심과 집중력과 에너지를 끌어낸 게 있을까. 나는 스스로 배우는 법을 알아가고 있어.

여기서 우리는 진짜 교-사인 무용 교사가 학생을 위해 하는 일을 약간 엿볼 수 있다. 무용 교사는 무엇이든 학생에게 시킬 때 노력하면 해낼 만한 정도로 작업을 잘게 나눈다. 나누어진 단계를 하나하나 해내면서 좀 더 강력한 힘을 갖게 한 다음, 그 힘을 가지고 다음 단계를 해낼 수 있게 만든다. 그는 모델이 되어 학생이 최종적으로 이루어야 할 상태를 보여준다. 학생이 어떻게 하는지를 알고 더 쉽게 해낼 수 있도록 뭔가 조언을 해줄 수도 있다. 또 학생이 자신이 실제 무엇을 어떻게 했는지 알고 느낄 수 있도록 학생의 동작을 피드백 해준다. 그는 잘못을 고쳐주며 학생에게 자신이 실제로 행한 동작이 올바른 동작에서 얼마나 벗어나 있나 그 차이점을 가르쳐주고, 차이점을 줄이는 방법 또한 보여준다.

중요한 점은 이렇게 하는 가운데 교사는 학생의 몸과 마음속에 어떤 기준, 아니면 고도의 자각 상태라고나 할까, 어쨌든 어떤 모델을 심어주려고 한다는 것이다(아니면 스스로 만들도록 돕는다고나 할까.). 학생은 그 모델로부터 언젠가는 자기 고유의 교수법, 피드백, 수정 체계 등을 얻게 될 것이다. 이렇게 무용 교사는 학생의 동작을 갈고 다듬어가면서 나중에 학생 스스로 자기 동작을 판단하고 바로잡을 수 있는 기준을 만들게 하는 셈이다.

진짜 무용 교사는 학생을 노예나 꼭두각시로 만들고 싶어 하지 않는다. 학생이 새로운 마스터가 되기를 원한다. 그는 단순한 행동 교정사가 아니다. 그는 오직 자신만이 알 수 있는 최종 목표를 향해 알 수 없는 단계들을 거치게 하면서 학생을 끌고 가지 않는다. 그 대신 학생에게 자기 고유의 행동을 다룰 수 있는 좀 더 강력한 통제 수단을 찾아주려고 한다. 그렇게 되면 학생은 알아서 자기 자신의 목표를 향해 나아갈 것이다. 위 경우는 춤의 목적인 '리프팅, 점핑, 스피닝'을 목표로 할 것이다.

내가 독서(및 다른) 교-사들을 두고 했던 비판과 방금 전에 한 말 사이에 모순이 있다는 걸 눈치 챘을 것이다. 무용 교사가 무용 작업을 면밀히 통제된 여러 단계의 연습과 동작으로 나누는 게 옳다면 왜 독서 교사는 틀렸단 말인가? 같은 것 아닌가? 그렇지 않다. 읽기는 무용과 달리 근육을 움직여서 하는 행위가 아니다. 둘을 같이 취급하는 것은 큰 잘못이다.

무용 교사는 학생의 근육을 신축성 있게 만들고 강화시켜 다음 동작을 부상 없이 할 수 있게 해야만 한다. 하지만 사람이 어려운 생각을 한다고 해서 부상을 입지는 않는다. 무용 연습의 연속 동작에는 이유가 있다. 수십만 명의 무용가들이 경험을 통해 보여주듯이 먼저 몇 가지 어떤 동작을 익히지 않으면 어떤 동작은 안전하고 멋있게 해낼 수 없다.

하지만 읽기는 그렇지 않다. 같은 방식을 통해 말하기를 익히는 아이가 한 명도 없는 것처럼 스스로 읽기를 깨치는 많은 아이들 중 같은 방식으로 익히는 아이는 없다. 아이들은 자기가 원하는 순서에 따라서 쓰인 단어들의 의미를 익히고 그러면서 어려운 단어를 먼저 익히기도 한다.

그러나 발레를 배우는 길은 무한하지 않다. 발레에서는 학교마다, 교사마다 있을 수 있는 교수법의 차이가 미미하다. 또한 무용 교사가 학생에게 내주는 과제에는 이유가 있다. 학생은 이것을 통해 완전히 소화하기를 원하는 완벽한 기술과 예술적 표현과 초기 동작들 사이의 연관성을 몸으로 알고 느낄 수 있다. 실제로 세계적인 무용수들은 지금 학생이 익히려고 애쓰는 것과 똑같이 단순한 동작을 시작으로 나날의 작업에 들어간다.

읽기를 가르치는 일은 그렇지 않다. 아이는 인쇄된 내용 알기처럼 도달하기를 원하는 목표와 하라고 지시받은 일 사이에서 어떤 연관성도 발견하지 못한다. 교-사들이 말하는 그 순서는 아이가 해야 할 일과 목적으로부터 등을 돌리게 만들 뿐이다. 교-사들이 아이에게 하라고 하는 일들은 보통 부조리하기만 하다. 능숙하게 글을 읽는 사람들은 누구도 그렇게 하지 않고, 글을 배울 때도 그런 방식을 통해 익히지 않았다.

읽기를 가-르치는 방법들은 훌륭한 독서가의 경험으로부터 만들어진 것이 아니라 이론으로부터 만들어졌다. 몇 년 전 공에 접근할 때는 늘 왈츠를 추듯이 하라고 내게 일러준(그래서 그 뒤부터 테니스를 칠 때면 왈츠의 음조를 속으로 흥얼거리게 되었다.) 어떤 테니스 코치의 지론처럼.

데이비드 호킨스David Hawkins 교수는 '가르침이란 무엇인가What It Means To Teach'라는 기사에서 아주 좋은 이야기를 했다. 그가 교-사와 교사를 구별하는 나의 방식을 받아들일지 모르지만 나에겐 그가 말하고 있는 사람들이 교-사들처럼 보인다. 그는 이렇게 말한다.

가르치는 사람과 배우는 사람의 관계가 우리 인간 종의 시작만큼이나 오래되었고 그 형식화된 제도가 시작된 것은 아주 최근이라는 점을 제외하면, 그것은 단지 우리 사이에, 특히나 연장자와 젊은이 사이에 항상 있어 왔던 특정한 관계를 형식화시켜버린 변형에 불과하다는 관찰로부터 이야기를 풀어보는 게 좋겠다. 나는 이 명예로운 관계가 얼마나 오래된 것인지를 강조하고 싶다. 그 관계야말로 인간 역사와 문화를 잇는 중요한 고리이며 그 고리 없이는 인류가 즉시 멸망해버릴 것이라는 분명한 사실을 상기시키는 것으로 말이다. 아무도 특허를 가질 수 없다는 점역시 상기시키고 싶다.

……이 관계를 합리적이고 개략적으로 설명해보자면 이렇다. 교사란 '신뢰의 맹약'을 통해 권위를 갖게 되는 사람이며 이 신뢰의 맹약 안에서 제자의 힘을 확장시켜주려고 한다. 그리고 단지 일시적으로, 즉 그 힘이 완전히 확장되는 때까지만 그 힘을 맡아두겠다고 약속한다. 교사는제자가 다른 방법으로는 획득할 수 없는 변화와 강화를 이루도록 그 자신이라는 일종의 대부금, 아니 일종의 지원 기술을 빌려준다. 만약 이 기술이 그 자체가 내면화될 수 있는 성질의 것이면 제자는 그 기술을 배우고 익힐 뿐 아니라 그 배움의 과정 속에서 스스로 자기 자신의 교사가 된다. 그리고 이렇게 하는 것이야말로 그 대부금을 갚는 방법이다.

'신뢰의 맹약', 좋은 말이다. 하지만 학생이 무엇을 배울지, 언제, 어떻게, 얼마만큼, 어떤 도움을 얻어서 배울지 선택할 자유가 없다면어찌 신뢰의 맹약이 있을 수 있겠는가? 학생이 교사를 선택하고 바꿀수 있는 자유가 없다면 어찌 신뢰의 맹약이 있을 수 있겠는가? 교사가자신의 일자리를 지키기 위해 학생의 자신감과 배울 수 있는 능력을없애버리고 해가 될 거라 뻔히 알고 있는 짓을(한때 나도 그랬듯이) 별수 없이 해야 하는 형편에서 어찌 신뢰의 맹약이 있겠는가? 또 학생이뭔가를 제대로 못한다고 해서 교사가 그것을 학생의 전 인생에 걸쳐따라다닐 기록에 써넣도록 강요받고 있는 이 시점에서 무슨 신뢰의맹약이 있겠는가?

가르침의 문제로 돌아가 보자. 나에게 자동차 운전을 가르쳐주었던 노인은 내가 알기로 학교도 제대로 못 나왔고, 대단한 운전 실력이 있는 것도 아니었으며, 그럴듯한 재주나 기술도 없는 분이었다. 하지만 운전 교습에서만큼은 정말 훌륭한 교사였고 운전의 모든 것을 정확하게 전해주었다. 그분은 많은 운전자들, 특히 초보 운전자들이 엔진과 기어, 클러치, 도로의 성질, 운전하는 차의 가속도와 속력 사이의 관련성을 이해하지 못해서 신경을 곤두세우고 쩔쩔매는 것을 많이 보아왔기 때문에 내가 도로로 나가기 전에 이 관련성을 완전히 알아야 한다고 결정했다. 즉 실행 중에 완전히 알게 한다. 그럴 수밖에 없는 것이 그분은 필시 그것을 말로 표현할 수 없었을 것이다. 혹 말로 표현했다 하더라도 이번엔 내가 이해할 수 없었을 것이다.

그분은 가파른 언덕 위의 한적한 도로로 차를 몰고 가 길섶 쪽에 세우더니 핸드브레이크를 잡고 운전석에 앉으라고 말했다.

"천천히 부드럽게 몰아보게. 덜커덩거리지 않게, 뒤쪽으로 미끄러지지 않게."

그분이 한두 번 하는 방법을 보여주었고 그다음은 내 몫이었다. 그 언덕 위에서 몇 시간을 보내고 나서 나는 마침내 그분이 원하는 만큼 아주 매끄럽게 나아갈 수 있게 되었다. 그때 이후로 클러치나 기어, 액셀러레이터 때문에 운전이 힘들었던 적은 없다. 사실 기어를 제대로 활용하는 일은 운전하면서 내가 가장 즐기는 일 중 하나다.

그때의 운전 교습이 이상적이었던 이유는 또 있었다. 자동차 자체를 내게 필요한 피드백과 오류 수정의 지표로 삼을 수 있었던 것이다. 몇 번은 그분이 말해줘야 했다. "액셀러레이터를 너무 세게 밟았어.",

"클러치 페달을 너무 세게 밟는군." 등등. 그런 다음에는 내가 잘못했을 때 차가 어떻게 반응하는지, 또 어떤 식으로 고쳐야 하는지 나 스스로도 판단할 수 있게 되었다. 내 잘못을 고치는 데 필요한 기준을 얻은 것이다. 그분은 아무 말도 할 필요가 없었는지 내 맘대로 하도록 내버려두었다.

초보 운전자들이면 다 그렇듯이 나도 고속도로에서 차들이 다가오는 걸 보면 운전대를 이리저리 마구 움직여댔다. 그러면 그분은 착 깔린 목소리로 천천히 말했다.

"자기 자리를 지키게. 저자들에게 신경 쓰지 말고."

이런 일은 교사의 또 다른 임무다. 학생이 새로 획득한 기술이 자동적으로 익숙해져 더 이상 그 기술에 대해 생각하거나 염려하지 않아도 될 때까지 정신적 지원을 아끼지 않는 것. 이렇듯 여러 가지를 종합해보자면 그분은 탁월한 교사였다.

나도 그런 진짜 교사가 된 적이 있었다. 어느 해였는지 확실히 기억나진 않지만 학년 초에 친하게 지내던 샘 피엘이란 학생과 뉴욕에서 콜로라도의 로키 마운틴 스쿨까지 운전을 해 가던 중이었다. 여행이 끝나는 마지막 날, 샘은 내게 자기는 음악을 좋아하고 무엇보다도 연주를 할 줄 알았으면 좋겠지만 음치라서 가망이 없다고 말했다. 갑자기 몇 년 전 합창 연습을 하던 시절에 지휘를 맡았던 아서 랜더스가 음치는 없다고 말했던 게 생각났다. 단지 귀와 소리를 조화시키지 못하거나 자기가 들은 소리와 내고 있는 소리를 맞추지 못하는 예외가 있을 뿐이라는 것이다. 하지만 이런 경우 약간의 인내심이 있는 사람이라면 빠른 시간 안에 이런 사람을 이끌어줄 수 있다고 했다. 피아노의 건반을 누르면서 '음치'인 사람에게 그 소리에 맞춰보라고 하고 해 낼 때까지 음을 따라하게만 해도 된다고 했다.

나는 샘에게 피아노 대신 내 목소리를 이용할 테니 한번 해보겠느 냐고 물었다. 샘이 하겠다고 했다. 나는 한 음을 소리 내고 나서 샘에 게 따라 해보라고 했다. 그러곤 샘이 먼저 하고 내가 따라 했다. 그다 음에는 다시 내가 먼저 소리를 냈고 나를 따라 음을 높이거나 낮추어 보라고 했다. 샘이 그 음에 맞추게 되면 같이 그 음을 부르면서 샘이 그 소리에 익숙해지고 그 음을 지각할 수 있도록 했다. 그리고 난 다 음에는 내가 다시 새로운 음을 불렀고 다시 같은 방식으로 반복했다. 얼마 지나자 샘은 내가 소리 내는 모든 음조를 따라 할 수 있게 되었 다. 그래서 나는 샘이 음계의 첫 번째 음정인 도, 레를 불러보도록 했 다. 세 시간이 지나 우리가 학교에 도착했을 때, 샘은 내가 부르는 음 이면 뭐든지 따라 할 수 있었고 바로 그 음에서 시작해서 온음계의 첫 번째 4개음인 도, 레, 미, 파를 부를 수 있게 되었다.

그해 학교에서 포크송을 부르기 시작한 샘은 다음에는 합창단에서 노래를 했고, 기타를 잡더니 첼로를 시작했다. 샘은 첼로를 켜면서 지 도교사에게 원한다면 전문 음악가가 될 수도 있으리라는 말을 들을 정도로 가능성을 보여주었다.

이 이야기에는 가-르침의 온갖 요소, 즉 학생의 능력에 맞는 알맞은 목표, 피드백과 오류 수정, 기준과 표준의 내면화, 그 무엇보다도 정 신적 지원이라는 실로 중요한 요소가 들어 있다. 우리 둘이 아주 친했 다는 점도 도움이 됐다. 내가 그다지 잘 알지 못하는 사람이었다면 그 런 실험을 해보겠다는 생각이 쉽게 들지는 않았을 것이다. 자동차 역시 하나의 피난처 역할을 해주었는데 바깥세상뿐만 아니라 음악 공부를 제외한 삶의 나머지 부분으로부터 완전한 은신의 장소가 되어준 셈이었다. 우리는 낡아서 덜컹거리는 그 차 안에서 사흘을 살았다. 그 차는 우리의 집이었다. 우리는 그 속에서 전에는 해내리라고 꿈꾸지 못했던 일들을 할 수 있었고 다른 곳에서라면 상처를 입을까 봐 바로 보지 못했던 부담스런 일과 맞닥뜨릴 수 있었다.

피드백

'피드백feedback'이란 말은 전기나 컴퓨터 분야에서 일하는 사람들에게는 잘 알려진 말이다. 피드백의 예를 하나 들자면 온도조절장치가 있다. 우리가 온도조절장치를 섭씨 18도에 맞추었다고 치자. 만약 실내 온도가 18도보다 낮으면 전기 신호가 보일러나 히터에 가 닿아 '켜져라.' 또는 '뜨거운 공기나 물을 더 많이 보내라.'는 명령을 하게 된다. 실내 온도가 18도 이상이면 온도조절장치는 반대 신호를 보낸다. 분명한 것은 온도조절장치가 부착되어 있어야 한다는 점이다. 방의 온도가 얼마에 이르러 있나 '알지' 못한다면 난방장치는 뜨거운 공기를 더 보내야 할지 말아야 할지 알 수 없다.

우리가 육체적인 동작이나 기술을 익히는 데 활용하는 피드백 역시 이와 아주 비슷하다. 무용, 체조, 스키를 가르치는 사람들은 학생에게 "이 동작을 해봐요. 이 자세를 취해봐요."라고 말한다. 학생은 그 모델을 보고 자신의 근육에 같은 일을 하도록 명령한다. 만약 학생에게 탁월한 운동감각이 있다면 근육은 마음먹은 대로 움직여줄 것이고 학생의 동작이나 자세는 모델의 그것과 아주 닮게 된다. 그러나 그런 감각을 가진 사람은 많지 않기 때문에 보통 사람에게 그런 동작이나 자세를 기대하기는 힘들다. 만약 사람들이 자신의 동작이나 자세가 정확하게 어떤 모습인지를 알게 되면 그것을 고칠 수 있을지도 모른다. 하지만 자기들이 교사가 시키는 대로 하고 있다고 착각하게 되면 실제로는 완전히 엉뚱하게 하게 되고, 바꾸거나 고치고 개선할 수가 없게 된다.

무용가들에게는 때로 거울이 이 역할을 하기도 한다. 하지만 대체로 충분하지는 않다. 교사가 있다면 "아니야, 넌 이렇게 하고 있어."라고 말하며 학생의 모습을 흉내 내 보여줄 것이고 "이렇게 하는 거야."라며 또 한 차례 시범을 보여줄 것이다. 때로는 어떻게 하는지 보여주려고 학생의 몸을 잡고 움직여 보일 수도 있다. 스키 교사의 경우도 학생의 자세를 흉내 낼 줄 알아야만 한다. 다른 스포츠도 마찬가지지만 스키 교사들은 많은 사람들이 자신의 몸, 근육, 사지와 놀랍도록 멀어져 있다는 사실을 발견한다. 한쪽 무릎을 구부려보라거나 한쪽 어깨를 앞으로 내밀어보라고 하면 학생들은 해보려고 하고, 또 자신들이 그렇게 하고 있다고 생각한다. 하지만 완전히 다른 동작을 하는 경우가 많다.

교사는 지금 그들이 하고 있는 동작을 보여주고 그 동작 대신에 해야 할 동작이 무엇인지 보여주어야 한다. 그래도 틀린 부분을 바로잡지 못하는 경우가 많아 교사가 손을 써서 어깨나 무릎을 정확한 위치에 가져다주어야만 한다. 학생들은 교사를 주시하고, 교사의 자세를 살펴보고, 자신들의 근육에 바로 그 느낌을 가져본 다음 생각한다. '이런 느낌을 가질 때 저런 자세가 나오는군.' 학생들은 서서히 자신의 몸속에서 더 나은 피드백 기법을 발전시키게 된다.

잘못된 피드백 메커니즘의 예를 한번 들어보자. 커다란 선박에서는 조타 장치로 키를 움직인다. 자동차의 앞바퀴에 연결되어 있는 방향 조절 핸들처럼 어떤 장치가 키에 연결되어 있는 게 아니기 때문에 키를 조절하는 사람은 그것을 붙잡고 조종하는 것은 아니다. 그 사람은 다음 세 가지 명령 중 하나만을 조타 장치에 전달할 수 있을 뿐이다. 키를 '오른쪽으로', '왼쪽으로', 아니면 '그대로.' 그래서 그 사람은 배가 얼마나 오른쪽으로, 또는 왼쪽으로 멀리 움직였나 알려주는 뭔가가 필요하다. 만일 이 기계가 고장 나서 키가 실제로는 오른쪽으로 돌아가 있는데 왼쪽으로 돌아가고 있다고 알려주게 되면 그 사람은 배를 조종할 수 없을 것이다.

이것은 굼뜨고, 운동감각이 없고, 근육 조정이 제대로 안 되는 사람들이 맞게 되는 상황이다. 이런 사람들도 근육과 사지에는 메시지와 명령이 올바르게 전달되는지도 모른다. 하지만 사지와 근육이 이 명령을 수행해내지 못하고 다른 짓을 한다. 더 기가 막힌 일은 이 사람들은 팔다리의 근육이 현재 어떻게 움직이고 있는지 모른다는 사실이다. 마치 바람에 흔들리는 나뭇가지들처럼 머리를 흔들어놓고 절대로 머리를 움직인 적이 없다고 맹세하는 골퍼들처럼 그들은 명령을 제대로 수행했다고 생각한다.

근육 조절 기술을 가르쳐보려는 코치들은 몇 년에 걸쳐 근육을 조화롭게 다루어내는 경우와 아닌 경우를 경험하게 된다. 그렇게 되면 근육을 조절하는 능력을, 금발이나 갈색 눈동자처럼 사람들이 천부적으로 타고나는 어떤 특질로 여기고 한 사람의 코치가 어떻게 해볼 도리가 없는 신비스런 자질로 생각하려는 경향을 갖게 된다. 하지만 그렇지 않다.

사람들이 자기의 몸을 훨씬 더 분명하게 자각하고 좀 더 나은 피드백 체계를 만들 수 있도록 하는 길이 있다. 무용 훈련은 확실히 그런 경우다. 하미로서, 또 교-사로서 나 자신의 경험을 떠올려보면 생각을 집중해서 웨이트를 이용한 운동을 했을 때 그런 경험을 했다. 강한 저항을 감당하며 여러 개의 다른 근육 집단을 움직여보면, 해당 근육이 어디에 있는지, 무슨 일을 하는지, 그 일을 할 때 어떤 느낌이 드는지 알게 된다.

어떤 친구가 해준 이야기인데 젊은 여성 임상의가 흔히 '뇌성마비 환자'라고 부르는 사람들을 대상으로 그 사람들의 몸과 근육의 조절 능력을 증진시킬 목적으로 웨이트 운동을 활용했다고 한다. 뇌성마비에 걸린 사람들은 자신의 근육과 소통하는 능력이 엄청나게 떨어진다. 소통 체계는 어지럽기 짝이 없다. 의도하지 않은 온갖 종류의 무작위적 메시지가 소통 체계를 혼란시키고 근육에 경련을 일으키게 한다. 의도한 메시지는 마비 증상으로 변해 소멸되기 일쑤다. 이 경우는 접속 상태가 아주 나쁜 전화망과 상당히 비슷하다. 이 젊은 여성은 만약 환자가 웨이트의 저항을 감당하며 특수한 운동을 해보려고 계속 노력하면 그 운동에 관련된 근육들이 경련을 일으키지 않을 것이라고 추론했다. 웨이트의 무게가 그 근육의 긴장을 안정적으로 만들어줄 것이기 때문이다. 따라서 그 사람은 그 근육 그룹을 인식하기 시작하게 되는데 마치 무작위적인 소음을 뚫고 한결같은 하나의 음조를 듣게 되는 것과 같다. 그리하여 바로 거기에서부터 근육과의 소통을 점차적으로 발전시켜 나갈 것이다. 내가 듣기로 이 방법은 이 임상의를 찾는 환자들에게 아주 큰 도움이 되고 있다고 했다. 이 방법이 지금은 더 일반화되었는지는 모르겠다.

교사 없는 피드백

1974년 1월 《스포츠 일러스트레이티드Sports Illustrated》에는 눈길을 끄는 기사가 하나 실렸다. 야구 선수였다가 나중에는 피겨 스케이트 선수가 된 일본인 스즈키에 관한 것이었다.

어느 날 한 주자가…… 스즈키가 공을 던지는 팔에 회복 불가능한 부상을 입혔다. ……스즈키는 낙담했다. ……그러던 참에 한 친구가 그를 올림픽 출신 스케이트 선수인 딕 버튼Dick Button의 공개 시범 경기에 데리고 갔다. ……스즈키는 그때까지 스케이트를 타본 적이 없었다. 수업료를 감당할 능력도 없는 데다가 그 당시 일본에는 스케이트 링크가 드물었다. 하지만 그는 버튼이 나오는 영상 몇 편을 구해 오로지 그 영상을 보면서 공부했고 스케이트 타는 법을 스스로 깨우쳤다. 1958년 그는 일본 국내 스케이트 챔피언이 되었고 11년이 지난 지금 빙상 쇼단인 아이스 캐페이즈의 스타가 되었다.

이 이야기는 어려운 과제를 가르치고 배우는 일에 관해 많은 것을 말해준다. 그리고 많은 사람이 그런 과제를 익힐 때 훨씬 적은 비용으로 손쉽게 이용할 수 있는 길이 무엇인지 보여준다.

스즈키는 비범하리만치 훈련이 잘 되어 있고 지적이며 근육이 고루 조화된 운동선수였음이 틀림없다. 분명 지금도 그럴 것이다. 하지만 기술, 동작, 육체적 조건 등 모든 점에서 야구와 피겨 스케이팅은 아주 다르다. 스케이트 선수는 무용수처럼 새로운 근육을 발달시키고 그 근육들을 또 새로운 방식으로 뻗고 사용해야 한다. 화면 속 딕 버튼의 모습을 따라 하는 일이 누구나 할 수 있는 일은 아니다. 스즈키는 자신을 자신의 스케이트 교사로 만들어야만 했다. 그는 오직 혼자서 순서를 정해서 일련의 과제들을 계획한 다음 그 과제를 하나하나 달성하고 잘못된 점을 고쳐나가야만 했다. 하지만 스즈키는 내가 지금까지 듣게 된 사례 중에서 가장 멋진 경우로, 중요한 원리를 보여준다.

자기 자신의 내부에 교사를 심을 수 있는 학생, 즉 하미는 어떤 어려운 행동도 익힐 수 있다. 그는 동시에 학생이면서 교사여야 한다. 그래서 자신의 과제를 점점 더 높은 단계로 가져가고, 자신만의 피드백을 얻고, 스스로 오류를 수정하고, 이런 모든 일을 해낼 수 있도록 자신만의 기준과 표준을 만들어야 한다. 외부의 교사에게 점점 덜 기대게 되고 내부의 교사를 점점 더 활용하게 될 때 자기가 원하는 것을 잘할 수 있게 될 것이다. 만약 음악을 공부하는데 교사가 말해주지 않으면 자신이 음을 제대로 연주하는지 스스로 알아채지 못한다면 다음 레슨으로 나아갈 수 없는 것이 당연한 이치다. 사실상 그는 다음 레슨으로 넘어가기 전에 그전에 배운 얼마 안 되는 내용마저 대부분 잊어버릴 것이다. 그러므로 교사라면 누구든지 학생이 교사로부터 독립하게 하고 스스로의 교사가 되는 법을 익히도록 하는 것을 우선적이고 중요한 임무로 삼아야 한다. 진정한 교사라면 가르친다는 입장에서 벗어날 수 있도록 늘 노력해야 한다. 이 점을 이해하는 사람은 드물다. 대부분 정반대로 생각한다. 한 사람이 어려운 과제를 잘 소화하도록 돕는 유일한 방법은 그가 그 과제를 잘못할 때마다 그 사실을 말해주는 일이라고.

얼마 전 누군가 나에게 정규적인 첼로 레슨을 받고 있느냐고 물었다. 그때는 마침 레슨을 받고 있지 않았다. 그 사람은 약간 흥분해서 그러면 무슨 기준으로 음악을 연주하느냐고 물었다. 즉 제대로 연주하는 법을 누가 보여주고 틀리게 할 때 누가 말해주느냐는 뜻이었다. 나는 카잘스, 로스트로포비치, 스타커, 로즈, 뒤프레 같은 첼로 거장들의 연주를 음반을 통해 듣고, 보스턴에서 활약하는 첼로 연주자들이나 보스턴에 들르는 객원 연주자들의 연주를 보고 들으며 내 나름의 기준을 세운다고 대답했다.

나는 콘서트에서 첼로 연주자들을 유심히 관찰한다. 때로는 손가락, 손, 팔의 움직임을 보려고 쌍안경을 쓰기까지 한다. 이들 훌륭한 연주자들로부터 올바른 첼로 연주 자세와 소리에 대해 아주 분명한 모델을 얻는다. 이들이 나의 기준이며 모범이다. 그렇다고 숙련된 연주자와 훨씬 가까운 관계를 가지고 작업을 하면 아무것도 배울 수가 없다는 말은 아니다. 사실 나도 그렇게 할 생각이 있다. 하지만 내가 그런 교-사로부터 필요로 하는 것은 '기준'이 아니라, 내가 이미 갖고 있는 기준에 좀 더 가까이 다가갈 수 있는 방법에 대한 아이디어이다.

만약 교사로부터 피드백을 받을 수 없다면 어디에서 어떻게 피드백을 얻을 수 있을까. 만약 그가 육체를 사용하는 동작을 배우고 있다면 무용가들처럼 거울을 보며 피드백을 얻을 수 있다. 내가 열 살 때쯤이었을까. 골프를 막 배우던 무렵은 피드백이란 말을 들어본 적도 없는 시절이었지만, 나는 클럽의 프로 선수가 레슨을 하거나 연습 팀에서 공을 치는 모습을 유심히 관찰하곤 했다. 나중에는 창문 앞에 서서 내 나름대로 스윙 연습을 했는데, 그 프로 선수의 스윙처럼 보이도록 애쓰면서 그런 동작을 할 때 어떤 느낌이 드는지 기억하려고 했다. 사람들이 가락을 타는 스윙이라고 표현하는 바로 그것이었다.

나중에 테니스를 배울 때도 포어핸드, 백핸드, 서브 연습은 이런 식으로 했다. 이때 모델로 삼은 이들은 내가 테니스를 하던 곳에서 최고로 잘하던 사람들이었는데 나중에야 알게 된 사실이지만 썩 훌륭한 모델은 아니었다. 그 사람들은 아주 능숙하긴 했지만 나쁜 습관들을 좀 가지고 있었는데 그 습관들을 그대로 베끼는 바람에 여러 해 동안 없애지 못했다. 테니스계의 영웅 판초 곤살레스Pancho Gonzales(우연인지 판초 역시 거의 완벽하게 스스로 깨우친 부류였다.)가 그 정확한 동작으로 테니스공을 어떻게 쳐야 하는지 알게 해줄 때까지 그 모양이었다.

오늘날 스포츠가 거대한 산업이 되고 스포츠에서 우승을 하는 것이 많은 사람들에게 아주 중요한 일이 되어서겠지만, 모델과 피드백에 관해서라면 얼마든지 배울 수 있는 상황이 되었다. 지금은 여러 종목의 스포츠에서 챔피언이 된 선수의 모습을 담은 영상을 아주 쉽게 구할 수가 있다. 미시건 주 앤아버의 울버린 스포츠 서플라이사의 카탈로그에는 최고 선수들의 엄청나게 다양한 몸동작과 기술을 담은 8mm 영상 목록이 많이 나와 있다. 점점 많은 스포츠 교사들이 피드백을 위해서 비디오테이프를 활용한다. 말을 하거나 동작을 보여주는 것보다 훨씬 낫다.

이런 방식으로 모델과 피드백을 얻는 것은 초보 단계의 현악기 연주자나 피아니스트, 드럼 주자나 타악기 연주자에게도 쓸모가 있을 것이다. 이런 사람들은 연주 중에 팔과 어깨를 아주 많이 쓰는데다 적절한 동작을 취하는 일이 매우 중요하다. 그래서 나도 최고의 첼로 연주자들을 모범으로 삼았고 많은 도움이 되었다. 훌륭한 첼로 연주는 어떤 것이며, 어떤 소리가 나는지도 알 수 있었다. 나는 거울 앞에서 연습할 때가 많다. 그렇게 하면 손과 팔의 동작을 거장들과 더 비슷하게 할 수 있다. 그리고 골프를 익힐 때처럼 제대로 되는 것처럼 보일 때 팔이나 손의 느낌이 어떤지 근육 속에 기억시키려 해본다. 그렇게 해서 거울 속에 모습을 비춰보지 않고도 내면으로부터 같은 종류의 피드백을 얻을 수 있도록 하려는 것이다.

때가 되면 그렇게 된다. 얼마 전의 일이었다. 젊은 시절 피아노를 아주 잘 쳤다는 한 여성과 얘기를 나눈 적이 있다. 30년 동안이나 피아노를 그만두었다가 최근에야 다시 본격적으로 치기 시작했다고 했다. 피아노 연주를 다시 시작한 느낌에 대해 이야기하면서 그녀는 놀라움과 즐거움을 감추지 못했다.

"나는 내 두 손이 지성을 갖고 있다는 걸 느낄 수 있어요. 어떤 건반을 누를지 또 어떻게 누를지 손이 알고 있는 거예요. 손에 익혔다는 기억이 없는 기술인데도 손이 알고 있는 듯 느껴질 때가 자주 있어요. 그래서 속으로 생각하곤 하죠. 언제 내가 이걸 배웠지?'

놀랄 만한 감각. 하는 방법을 알려주지 않아도 피아노건 첼로건 몸이 연주한다. 잘하고 있는지 잘 못하고 있는지 몸이 안다. 타이프를 칠 때도 마찬가지이다. 내가 타이프라이터를 잘못 눌러 A 대신 Z를 치면 손가락이 먼저 안다. 꼭 같은 식으로 테니스에서 서빙을 할 때 볼이 라켓을 떠난 바로 그 순간 서브가 제대로 먹힐 건지, 아니면 짧은지 긴지 이미 알 때가 많다.

음악을 공부하는 학생은 녹음기를 이용하면 자신의 연주가 어떻게 들리는지 쉽게 알 수 있다. 물론 연주하면서 연주하는 것을 들을 수도 있다. 하지만 이것만 가지고 필요한 모든 피드백을 얻을 수는 없다. 녹음기는 그것만이 전달해줄 수 있는 연주의 여러 내용을 말해줄 수 있다. 한 가지 예로 연주자는 청중보다 훨씬 더 악기에 가까이 있기 때문에 연주자가 듣는 소리는 청중이 듣는 소리와 다르다. 소리가 그렇게 다르기 때문에 다른 사람이 연주할 때 듣는 소리와 자신이 연주하는 소리가 그리 잘 비교되지는 않는다. 또 연주자가 자신의 연주를 듣는다 할지라도 듣기에만 모든 주의를 기울일 수는 없다는 문제가 있다. 연주자는 대체로 자신이 연주하고 있는 음악에 대해, 지금 손가락이 닿아 있는 건반이나 다음번에 눌러야 할 음에 대해 생각이 가 있기 마련이다. 그는 마음의 일부만으로 들을 따름이다.

결국 연주자는, 특히 초심자일 경우 연주의 열기 속에 너무 깊이 사로잡혀 자신이 연주하는 것을 객관적으로 들을 수 없게 되기 쉽다. 첼로 연주를 할 때 어떤 작품이 그전보다 약간이라도 낮게 연주가 된다고 치자. 그러면 기분이 너무 좋아진 나머지 즐거워서 흥분하게 되고 그 연주가 실제보다 훨씬 좋게 들린다고 착각하기 쉽다.

녹음기는 이 문제를 해결하는 데 도움이 된다. 사무실에서 연습을 할 때면 나는 방 저쪽에 마이크로폰을 장착한다. 소리는 녹음기로 흘러 들어가고 동시에 나는 헤드폰을 끼고 그 소리를 듣는다. 이렇게 하면 연주를 하면서도 앞에 누군가가 있을 경우 듣게 될 나의 첼로 소리를 들을 수 있다. 가끔은 음계나 연습 연주 또는 내 레퍼토리 중 한 곡을 녹음한 다음 나중에 다시 들어본다. 그렇게 하면 비평적 안목을 가지고 주의를 집중해서 들을 수 있다.

이런 작업을 통해 연주의 열기 속에서 놓쳤던 잘못을 많이 알아차리게 되고 계속 밀고 나갈 만한 점과 바꾸고 개선해야 할 점을 알게 된다. 악기를 다루는 사람들이 스스로 이런 피드백을 받는 법을 익힐 수 있다면 많은 도움이 될 것이다.

과제의 설정 문제

교사가 과제를 적절하게 배분하지 못하고 학생의 능력 밖인 일을 줄 때가 가끔 있다. 이런 경우 학생은 좌절하고 수치심을 느끼고 자신감이 흔들리며 상처 입기 쉽다.

한번은 암벽 등반가인 절친한 학생의 부추김으로 암벽 등반을 하러 간 적이 있었다. 우리는 몇몇 사람들과 소규모의 초보자용 암벽으로 갔는데 코스도 짧고 경사도 비교적 완만했다. 게다가 틈서리와 붙잡을 곳도 상당히 있었다. 나는 경험 많은 등반가와 로프로 연결되었는데 그는 앞장서 시범을 보여주었다. 어떤 지점에서 내가 한 손을 틈서리에 집어넣자 사람들이 암벽이 혹처럼 튀어나온 곳에 발을 디디고 다른 핸드홀드를 찾아서 붙잡으라고 했다. 나는 가벼운 운동화를 신고 있었는데, 그걸 신으면 제대로 오를 수가 없다고 미리 말해주었어야 했다. 신발이 너무 부드럽고 물렁물렁해서 내 체중을 지탱하지 못했던 것이다.

나는 바위 틈서리에 매달린 꼴이 되었고 온 체중이 손가락에 실렸다. 서서히 손가락에서 힘이 빠져나가는 중이었다. 사방에서 충고와 힘내라는 고함이 들려왔다. 나는 커져가는 절망과 공포 속에서 되받아 소리쳤다.

"난 못 올라가겠어. 더 이상 못 매달려. 떨어지겠어. 제발 이 망할 놈의 바윗덩이에서 나를 내려줘!"

사람들은 나를 내려주었고 나는 뭔가 바보가 된 기분에다 창피하기 짝이 없었다.

또 다른 예로 과제는 좋았지만 피드백과 바로잡기가 빠진 경우가 있었다. 1947년 여름, 친구 몇 명의 권유로 수상스키를 타러 갔다. 나는 스키를 신고 물속에서 보트가 나를 당겨 올려주기를 기다렸다. 로프가 팽팽해졌다. 나는 솟아올랐고 균형이 무너진다고 느끼는 순간 물에 고개를 처박고 넘어졌다. 다시 해봤지만 마찬가지였다. 또다시 해봤다. 역시 마찬가지였다. 또다시 엄청난 충고의 말들. 하지만 그중 하나도 내가 뭘 잘못했고, 대신에 어떻게 해야 한다는 것을 알려주는 충고는 없었다. 일곱 번인가 여덟 번인가 해보고는 나는 포기했다. 부끄러웠다. 20년쯤 지난 후에 나는 다시 수상스키를 탔다. 이번에는 모델이나 충고가 좋았다.

"두 팔을 쭉 뻗도록 주의해요."

보트가 로프를 탱탱하게 당기자 나는 솟아올라 미끄러져 나아갔다.

스키 학교의 교사들은 과제를 배분해서 순서를 정하는 일을 아주 잘한다. 그럴 수밖에 없는 것이 과제가 너무 어려우면 초심자는 넘어져버릴 텐데, 너무 자주 넘어지게 되면 바보가 된 기분이 들 것이고 그러면 용기를 잃고 지쳐서 다칠 수도 있다. 스키 교사는 발레 교사처럼 여러 해에 걸쳐 일련의 단계를 둔 과제를 만들어냈는데, 각각의 과제 모두 다음 과제를 해내는 데 필요한 힘과 근육의 조화, 육체적인 자각을 심어주는 식이다.

최근에 어떤 스키 교사가 훨씬 더 간단하고도 세련된 생각을 해냈다. 짧은 스키일수록 돌기를 할 때 훨씬 쉽다. 초심자들이 아주 짧은 스키로 시작하는 건 어떨까? 그렇게 되면 나중에 잊어버리기 마련인 스텝이나 턴 같은 동작을 익히는 대신, 아주 초보 단계에서부터 평행 돌기를 할 수 있다. 대부분의 스키 학교와 교사들이 오랫동안 이 아이디어를 비웃었지만 지금은 이것을 활용하는 곳이 점점 늘어나고 있다. 효과가 있다는 뜻이다.

때로는 학생 스스로가 과제를 나누는 법을 안다. 대학 졸업반 때 나는 갑자기 해군 ROTC로부터 신체검사를 받으라는 통고를 받았다. 나는 라켓과 공을 이용하는 경기라면 뭐든 잘했지만, 체력이 강하지 못해서 검사에 통과하지 못했다. 신체검사 중 한 종목은 철봉대로 뛰어올라 가슴 위치에서 매달려야 하는 것이었는데 나는 어떻게 시작해야 하는지조차 몰랐다. 철봉을 잡고 막연하게 점핑 동작을 취해보았지만 바보가 된 심정이었다. 내 기분이 어떤지는 그만두고라도 도대체 어떤 자세를 취해야 할지조차 상상이 가지 않았다. 얼마 후 넌더리가 난 시험관이 나를 다음 종목으로 보내버렸고 결국 나는 재검사를 위해 2, 3주를 기다려야 했다.

하루는 주위에 아무도 없는 틈을 타 철봉대로 갔다가 철봉대를 낮출 수 있다는 사실을 알았다. 그러다가 철봉대를 낮춰서 뛰어오를 수 있다면 그 느낌을 알 수 있을지도 모르고 훨씬 높아져도 뛰어오를 수 있지 않을까 하는 생각이 떠올랐다. 나는 철봉대를 훨씬 낮추어 다리가 올라갔을 때 두 팔로 몸무게를 지탱하는 기분을 느껴보았고, 다음에는 철봉을 더 높여서 다리로 점프할 때 양팔로 들어 올리고 미는 느낌을 더했다. 오래지 않아 나는 그 감각을 체득했고 내 몸과 마음에 그 동작의 모델을 심었으며 쉽게 도약할 수 있었다.

열한 살쯤 되었을 무렵에도 이 비슷한 경험을 한 적이 있다. 나는 함께 자주 골프를 치고 놀았던 한 친구와 테니스를 배우기로 했다. 우리는 싸구려 라켓과 공 몇 개를 가지고 코트로 나갔다. 그러고는 서로 공을 주거니 받거니 쳐보려고 애를 썼다. 완전한 실패였다. 하나가 공을 넘기면 다른 쪽에서 받아치는 경우가 드물었다. 얼마 지나자 이런 생각이 들었다. 이건 전혀 재미가 없다. 어떻게 하면 좀 더 잘하게 되지? 우리는 아직 어린 꼬마들이라 다른 사람들처럼 하는 데는 별 관심이 없고 우리끼리의 재미에 빠졌을 뿐만 아니라 꾀도 많았다. 때문에 게임 규칙을 바꾸고는 가까이 다가서서 서비스 라인을 베이스 라인으로 삼고 게임을 시작했다.

게임의 목표는 우리 중 한 명이 실패할 때까지 연속적으로 몇 번이나 서로 공을 쳐 넘길 수 있나 알아보는 걸로 했다. 그건 멋진 게임이었다. 공을 그렇게 세게 치거나 공을 잡으러 멀리 뛰어가지 않아도 되기 때문에 공을 훨씬 더 잘 다룰 수 있었고, 연달아 쳐 넘길 수 있어 재미가 있었다. 그래서 어느 정도 테니스를 익힐 수 있었다. 이 방식은 지금까지 내가 아는 한 초심자가 코트 안에서 테니스를 익히는 데 쓰는 가장 좋은 방식이다.

하지만 교사는 학생이 나중에 더 어려운 과제를 할 때를 대비해 쉬운 과제를 내는 경우에는 이 원칙에 너무 매달리지 않도록 주의해야만 한다. 만약 학생이 어려운 과제를 해내는 데 개의치 않는다면 원할 경우에 해보도록 내버려두라. 학생이 어떤 학습 과제를 하기 위한 가장 가치 있고 본질적인 자산은 모험을 해보겠다는, 위험을 무릅써보겠다는 자발성이다. 그 자발성 없이는 어떤 것도 배울 수 없다. 교사는 이 기상을 꺾어서는 안 되며 칭찬하고 북돋아주어야 한다. 따라서 학-교가 저지르는 가장 어리석은 일 중 하나는 학생이 자기가 하고 있는 모든 것을 이해해야 하고 이해할 수 있는 것만 읽어야 한다는 주장이다.

책을 잘 읽는 사람들은 이런 식으로 읽기를 익히지 않는다. 그들은 '너무 어렵다.'는 책에 뛰어들어서 배우고, 이해할 수 있는 부분을 즐기고, 이해 못하는 부분에 대해서는 의문을 품고, 추측하고, 해답을 찾지 못하더라도 신경 쓰지 않는다. 학-교에 다니는 아이들이 이런 식으로 행동하고 느끼도록 허용되는 경우는 거의 없다. 아이들은 이해하지 못하는 것은 일종의 죄라고 생각하게끔 배운다. 아이들은 자신들을 모험가나 탐험가로 여기고 책을 흥미진진한 탐험 분야라고 생각하기를 그만둔다. 아이들은 확실히 알 수 있는 것만 읽는다. 확실히 안 되는 것은 지루하다는 뜻이고 또 확실히 알게 되자마자 읽기를 그만두게 될 거라는 걸 의미한다.

내가 가르치면서 경험한 것으로 미루어볼 때 어떤 교사가 제대로 등급을 매긴 일련의 과제처럼 보이는 것을 고안해내면 그는 자신이 만든 고안품을 사랑한 나머지 아이들을 그 속에 가두려고 애쓰게 된다. 우리는 학교 교과를 가르치는 과정에서 이런 예를 볼 수 있는데 대부분의 학교 교과란 사실 전혀 순차적이지 않다. 음악 교과의 경우 어느 점에서는 순차성이 있다 하겠는데 그래도 수많은 음악 교사들이 권하거나 허용하는 것보다는 새로운 탐험과 창안의 여지가 훨씬 많다.

몇 년 전 나는 테니스를 익히기 위한 일련의 과제를 고안해냈는데, 그 첫 번째가 단순히 라켓의 그물 위에 공을 반복해서 되튀기는 작업이다. 이것은 타격에 쓰는 손과 팔의 근육을 강화시켜줄 뿐 아니라, 정밀성, 조절 능력, 주의력, 피드백 기법 등을 익히게 함으로써 코트에서 공을 다룰 때 도움이 될 것이다. 초심자들 중에는 이 힘과 감각을 지니지 못한 채 코트에 나가는 사람이 많다. 이런 사람들은 공에 들어가는 힘을 조절할 능력이 거의 없기 때문에 코트에서 공을 지켜내기가 힘들다. 많은 사람들이 이 단계에서 많은 시간을 보내다가 결국 용기가 꺾여 그만두어버린다.

내가 만든 테니스 배우기 순서에는 등급대로 익혀야 하는 과제들이 있다. 그 속에는 물론 내 친구와 같이 창안한 쇼트 게임도 있다. 초심자들을 가르칠 때면 풀 코트에서 하는 경기에 덤벼들기 전에 초기 과제를 제대로 연마해야만 한다고 말하고 싶을 때가 많다. 하지만 초심자들은 이 방식을 내켜하지 않으며 그건 아주 당연한 반응이기도 하다. 이 방식은 풀 코트에서 연속타를 쳐보려고 하는데 세 개 중 하나밖에 못 치고 공을 쫓아다니며 줍는 데 대부분의 시간을 허비하게 될 때 하면 잘 먹힐지도 모른다. 하지만 초심자들은 어떻게든 제 맘대로 해보려고 한다. 또 그렇게 하는 것이 테니스이기도 하다. 현명하고 지략 있는 교사라면 이런 행동을 막으려고 하지 않을 것이다. 학생들이 공을 때리는 데 재미를 보고 있는 한은 그냥 내버려두면 된다. 공 타작에 재미보다 좌절을 느끼기 시작하면 그때에는 훨씬 간단해서 즐길 만한 과제를 제시할 수 있다. 그 학생에게 가장 재미있고, 흥미 있고, 유용한 균형점을 찾아내는 게 관건이다. 하지만 더 좋은 것은 학생 자신이 그 균형점을 찾도록 하는 것이다.

여기서 교사가 지닌 자연스런 권위가 중요하다. 학생은 교사가 권하는 상당 부분을 하게 될 것이다. 만약 그가 그 교사를 신뢰한다면, 그리고 작은 과제들이 좀 더 큰 과제를 해내는 데 진정 도움이 될 거라고 믿는다면, 그리고 그 교사가 정말로 자기를 꼭두각시나 멍청이가 아니라 숙련자로 만들기를 바라고 있다고 믿는다면 말이다.

마음속에 그려보기

현실 속에서 과제를 해낼 수 있기 전에 우리는 마음속에서 그 과제를 해낼 수 있어야만 한다. 그것은 '난 할 수 있어.'라고 생각하는 정도를 뜻하는 건 아니다. 그림을 떠올리면서 그 일을 해내는 건 어떤 것인지에 대해 전체적인 몸의 느낌을 가져보라는 뜻이다. 그 과제를 하고 있는 우리 자신을 느끼고 생각할 수 없다면 그 일을 할 수 없다. 이것이 철봉 앞에 서서 그 위로 도약하는 법을 생각하려 할 때, 수상스키를 신고 처음으로 일어서려고 애쓸 때 내게 닥친 문제였다. 그 일이 일어나면 어떨지 감이 오지 않았기 때문에 그 일이 일어나게 만드는 방법을 몰랐다.

서른의 나이에 콜로라도에 있는 학교에서 교사 생활을 할 때 나는 처음으로 스키를 탔다. 나의 선생님(이자 우리 교장이었던) 존 홀든은 내가 해야 할 과제를 훌륭하게 정해주었다. 그는 우선 이틀 동안 스키를 신고 이리저리 돌아다니게 하고 난 후 아주 짧게 직선 주행을 시키고는 나를 산꼭대기로 데려갔다. 그러고는 트레버싱, 사이드 슬리핑, 킥 터닝을 해 보이면서 아무리 가파른 길이라도 안전하게 내려갈 수 있는 방법을 설명해주었다. 이제 산은 내 것이 되었고 그는 다른 학생들도 가르쳐야 했기 때문에 혼자 체득해볼 수 있게 나만 남기고 내려갔다.

때가 되자 더 이상의 가르침을 받지 않고도 나는 꽤 훌륭한 스키어가 되었다. 그가 나에게 설명해준 언덕 경사면을 가로질러 타는 트레버싱과 사이드 슬리핑은 스키를 평행하게 둔 채 완전히 회전하는 준비를 갖추는 데 아주 좋은 동작이었다. 하지만 경사면을 지그재그로 나아가거나 일종의 제동 회전은 할 수 있었지만 숙련된 스키어들이 하듯이 양쪽 스키를 함께 번갈아가며 회전시키는 일은 얼마 동안 못했다. 문제는 이론적으로는 '방법'을 알고 있었지만 내 마음과 근육

속에서 그렇게 하면 어떨 것인가 하는 감을 전혀 느낄 수 없었다는 점이다.

어느 날 리프트를 타고 있는데 바로 내 밑에서 한 스키어가 매끄럽고 우아한 회전을 구사하며 언덕을 내려가고 있었다. 나는 그를 주시했다. 그가 느끼고 있을 그 느낌을 잡아보려 애쓰면서. 나 자신이 그의 몸속에 들어갔다고 생각하면서. 위쪽에서 그 모습을 바라보게 된 덕에 그렇게 상상하기가 훨씬 쉬웠다. 나는 '저게 바로 그거야.' 하고 생각했다. 얼마 안 있어 나는 진짜 평행 회전을 하기 시작했다. 거칠고 서투르긴 했지만 본질적으로 진짜 스키어가 하는 식으로.

그로부터 몇 년 후 친구들끼리 자녀들 얘기를 하던 중에 그중 한 친구의 딸 이야기가 나왔다. 그 아이는 일곱 살가량의 여자애였는데 정식 자전거를 사달라고 한참을 졸라대고 간청하고 애걸했다고 한다. 그래서 자전거를 하나 구해주었지만 몇 달이 지났는데도 자전거를 탈 생각이 전혀 없어 보인다는 것이었다. 어떻게 해야 할지 친구가 내게 의견을 물었다. 가르쳐볼까? 도움을 줄까? 좀 윽박지를까? 아니, 타보지도 않을 자전거를 가지고 있는 건 뭘 하자는 거지? 하고.

나는 내 스키 교습 경험과 평생을 교직 생활로 보냈던 메인 주 출신의 한 노부인의 말을 떠올리면서 그러지 말라고 했다. 그 노부인은 아이들이란 여름에 스케이트를 배우고 겨울에 수영을 배운다고 말했다. 나는 아이가 아마도 마음속에서 자전거 타는 법을 익히고 있나 보다고 넌지시 말해주었다. 또 아이가 마음속에서 그 일을 해낼 수 있을 때까지는 아무리 타게 하려고 애써봤자 소용이 없을 거라고도 했다. 아마 그 아이는 다른 아이들이 타는 걸 유심히 보고 또 보며 그 모습을 마음속에 그려보고 느낌이 어떨까도 생각하고 있었으리라.

얼마 후 그 친구에게서 편지를 받았다. 자전거에 손도 안 댄 채 몇 달을 더 보내던 아이가 하루는 자전거를 밖으로 가지고 나갔다. 잔디밭에서 조금 타보면서 가볍게 한두 번 넘어졌는데 곧이어 아무 어려움 없이 거리로 타고 나갔고 지금까지 잘 타고 있다는 소식이었다.

학생이 교사의 지시를 따라 할 수 없는 것 같으면, 그 과제를 해내는 게 어떤 느낌일지 마음속으로 새기는 데 도움이 되도록 교사가 그 느낌을 설명해 보일 수도 있다. 하지만 이 작업은 미묘하고 어렵다. 자신은 생각하지 않아도 잘하는 일을 되짚어 생각해보는 것이나 그 일을 못한다는 것은 어떤 느낌일까 떠올려보는 것은 어려운 일이다. 서투른 초보자의 껍질 안에 자신을 넣기는 어렵다. 때로는 우리에게 도움이 되는 것이 다른 이들에게는 도움이 안 될 수도 있다. 테니스공을 따라가면서 왈츠를 춘다는 생각이 그 테니스 코치에게는 도움이 되었는지 모르지만, 내게는 전혀 도움이 되지 않았던 것처럼.

어떤 때는 특정한 힌트가 아주 많은 도움이 된다. 대개 프랑스어 교사들은 미국 아이들에게 'tu' 같은 발음에서 프랑스어의 'u'를 발음하는 법을 가르치려고 헛되이 애를 쓴다. 이를 통해 아이들이 배우는 발음은 보통 다양한 형태의 'oo'이다. 어떤 교사가 이 문제를 해결했는데 아마도 지금은 많은 교사들이 이렇게 하는 것 같다. 그 교사는 이렇게 말한다.

"입술을 나처럼 해봐요. 아니면 휘파람을 불려는 것처럼 하든지. 그러고는 'eee'라고 말해봐요. 'u'소리를 내려고 하지 마세요. 'e'소리를 내세요."

이건 효과가 있다. 즉 학생에게 그 소리의 느낌을 인지시키는 데 충분히 효과적이다.

사람들은 움직이는 공을 치는 게임을 배울 때 공을 치기 바로 직전에 공을 보기가 매우 어렵다는 사실을 알게 된다. 교사가 "공을 주시해요."라고 말하면 학생들은 공을 주시하고 있노라고 주장한다. 내 경험에 의하면 열에 아홉은 보지 않는다. 몇 년간 내가 그랬던 것처럼, 또 지금도 부주의하거나 자신감을 잃었을 때 그렇게 하듯이 그 사람들은 1~2미터 떨어져 있을 때까지는 공을 보지만, 그다음에는 공이 갔으면 하는 방향을 본다. 이것은 어떤 점에서는 자연스러운 일이다.

우리는 뭔가를 향해 공을 던질 때 목표물을 보지 공을 보지는 않는다. 마찬가지로 우리는 어떻게든 친 공이 갔으면 하는 방향을 쳐다본다. 우리는 공이 갔으면 하는 방향을 쳐다봄으로써 공을 그곳으로 가게 만들 수 있다고 생각한다. 내가 왜 그러는지 그 이유를 깨닫기 전에는 나 역시 그 행동을 그만둘 수 없었다. 그 이유를 깨닫고 나자 나는 혼잣말하는 법을 익혔다.

"라켓 망 속으로 꽂히는 공을 주시해. 공이 떠나고 난 후에도 그 충돌 지점을 계속 쳐다봐. 약간 시간이 흐른 다음 고개를 쳐들어. 일단 쳐버리면 가는 방향을 바꿀 수 없어."

이 사실을 아주 생생하게 보여주는 스포츠 사진이 있다. 미키 맨틀 Mickey Mantle의 사진인데 그는 그 당시 뉴욕 양키스에서 최고의 절정기를 맞고 있었음에도 끔찍할 정도의 배팅 슬럼프에 빠져 있었다. 그는 왼손잡이로 배팅을 했는데 사진은 오른편에서 찍혀 있었다. 그는 강하게 스윙을 했지만 맞히지 못했고 공은 막 홈 플레이트를 지나고 있었다. 하지만 그는 공을 보고 있지 않았고 필사적으로 얼굴을 찡그린 채 오른쪽 필드를 보고 있었다. 마치 자신의 눈과 의지로 그 공을 자기가 원하는 곳으로 보내버릴 수 있다는 듯이. 그도 좀 더 평정한 상태에서라면 해서는 안 된다는 걸 충분히 알고 있는 일인데도 무의식중에 그렇게 하고 있었던 것이다.

지원자로서의 교사

덴마크의 바스바르에 니 릴레 스꼴레Ny Lille Skole(새 작은 학교)라는 학교가 있다. 그곳은 내가 알고 있는 학교 중에서 유일하게 정규 수업이나 커리큘럼이 없는 곳으로 무엇보다도 아이들에게 읽기를 익히려고 욱박지르거나, 꼬드기고, 감언이설로 유혹하는 등의 노력은 전혀하지 않는다. 그곳의 아이들은 언제 읽기를 시작할지 스스로 결정한다. 아이들이 원하지 않거나 요구하지 않으면 어른들로부터 도움을 받지 않아도 괜찮다. 만약 어떤 아이가 어른으로부터 도움이 필요하다면 읽고 싶은 것을 들고 학교 교장인 라스무스 한센Rasmus Hansen에게 가면 된다.

라스무스는 깊고 부드럽고 느린 목소리에 수염이 덥수룩하고 키가 큰 남자이다. 아이가 읽기물을 들고 오면 그는 아이와 함께 작은 구석으로 간다. 그곳은 이런 목적을 위해 한쪽에 준비된 곳으로 대부분의 학교생활이 펼쳐지는 커다란 방의 한쪽을 차지한다. 아이는 자리를 잡고 큰 소리로 읽기 시작한다. 그러는 동안 라스무스는 거의 말을 하지 않는다. 아이가 읽는 동안 그는 낮은 소리로 동의와 격려의 표시를 한다. 만약에 아이가 어떤 단어를 잘못 읽으면 그는 확실하게 읽었는 지 묻기도 하고 어떤 때는 한 번 더 해보라고 넌지시 말하기도 한다. 아이는 단어를 곰곰이 연구하고 직감이 맞나 판단해보고 다시 읽는 다. 하지만 그다지 자신은 없다. 제대로 읽었는지 물을 때도 있다. 라 스무스는 맞다고 신호를 보낸다. 아니면 아이는 단어가 뭘 뜻하는지 모르거나 내키지 않아서 묻지 않을 수도 있다.

라스무스는 아이에게 시간을 준다. 하지만 말문이 막혀서 꼼짝 못 하고 당황해하는 아이를 내버려두지는 않는다. 이런 침묵은 아이에 따라서는 상당히 중요한 의미를 지닐 수도 있기 때문이다. 또 아이는 단어가 뭘 말하는지 생각해낼 수 없거나, 바로 그 순간에는 생각해내 고 싶지 않아서 그 단어가 무슨 뜻인지 물어보기도 한다. 라스무스는 아이가 생각해보는 데 도움이 되는 힌트를 주거나 의문을 던지거나 한다. 아니면 즉시 말해줄 때도 많다. 그들은 책을 읽는 도중에 다른 이야기를 하느라고 중단하기도 한다. 아이는 하고 싶은 바를 충분히 했으면 자유롭게 그 자리를 떠난다.

교사들은 어떻게 학교의 교장이 한 아이에게 이런 유의 친밀하고 개인적인 관심을 줄 수 있는지 의아하게 여길 수도 있다. 그는 할 수 있다. 이 억압 없는 아이들에게 필요한 것은 아주 작은 관심이니까. 이 학교의 아이들은 다 합쳐서 30시간가량 이런 종류의 도움을 받고 나면 남의 도움 없이 능숙하고 자신 있게 읽는다. 대부분의 아이들은 그만큼의 시간이 필요 없고 몇몇은 전혀 도움이 필요 없다.

보통 학-교의 교-사들에게 지워진 과업은 너무 무겁다. 왜냐하면 오직 학-교와 교-사가 학생이 배우는 모든 것을 가-르쳐야 한다고 믿고, 또 아이들에게도 그 점을 받아들이게 하기 때문이다. 그래서 교-사들은 내가 『아이들은 왜 실패하는가』에서 묘사했던 아이들의 회피 전략에 대항해서 그 의표를 찔러보려고 수백 시간을 보내야만 한다. 그들은 아이들을 불안하게, 또 의존적으로 만든다. 그러고는 아이들의 불안과 의존성을 다루기가 얼마나 어려운지 모른다고 당당하게 말한다. 그러나 그런 것은 하나도 필요 없다.

만약 아이들이 자신이 원할 때만 읽고 자신이 필요하다고 느낄 때만 도움을 구한다면 아이는 자신의 능력을 온전히 다 발휘해서 해낼 것이다. 또한 그 과제를 회피하는 대신 그 과제 속에 자기 자신을 전부 던져 넣을 것이다. 따라서 도움이란 건 거의 필요 없을 것이다.

어느 모로 보나 라스무스가 이 아이들에게 읽는 법을 '가르치고' 있다고 말할 수는 없다. 아이들은 스스로 길을 찾아낸다. 라스무스가 하는 일은 아이들이 이 탐험을 감행하고 위험에 맞닥뜨리는 동안 일종의 정서적 지원을 해주는 것이다. 읽기를 시작하는 아이는 엄청난 육감을 가지고 있지만 거의 확신은 하지 못한다. 아이는 도움 없이 그 과제를 해낼지 확신이 없다. 옆에서 질문을 던지고 아이에게 잘했다고 말해주면서 아이가 물어볼 때면 정보를 주고 기운을 북돋아주는 어른은, 아이가 단어의 의미를 알아맞히는 자신의 추측뿐만 아니라 이런 추측을 하게 되는 기준 역시 검사하고 확인하고 강화할 수 있게 해준다.

말을 배우는 아이가 자기가 올바르게 하고 있다는 사실을 모르면서도 자기가 하는 말의 문법을 직관으로 아는 것처럼, 읽기를 배우는 아이는 문자와 소리의 관계를 직관으로 안다. 많은 사람들이 아이가 발음 중심의 어학 교수법을 통해 배우지 못하면 어떤 발음도 제대로 못할 것이라는 설을 믿는 것처럼 보이는데 우스운 노릇이 아닐 수 없다. 아이는 말해주지 않아도 혼자 힘으로 학-교가 단어 공략 기술이라고 부르는 일련의 작업들을 멋지게 해낸다. 자신이 그것을 하고 있다는 사실을 거의 자각하지 못한 채.

하지만 아이에게 이 모든 작업은 거의가 매우 불확실하고 모험적이며 추측에 불과하다. 아이가 너무 오래 헤매거나 혼란스러워하거나 불안해하지 않도록 옆에서 봐주며 지원자 노릇을 하는 어른이 있으면, 아이가 자신의 육감이나 직관을 믿지 못해서 아무것도 할 수 없는 상태에 이르지는 않는다. 학-교에서 소위 말하는 책 못 읽는 어린이는 대부분 그런 상태에 있다.

데니슨은 『아이들의 삶』에서, 허버트 콜Herbert Kohl은 『읽기-어떻게 하나Reading-How to』에서 이 지원 과정을 설명한다. 그 과정은 내가 막 헤엄치기 시작하던 세 살짜리를 위해 했던 일(『아이들은 어떻게 배우는가How Children Learn』 참조)과 아주 비슷하고, 존 홀텐이 산꼭대기에서 내게 스키를 가르쳤을 때 해주었던 일과 비슷하다. 경험자는 작은 아이를 유심히 보고 있지만 불안해하지 않는 부모처럼 무경험자에게 말한다.

"염려 마. 네 맘껏 탐험하고, 하고 싶은 대로 해봐. 너무 심한 어려움을 겪지 않도록 내가 있잖니."

안내자로서의 교사

다른 말과 마찬가지로 '안내자guide'와 '안내guidance'라는 말도 학-교에서 아주 잘못 쓰여 왔다. 학-교 용어로 '지도'(우리말로는 '학생지도'가 된다.―옮긴이)는 할 일을 지시하는 것을 의미한다. 누군가가 "애들에게 안내가 필요하지 않나요?"라고 물었다면 이는 아이들에게 도움말이 필요하지 않느냐는 뜻이 아니다. 사실 아이들은 도움말이 필요하고 찾아서 얻는다. 그 사람은 아이들이란 어디에서나 할 일을 지시받아야 할 필요가 있다는 뜻에서 말한 것이다. 그러니 '안내자'라는 말은 그 정확한 의미를 잃었다. 우리는 한 사람이 다른 사람을 진짜 안내함으로써 도움이 될 수 있는 길에 대한 감각을 잃은 것이다.

내 친구들의 경우 잘 모르는 야생지에 있는 숲 속으로 낚시를 하러 갈 때면 안내인에게 "낚시가 잘 되는 곳이 몇 군데 있다는데 어디죠?", "지금 낚시가 잘 될 만한 곳은 어딜까요?", "어디를 가면 연어를 낚을 수 있나요?"와 같은 질문을 한다. 혹은 "그 낚시터를 찾아가려면 어떻게 하죠? 좀 데려가 주시겠습니까?"라고 요청하거나 대뜸 "멋진 낚시터로 우리를 데려다주시오."라고 말할 수도 있을 것이다.

첫 번째 경우 자신이 최대의 선택권을 가진다. 안내인에게는 단지 선택을 할 가능성이 있는 목록만을 원한다. 두 번째 경우에는 장소는 이미 선택했지만 안내인에게 그곳까지 가는 방법에 대한 선택권을 내주고 스스로 따르는 사람이 된다. 세 번째 경우에는 안내자에게 모든 선택권이 주어진다.

이따금 학생의 행동이나 일, 과제가 기술을 요하고 위험이 뒤따를 경우 교사는 유능한 안내자가 되기 위해서 그 과제를 어느 정도 조절해야 한다. 그래서 어떤 산에 처음 온 스키어가 스키 교사나 스키 순찰자 또는 다른 전문가에게 스키를 탈 만한 좋은 장소가 어디냐고 물으면 아마 이런 대답이 돌아올 것이다.

"스키 잘 타세요? 어떤 트레일을 타보셨나요? 여기든 어디 다른 데든요."

새로 온 사람에게 얼마나 탈 수 있는지 약간 보여달라고 요구할 수도 있다. 그런 후에야 이런 말을 할 수 있다. "이 트레일은 선생님에게는 너무 쉬워요.", "이건 너무 어려워요.", "이건 꼭 알맞군요." 등등. 암벽 등반이나 등산, 카약이나 카누 타기, 비행 등 일련의 요구 조건이 많은 분야에서는 모두 마찬가지다.

또는 아마추어 음악인이 전문가에게 연주할 만한 좋은 곡을 추천해달라거나 같이 연주할 사람들을 추천해달라고 할 경우도 이런 질문을 받기 쉽다. "연주 실력이 어느 정도입니까? 어떤 곡을 연주하셨죠?" 등등. 그는 답을 들어봐야 알맞은 추천을 해줄 수 있을 거라 생각한다. 물론 음악은 읽기에서처럼 안전의 문제가 없다. 때로는 대담함을 사주기도 하고 너무 어렵지 않을까 하는 것도 추천한다.

내가 맨 처음 첼로를 배운 선생님은 바흐 모음곡집 중 몇 악장을 연주하는 걸로 첼로 연주를 시작하도록 했다. 아주 현명한 판단이었다. 그 곡을 '연주'할 만한 준비가 되려면 까마득했지만 바흐 음악의 아름다움이 내가 첼로라는 악기를 더욱 사랑하게 하고 더 잘 연주하고 싶게 해줄 거라는 점을 알고 있었던 것이다. 후에 음조를 익히는 걸 도와준 적이 있었던 샘 피엘이 하이든의 D장조 콘체르토를 연습해보라고 권했다.

"선생님에게는 너무 힘들 거예요. 아마 제대로 된 연주를 해내진 못하겠죠. 하지만 노력만 하면 온갖 매혹적인 작품을 다 배울 수 있어요. 해보는 거죠."

정말 그랬다. 그리고 지금도 그렇다. 아주 최근에는 드보르작의 콘체르토로 나의 길을 닦기 시작했다. 잘하고 못하고를 떠나서 연주해내기도 어려운 작품이지만 분명히 매혹적인 도전이다.

안내를 할 때 더러는 기술에 상관없이 기호가 중요할 때가 있다. 어떤 사람이 다른 사람에게 읽을 만한 책을 권하거나 음악, 영화, 연극 등을 추천할 때 추천하는 사람은 이렇게 되묻게 된다.

"그런데 어떤 종류를 좋아하시는지요?"

나도 종종 음악을 추천해달라는 요구를 받을 때가 있다. 내 느낌에 그 사람들이 틀림없이 좋아하리라 여겨지는 작품을 이야기할 때도 있지만, 때로는 이렇게 말하기도 한다.

"이 곡은 꼭 당신 타입은 아닌데 한번 운에 맡겨보시죠!!"

자기가 좋아하지 않는 것을 거리낌 없이 거부할 수 있다면 그것을 좋아하지 않는다고 해서 해를 입지는 않는다. 쉽게 말해 학생이 진리의 일부를 탐사하는 데 교사가 도움이 되고 싶다면, 그는 그것이 지리학이든 예술이든 체육이든 지식이든 학생이 지금 처한 곳이 어딘가를 알아내는 데서 시작해야만 한다. 이방인이 도시를 다니는 데 도움이 되라고 붙어 있는 지도에는 화살표가 그려져 있고 "당신이 지금 있는 곳은 여깁니다."라는 말이 씌어 있다. 그 표시가 없다면 그 지도는 쓸모가 없다.

이것이 시험의 유일한 합법적 사용이다. 즉 학생이 지금 현재 처한 위치를 알아내고 그것을 통해 교-사가 학생의 과제를 훨씬 잘 순서 짓고 학생의 탐색을 더 잘 도와줄 수 있게 하는 것이다. 학-교가 제공하는 시험은 이런 종류가 아니다. 윈스턴 처칠이 자신이 다닌 학교를 두고 한 말처럼 학-교는 우리가 무엇을 알고 있는지를 알아내려고 하는 것이 아니라, 무엇을 모르는지를 알아내려고 시험을 친다. 그리고 우리가 모르는 것을 찾아내도록 도와주려는 대신 다른 학생들보다 낫거나 못하다는 것을 알려주려고 시험을 칠 뿐이다.

교사가 어떤 학생의 수준을 알기 위해 시험을 이용하기를 원한다면 그는 그 학생만을 위한 시험을 고안해낼 것이다. 모든 학생에게 그 시험을 치르게 하지는 않는다. 그 시험은 대부분의 학생에게는 유용한 정보를 주지 못할 테니까. 또 그런 사실을 떠나서라도 그 아이를 다른 아이와 비교하는 것은 그를 겁주는 짓이며, 그 아이가 실제로 알고 있는 것을 보여줄 수 있는 기회를 그만큼 줄어들게 한다. 그런 시험은 아이를 허세 부리고 아는 체하는 길로 몰아가거나 얼어붙은 침묵 속에 잠기게 만든다. 이런 성질의 시험을 치르게 해서 학생들로부터 자신이 아는 최고의 수준을 끌어내는 일은 아주 미묘한 기술이다. 우리는 그런 시험을 거의 시행해본 일이 없고 그래서 아주 형편없이 운용하게 된다.

한 사람이 다른 사람의 마음이나 생각 속을 아주 깊이 들여다보기는 불가능하다. 최상의 환경이 갖추어져도 마찬가지다. 하물며 학-교는, 또 그런 학-교와 비슷하게 강제적인 기관은 최악의 환경이라고밖에 말할 수 없다. 왜냐면 한 사람이 다른 사람을 판단해서 상이나 벌을 줄 수 있는 위치에 있을 때 상대방은 분명히 이런 생각을 품을 것이기 때문이다. '저렇게 판단하는 의도가 뭐지? 무슨 수로 저 사람을 즐겁게 해주지? 아니면 무슨 수로 저 사람을 속여 넘길 수 있지? 어떻게 하면 이 판단의 장소, 이 위험의 장소로부터 온전하게 벗어날 수 있지?

이제까지 스위스의 심리학자 장 피아제Jean Piaget만큼 독창적인 방법으로 아이들의 생각을 알아낸 사람은 없었다. 그렇지만 아이들과의 대화를 통해 그들의 사고과정을 밝힌 피아제의 시험 방식 역시 다른 모든 시험과 마찬가지로 두 가지 결함을 안고 있다. 그중 하나는 의사소통 방식의 문제다. 시험자는 질문을 하고 '피시험자'는 대답을 한다. 그러나 피시험자는 시험자의 질문을 잘못 이해하거나 잘못 해석할 수도 있다. 그리고 시험자 측도 피시험자의 대답에 대해 마찬가지 입장에 있다. 이런 사태를 피하기는 어렵다. 내가 만약 여러분이 오해할 만한 여지가 없도록 질문을 완벽하게 설명하려면 여러분이 틀릴 수 없을 정도로 분명하게 해답을 알려주는 수밖에 없다. 학교의 아이들은 이것을 너무 잘 알고 이용한다. 반대로 여러분도 여러분의 해답이 내가 원했던 것이었다는 사실을 알기 전까지는 내 질문을 정확히 해석했는지 확신할 수가 없다. 또 하나는 앞의 경우보다 더 해결하기 어려운데 피시험자는 시험자의 소망에 엄청나게 영향을 받고 예민하게 반응한다는 점이다.

몇 년 전에 쓴 『능력에 못 미치는 학교The Underachieving School』에서 나는 피아제가 만든 테스트를 치르고 있는 아이들에 관한 영상 하나를 소개했다. 물론 피아제의 관리 아래 만들어졌고 피아제의 승인을 받은 영상이었다. 이 영상에서 네다섯 살쯤 된 한 어린이가 대화 실험의 실험대상이 되었다. 시험자는 같은 크기의 진흙 두 덩어리를 가지고 있다. 시험자는 그 아이에게서 그 두 개가 같은 크기라는 답을 이끌어내는데, 그 아이가 실제로 그렇게 생각했는지는 잘 모르겠다. 그 상황에서는 같다는 말이 분명 원하는 해답이었다. 그러자 시험자 는 진흙덩이 하나를 다른 모양으로 만든 다음 두 덩이가 같은 크기인 지, 아니면 하나가 다른 하나보다 큰지, 또 그렇다면 어느 것이 더 큰 지 물었다. 그 아이는 변형된 쪽이 더 크다고 대답했다. 실제로 이 답 은 틀렸지만 전후 사정으로 봤을 땐 그것이 맞는 답이었다. 즉 영상을 만드는 사람들이 원하는 해답이었다. 왜냐면 그런 대답이 나와야 피 아제가 어린이의 사고에 관해 말하는 것이 옳다고 '증명'되거나 확인 되기 때문이다.

이 시험에서 가장 의미심장한 부분은 아이에게 특별히 그 진흙덩 이를 보라고 말하자 아주 짧은 시간이긴 했지만 아이가 시험자의 얼 굴과 이마에 시선을 가져갔다는 사실이다. 해답이 있는 곳은 진흙 속 이 아니라, 바로 그곳이었다. 그 아이는 그 사실을 알 만큼 충분히 어 른들과 함께 살았던 것이다.

그렇다면 면밀하게 관리된 상황 속에서 아이들이(또는 어른들이) 무 슨 생각을 하는지 무슨 수로 알아낼 수 있을까? 알아낼 수 없다. 단지 학생이 우리에게 거리낌 없이 다가와서 우리를 신뢰하고 우리가 준 비하는 시험이 그를 도우려는 것이지 등급을 매기거나 우열을 가리 는 게 아니라는 사실을 알 때, 그래서 우리의 판단을 두려워할 필요가 없을 때, 그때에야 비로소 조금 알 수 있다. 아주 가까운 친구 사이에도 이런 상황은 만들기가 어렵고 이루어지는 일이 흔치 않다. 하물며 학-교에서는 결코 이루어질 수 없다.

7 제대로 된 가르침
More t-eachers at Work

육체적 활동과 지적 활동은 가르치는 방법에 중대한 차이가 있다. 대부분의 교사들은 지적 기술을 육체적 기술과 똑같은 방식으로 가르치려고 시도한다. 마치 발레 교사의 행위 하나하나에 해당하는 독서 지도사나 역사, 혹은 수학 교사의 행위가 있기라도 한 양. 그러나 교사들이 육체적 과제를 하는 학생에게 도움을 주려고 하는 많은 일들은 지적인 과제를 하려는 학생들에게는 도움이 되기는커녕 오히려 심각한 방해가 될 수도 있다.

얼마 전 어떤 모임에서 교생 실습 중이던 한 젊은 여성이 질문을 던졌다. 사람들이 자기만의 방식으로 이 세계를 탐사할 수 있게 허용되어야 한다는 내 발언에 당황하고 화가 난 것이 분명한 어조였다.

"여섯 살짜리 꼬마가 선생님께 제트 비행기의 작동 원리를 묻는다고 쳐요. 그 꼬마가 물리학 연구나 물리학 책 읽기에 흥미가 없다는 전제하에 말이죠. 그 물음에 어떻게 답을 해주죠?"

"선생님이라면 어떻게 답을 해주시겠어요?"

그 여성은 당황스러워했다.

내가 말했다.

"저도 농담이 아닙니다. 선생님이 아는 여섯 살짜리 꼬마가 어느 날 갑자기 제트 비행기 작동법을 묻는다면 뭐라고 말해주시겠습니까? 물리학이라고 하는 것은 6년, 아니 10년가량 공부해야 알 수 있는 것이라고 말해주실 겁니까? 뭐라고 하실 겁니까?"

잠시 기다렸다가 나는 말을 이었다.

"분명 내가 할 것 같은 말과 비슷한 말씀을 하실 거라고 생각합니다. 비행기는 제트 엔진에서 많은 양의 뜨거운 공기를 뒤로 내뿜으면서 비행기를 앞으로 밀어붙이기 때문에 난다는, 어느 정도 사리에 맞는 그런 말 말입니다. 풍선을 세게 불었다가 놓아버리면 방 안을 날아다니는 것처럼."

얼마간은 이 정도의 답으로 충분하다. 이 답만으로도 아이가 이해가 안 가는 부분이 메워질 것이며 생각하고 공부해볼 만한 거리가 될 것이다. 시간이 좀 더 지나면 이런 의문을 품을 수도 있다. '무엇으로 공기를 뜨겁게 하지?', '어떻게 공기가 뒤에서부터 뿜어져 나오게 만들지?' 이 경우에 우리는 분명 아이에게 친숙한 예를 들어서 우리가 할 수 있는 최선을 다해 질문에 답할 것이다.

하지만 아이에게 제트 비행기에 대해 알려면 물리학을 공부해야 한다고 말하는 것은, '물리학'이라는 단어가 어떻게 소리가 나고 무엇을 뜻하는지 알아내기 위해서는 첫 자음과 끝 자음, 이중 자음, 혼성어 등을 공부해야 한다고 말하는 것과 다름없다. 그런 충고는 아이의 의지와 목적을 모두 꺾어버리고 기나긴 길을 돌아가게 만든다. 모든 일을 원점으로 돌려버리는 셈이다.

물리학이 아이를 제트 엔진으로 인도하지는 않을 것이다. 하지만 제트 비행기를 두고 궁구하는 시간은 그 아이를 물리학으로 이끌어 간다. 사실 말이지 제트 비행기에 대해 궁구하는 것은 물리학이다. 그런 질문을 던지는 아이는 물리학을 하고 있는 중이다. 아이가 물리학을 하는 것을 돕는 최상의 길은 아이의 질문에 대답하는 것이다.

그런데 대체 제트 엔진의 작동법을 아는 사람이 얼마나 될까? 극히 소수임이 분명하다. 그 사람들은 어디에서 어떻게 알았을까? 학교에서? 물리학 수업에서? 아마도 대부분은 그렇지 않을 것이다. 학교에서 물리학을 공부한 사람은 거의 없다. 나는 물리학을 배웠어도 제트 엔진에 관해서는 배운 적이 없다. 발명된 지 얼마 되지도 않았고 최근에조차도 대부분의 초급이나 고급 물리에는 제트 엔진에 관한 내용이 실려 있지 않다. 학교 물리의 대부분은 다른 내용을 다룬다. 그러면 제트 엔진이나 다른 것들이 작동하는 방식에 관해 그나마 사람들이 알고 있는 내용은 어디서 나온 걸까? 그것은 신문이나 잡지, 라디오나 TV에서 읽거나 들은 것이다. 그래서 호기심 많은 아이(또는 어른)의 제트 엔진에 관한 질문에 대답할 때는 그냥 답을 하는 것이지 물리학 공부에 관한 이야기를 늘어놓는 건 아니다. 질문자가 자기가 받아낼 수 있는 해답을 우리에게서 받아가게 해주자. 그 해답이 그가 알고 싶은 것을 말해준다면 더할 나위 없이 좋다. 만약 그렇지 않다면 질문을 다시 던질 것이다. 우리가 그 아이가 진짜 알고 싶어 하는 것을 당장은 말해줄 수 없다는 걸 알면 물어보기를 그만둘 것이다. 때로는 이렇게 말해줄 수도 있다.

"너의 물음에 답을 줄 수는 없지만 내가 말하는 다른 사람(혹은 잡지나 책)은 아마 해줄 수 있을 거야. 아니면 교육통화 같은 데 전화하면 누군가 질문에 답을 해줄 거야."

그러므로 교-사의 일은 다른 사람이 질문을 할 때 시작된다. 질문이 없으면 가-르침도 없다. 그러나 대답을 통해 할 수 있는 일이 무엇이고 할 수 없는 일이 무엇인지 이해하는 것 역시 중요하다. 교-사는 지식을 주지 않는다. 지식은 주어질 수 없다. 누군가 내게 질문을 한다면 내가 할 수 있는 전부는 내 경험의 일부를 말로 나타내는 것이다. 그러나 상대방은 단지 말을 알아들을 뿐이지 경험을 얻는 것은 아니다. 내 말을 '제대로 이해하려면' 그 사람 자신의 경험을 활용해야만 한다. 만약 그가 내가 알고 해본 일 중 얼마쯤을 아예 알지도 못하고 해보지도 못했다면 내 말 속에서 어떤 의미도 찾지 못할 것이다.

한 번도 바퀴나 고리를 본 적이 없는 사람에게 자전거나 자동차, 기어나 도르래를 설명할 길은 없다. 우리는 그 지점에서 시작해야만 한다. 그에게 바퀴를 보여주고 그가 바퀴를 체험하게 한 뒤에야 바퀴가 사용되는 고안품에 대해 의미 있는 이야기를 해줄 수 있다. 불을 한 번도 본 적이 없는 사람에게 자동차나 제트 엔진 속에서 일어나는 연소에 대해 설명할 길은 없다. 우리는 물질의 연소, 열, 열로 인한 팽창, 열의 힘과 같은 지식을 그의 경험의 일부로 만들어준 다음에야 비로소 엔진에 대해 의미 있는 이야기를 시작할 수 있다.

그러나 상대방이 나의 경험에 대해 이야기하며 그 경험의 어떤 부분에 조명을 던지면서 어느 정도까지 그 경험을 나누느냐에 따라, 그 사람의 경험 속에 존재하지만 전에는 알지 못했던 어떤 것을 내가 드러내 보여줄 수도 있고 새로운 방식으로 그것을 보도록 도울 수도 있다. 데이비드 호킨스는 이를 '이행과 강화transitions and consolidations'라 부른다.

한번은 다섯 살짜리 꼬마가 칼에 베였을 때 피가 나오게 하는 게 뭐냐고 물었다. 나는 심장에 대해 이야기하기 시작했다. 아이의 얼굴에 나타난 표정은 이 이야기가 자신의 경험 속에 없다는 사실을 여실히 보여주었다. 나는 아이에게 심장이 어디 있는지 심장이 무슨 일을 하는지 아느냐고 물었다. 아이는 당연히 몰랐다. 그래서 아이에게 할 수 있는 만큼 높이 공중으로 열 번만 뛰어올라보라고 했다. 아이는 대단히 진지하게 그렇게 했다. 그러자 나는 손을 가슴 왼편에 올려보라고 했다. 아이의 두 눈이 휘둥그레졌다. 뭔가가 자신의 내부에서 쿵쾅거리고 있었던 것이다. 전에는 거기서 그런 느낌을 가져본 적이 없었고 그래서 그것이 거기에 있는 줄 몰랐다. 이제 아이는 그것을 느꼈다. 그래서 나는 심장은 주먹처럼 생겼고 한 번 뛸 때마다 죄어지면서 작은 관들을 통해 피를 돌게 하는데 그 관의 일부를 손목의 피부 밑에서 볼 수 있다는 것 따위를 말해줄 수 있었다. 적어도 그 순간에는 그것만으로도 충분했다.

교사가 해준 답을 학생이 이해하지 못한다는 사실을 어떻게 알 수 있을까? 앞의 경우에는 어린 꼬마의 표정을 보고 내 대답에서 어떤 의미도 읽어내지 못했음을 알 수 있었다. 나는 아이가 의미를 알아차리도록 해주기 위해 심장에 관해 물었지만 내가 늘 이런 방식으로 하는 것은 아니다. 왜냐면 하미의 이해를 확고하게 만드는 것이 교-사의 일은 아니기 때문이다. 그것은 하미의 일이다. 하미가 교사의 답에 만족하는지, 만족스럽지 않다면 어떻게 하고 싶은지를 스스로 결정하게 내버려두어야 한다. 하미들은 재차 다른 질문을 하고 싶어 하거나, 다른 사람들은 어떻게 대답할지 물어보길 원하거나, 잠시 들은 내용에 대해 생각해보고 싶어 한다. 우리는 하미들의 질문 하나하나를 삶을 학-교로 바꾸어 수업을 가-르치고, 그 수업이 제대로 소화되었는지 확인하려고 간단한 테스트를 한다는 핑계로 이용하지 않도록 주의해야만 한다.

오래된 이야기가 있다. 한 아이가 엄마에게 질문을 하자 엄마는 아빠에게 가서 물어보라고 권한다. 그러자 아이는 "그렇게까지는 알고 싶지 않아요."라고 말한다. 그렇다고 해서 질문을 해오는 즉시 받아들이든지 말든지 식으로 대답해야 하고 다시 물어보지 않으면 더 이상 말해서는 안 된다는 뜻은 아니다. 요령이 필요하다. 다른 사람과 이야기할 때는 언제나 상대가 아이든 어른이든 나의 말이 제대로 이해되지 못하고 있다는 표시를 잘 읽어내야 한다. 그래야만 좀 더 분명히 이해시키도록 노력하게 된다. 하지만 질문자가 들은 내용을 충분히 이해했는지 아닌지, 그쯤에서 끝내고 싶은지 어떤지 하는 표시 또한 유심히 관찰해야 한다.

바로 얼마 전에 한 친구와 관심을 가지고 있는 어떤 단체의 재정 상태에 대해 얘기를 나누었다. 그녀는 내가 말하는 내용의 요지를 이해하지 못하는 것처럼 보였다. 나는 계속 설명하고픈 욕구를 느꼈지만 제때에 말을 멈추고 그녀에게 물었다.

"설명을 좀 더 할까요?"

뭔가 안도했다는 듯이 그녀가 말했다.

"음, 사실은 그걸로 그만 됐어요."

이후로 그녀는 그 문제를 다시 거론하지 않았다. 그걸로 됐다.

질문에 답하되, 너무 과하지 않을 정도로 충분히 이야기해주는 교사의 기술은 어려운 기술이다. 기계나 컴퓨터 또는 다른 장치들이 그 일을 더 잘할 수 있다고 생각하고 싶은 사람들도 있다. 그러나 그것들이 더 잘할 수는 없다. 나도 한때 '교사가 필요 없는 교과서'라는 아이디어에 아주 관심이 많았다(특히 수학 과목에서). 수학 교사들이 학생들이 던지는 대부분의 질문에 제대로 답하지 못하는 것처럼 보였기 때문에 그 질문에 해답을 줄 수 있는 교과서를 만드는 게 어떨까 하고 생각했던 것이다.

그즈음 학업 부진 학생들로 편성된 중학교의 수학 교사로 있는 어떤 분을 만났다. 그는 자기 반 학생들과 함께 한 해를 보내면서 모든 학생들이 던진 질문 하나하나에 해답을 줄 수 있는 표준 교과서를 사실상 다시 썼다고 했다. 그 학급의 구성원 하나하나가 이해할 수 있는 교과서를 만드는 이 일은 그들의 중점적 연구 과제였다. 나는 단지 한 학급이 아니라 모든 학급, 모든 학생들을 위한 교과서에 대해 생각하기 시작했다. 하지만 일이 될 것 같지가 않았다. 그런 책을 쓸 수 있다 할지라도 너무 비싸고 두꺼울 것이 틀림없었다. 그런 책은 어디서부터 시작해야 할까? 일단 그 책을 읽는 사람들이 뭔가를 알고 있다는 가정을 해야만 할 것이다. 하지만 사람들이 알고 있는 게 뭔지 어떻게 가정할 수 있을까? 아니면 우리가 설명하는 것이 책을 읽는 모든 이에게 이해되리라고 확신할 수 있을까? 우리가 그 설명을 다시 해야 하고 그다음에 또 그 설명을 설명해야 하고……. 계속 그렇게 해야 할까?

인간 교-사가 책이나 기계장치보다 훨씬 융통성 있고 비교도 안 될 정도로 효율적인 이유는, 학생은 교-사(교-사는 아니다.)와 함께라면 자신이 알고 있는 지점에서부터 알아내고자 하는 것을 시작할 수 있기 때문이다. 학생은 자신이 원하는 걸 질문할 수 있고 대답이 분명치 않으면 그 대답을 분명하게 만드는 데 필요한 일을 할 수 있다. 데이비드 호킨스는 이 점을 잘 묘사하고 있다.

우리는 교과서를 읽을 필요가 거의 없는 시점에서만 교과서를 이해할 수 있다. 그 시점에서 교과서는 우리가 이미 그 교과서와 상관없이 우리 나름대로 해답을 알았거나 알아내고 있는 문제들 사이에 있는 좀 더 높은 질서를 지닌 연관성을 파악하는 데 도움을 준다.

수학

교-사는 '순수한' 지적 분야에서 어떻게 자기 역할을 할 수 있을까? 교-사는 학생을 위해 무얼 할 수 있을까? 학생은 교-사에게서 무얼 얻어낼 수 있을까? 여기 하미로서 내 자신의 경험에서 나온 아주 특수한 예 몇 가지를 들어보겠다.

며칠 전 이 장을 쓰기 시작할 때 나는 엄청난 홍분 상태에 휩싸여 있었다. 거의 하루 동안은 1956년 이후 줄곧 풀어보려고 시도했다가 여러 번 그만둔 어떤 수학 문제의 해법을 알아냈다고 생각했다. 그 문제란 보통 사람을 위한 수학을 다룬 책에서 우연히 읽게 된 소수에 관한 정리였다. 수 이론을 공부하는 사람들은 이 정리와 증명하는 방법을 알고 있지만 학교의 수학 교과서 중에는 이 정리에 관한 언급이 거의 실려 있지 않다.

내가 읽은 책의 저자는 중학교 정도의 기초 실력에 수학적 재능이 조금만 있는 사람이라면 이 문제를 해결할 수 있다고 했다. 한번 도전해보고 싶은 마음에 그 문제를 붙잡았고 그때 이후로 죽 생각해왔다. 자주는 아니고 그저 2, 3년마다 한 번 정도이긴 했지만 그 문제는 내 마음속에 들러붙어 있었다.

나는 책에서 해법을 찾지 않는데 언젠가 혼자 힘으로 그 문제를 풀 수 있는 기회를 잃고 싶지 않기 때문이다. 그 정리가 무엇인지 밝히지 않는 이유도 그 때문이다. 친절한 분이 그 해답을 보내시거나 힌트를 알려주시는 일이 없도록. 힌트조차도 내게는 너무 부담스럽다. 힌트를 받은 후 해답을 알아낸다면 내가 그 힌트 없이도 해답을 찾을 수 있었으리라고 결코 확신할 수 없기 때문이다.

그건 그렇고 나는 어쩌다가 수학에 관심을 갖게 되었을까? 절대로 학교는 아니다. 학교 수학은 나를 질리게 했다. 여러 해가 지나 나의 학생들이 수학을 배울 때(아니면 배워보려고 했다는 표현이 맞을까.) 나도 수학을 배웠다. 우리에게 수학이란 의미 없는 수수께끼들과 그 수수께끼를 풀기 위한 규칙들의 집합이었다. 이 수수께끼와 규칙 뒤에 호기심을 품고 좌절하다가 무아경에 빠진 사람들이 있었다는 힌트는 어디에도 없었고, 또 그런 힌트를 주는 사람도 없었다.

수학을 그래도 조금이나마 재미있는 것으로 만들어준 나의 선생님들 중 한 분도 알고 보면 수학에 있어서 자기 자신이 아주 형편없는 학생이었다. 반면 수학을 잘했던 사람들은 교사로서는 완전히 실패였다. 그 선생님들이 칠판 위에 썼던 정리와 증명은 자신들에게는 ABC만큼이나 뻔한 것이었기 때문에 그 정리와 증명이 그렇게도 뻔한 것임을 알아채지 못하는 사람들을 도울 방도를 몰랐다.

나는 대학에서 물리학을 전공했는데 수학에서 별 어려움 없이 B학점을 받을 수 있었다. 2학년 고급반 미적분학 I에서는 B를 받았다. 하지만 나는 점점 더 수학에 관해서 진정 아는 게 없다는 사실을 깨닫기 시작했다. 그 수많은 법칙과 정의와 문제의 요지가 무언지 아예 몰랐고, 그런 것들이 도대체 어디서 나왔으며, 우리를 어디로 끌고 가며, 이걸 써서 뭘 할 수 있다는 건지 도통 알 수가 없었다. 물리학자들이 이룬 업적에 대해 아는 건 별로 없었지만 물리학자들이 수학을 활용한다는 사실을 알고 있었기에 수학을 이해하지 못하면 물리학에서 성공하기 어렵다는 걸 알고 있었다. 그래서 나는 물리학과 수학을 버렸고 다른 방향으로 나아갔다.

여러 해가 지난 후 수학을 가르치면서(수학을 가르칠 만큼은 알고 있었기 때문에) 또 학생들이 가진 문제를 생각하면서 나는 새삼 수학이란 진정 무엇인가를 생각하기 시작했다. 하루는 한 학부형 집에 갔다가 잡지 더미 속에서 《사이언티픽 아메리칸Scientific American》에 실린 낡은 기사 하나를 찾아냈다. 그 기사 속에는 레온하르트 오일러 Leonhard Euler와 '위상 기하학'으로 불리는 수학의 한 분야가 시작되는 시점에 관한 짧은 기사가 실려 있었다.

나는 어디에선가(학교는 아니다.) 위상 기하학에 관해 들은 기억이

났다. (위상 기하학은 매듭이라든가 입체도형 뒤집기 등과 관계된 문제, 또 어떤 도형은 속을 뒤집을 수 있는데 어떤 것은 왜 그럴 수 없나 같은 문제를 다룬다.) 오일러라는 이름도 들은 기억이 있었다. 그래서 나는 자리를 잡고 앉아 그 기사를 읽기 시작했는데 이윽고 오일러의 동아리에 들어가 있는 나 자신을 발견하게 되었다. 오일러가 쾨니히스베르크의 다리에 얽힌 문제를 푸는 장면에 이르렀을 때 그것은 내가 그때까지 경험했던 두뇌 여행 중 최고로 멋진 여행이 되었다.

이 이야기는 이렇다. 이 문제를 풀기 시작할 즈음 상트페테르부르크에서 차르의 궁중 수학자로 있던 오일러는 쾨니히스베르크의 다리를 둘러싼 새로운 수수께끼를 두고 전 시내가 야단법석이라는 이야기를 듣게 된다. 쾨니히스베르크의 다리는 강을 끼고 양편 둑과 그 사이에 있는 큰 섬과 작은 섬 위에 놓여 있었다. 작은 섬은 각각의 둑에 두 개씩의 다리를, 큰 섬은 각각 하나씩의 다리를 갖고 있었고 두 섬 사이에는 하나의 다리가 있었다.

그런데 하루는 어떤 사람이 문제를 냈다. 각각의 다리를 모두 한 번씩 통과해서 시내를 산책할 수 있는 길이 있을까? 다리를 두 번 통과해선 안 된다. 오래지 않아 수많은 사람들이 이 마법의 길을 찾아보려고 실패를 거듭하며 이리저리 걸어보기 시작했다. 하지만 수학의 하미였던 오일러는 이 문제를 풀려고 굳이 쾨니히스베르크까지 갈 필요가 없었다. 그는 이 문제에 대해 생각하기 시작했고 오래지 않아 쾨니히스베르크 다리의 문제는 풀 수 없다는 사실을 알아냈다. 뿐만 아니라 그런 종류의 문제라면 풀릴는지 안 풀릴는지 아주 빨리 알아맞힐 수 있는 방법, 그리고 풀릴 경우 가능한 해법이 무엇인지 등을 보여줄 수 있는 방법을 알아냈다.

예를 들자면 이런 도형을 펜을 떼지 않고 한 선을 두 번 지나지 않고 그릴 수 있는 방법은 무엇인가? 같은 것들이다.

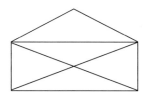

내가 그 기사를 다 읽고 난 후에 느꼈던 흥분과 즐거움, 상쾌함과 기쁨을 어떤 말로 표현할 수 있을까? 더할 나위 없이 훌륭한 콘서트를 보고 난 뒤, 아니면 내 경험의 많은 부분들을 비춰주면서 그 모두를 하나로 만들어주는 특별한 책을 읽고 난 뒤에 느끼는 그런 느낌이라고나 할까? 그런 경험들은 황홀하다 못해 거의 에로틱하기조차 하다. 오일러와 함께한 발견 여행의 끝에 이르자 마치 내부에서 수많은 목소리가 온 전신을 울리며 외쳐대는 것 같았다.

"그래, 이게 수학자들이 하는 일이야. 왜 아무도 이 얘기를 해주지 않았지? 수학자가 수학을 하는 게 놀랄 일도 아니지. 수학은 아름다워. 나는 하고 싶어. 나는 할 거야."

바로 그 순간 수학은 내가 하고 싶고, 또 하게 될 일 중의 하나가 되었다. 아마도 그다지 잘하지는 못하겠지만, 확실히 오일러보다는 못하겠지만, 내가 생각했던 나의 가능성보다는 더 나을 것이라는 확신이 들었다. 얼마 후 이런 기세를 몰아 그 소수 문제에 뛰어들었고 그 문제로 이날 이때까지 씨름 중이다. 오일러는 쾨니히스베르크의 다리 문제는 풀 수 없다는 사실을 어떻게 증명했을까? 원하는 사람은 스스로 발견하는 기쁨을 누려보면 좋겠다. 가장 단순한 대수학만 알면 증명할 수 있다. 사실 대수학 없이도 증명할 수 있다.

그 기사를 읽은 후 몇 년이 지나 그 상세한 내용을 다 잊어버렸을 때 나는 혼자서 오일러의 정리와 증명을 재구성할 수 있었다. 여러 해가 지난 후 다시 이 문제를 풀려고 하면서 나는 그것을 증명할 수 있는 다른 방법을 발견했다. 아마 여러분도 아직 남은 다른 방법들을 찾아낼 수 있을 것이다.

오일러가 수학자의 작업에 관해 보여주었던 가장 소중한 사실은, 그 무엇보다도 그가 실제로 아무 상관이 없는 온갖 양상들을 해체하고 단순화시켜 하나의 문제로 만들고자 했다는 점이다. 다시 말해서 별달리 중요하지도 않은 온갖 차이점을 다 걷어냈다. 오일러는 그 다리들을 다 통과할 수 있을지 어떨지를 알아내기 위해 그 모든 다리들을 걸을 필요는 없었다. 적어도 이 문제를 푸는 데는 다리의 건축 양식이나 섬의 형태와 크기는 중요하지 않았다. 이 복잡한 삶의 조건을 아주 단순하고 군더더기 없는 추상적 모델로 전환시키는 능력이 수학자가 어떤 특정한 종류의 문제를 아주 뛰어나게 해결하게 되는 관건이 된다. 물론 다른 문제를 푸는 데는 아주 나쁜 조건이 되기도 하지만 말이다.

내가(그리고 많은 독자들이) 책을 통해 오일러의 경험을 나누었을 때 오일러는 내게 가르치고 있었던 셈이다. 그 기사를 쓴 사람, 그 기사를 《사이언티픽 아메리칸》에 게재하기로 결정했던 사람들 역시 교사의 역할을 해주었고 모델로서가 아닌 안내자로서 나를 오일러에게로 이끌어주었던 셈이다.

몇 년 후 동료인 빌 헐의 권유로 나는 베르트하이머Wertheimer가 지은 『생산적 사고Productive Thinking』라는 수학에 관한 책을 읽었다. 베르트하이머는 책 속에서 내게 새롭게 와 닿는 한 개념을 얘기했다. 문제의 해법이나 정리의 증명이 비록 올바르다 해도 아름다운지 추한지 하는 미학이 남는다는 것이다. 아름다운 해법이나 증명은 단순하고 직접적이기에 그 문제의 참된 본질과 부합한다. 추한 해결책이란 완전히 맞고 쓸모 있다 할지라도 뭔가 이 본질을 놓치고 있다. 베르트하이머는 추한 해법과 아름다운 해법의 좋은 예 몇 가지를 들어 보인다. 지금 그 예들의 내용은 잊어버렸다. 단지 기억나는 것은 구별 그 자체, 다시 말해 문제에 대한 자신의 해법이 어떤 모습인지를 판단하는 기준 정도다.

그때는, 그러니까 내가 소수에 관한 정리의 증명을 발견했다고 생각했을 때까지는 이 기준을 적용하지 않았다. 하지만 내 나름의 '해법'을 발견했다는 기쁨에도 불구하고 베르트하이머의 기준으로 볼 때 내 해법이 아주 꼴사나운 것이라는 부정적인 생각을 떨쳐버릴 수가 없었다. 그것은 단지 대수를 이용한 잔재주에 불과했다. 한때 학교에서 써먹었던 잔재주 같은 것이었다. 내가 마침내 이 정리가 참이라는 사실을 증명해낸 것처럼 보이긴 했다. 하지만 그것이 참인 이유를 이해하는 데는 아직 한 발자국도 더 다가서지 못했다.

그래서 나는 그 문제와 나의 증명에 관해 계속 생각했다. 나의 증명 방식이 좀 더 아름답고 본질적인 증명을 숨기고 있지 않나 알아보려 하면서 자문하기 시작했다. 내 증명이 틀릴 수도 있지 않을까? 만약

이 정리가 참이라고 가정한다면 내가 증명할 수 있는 그 정리에 따라오는 어떤 명제들이 참임을 보여줄 수 있지 않겠는가? 나는 할 수 있었고, 그렇게 했다. 그러나 차츰차츰 다시 의심이 일어났고 결국, 슬프게도 내가 쓴 방법은 사실상은 거짓인 정리를 참이라고 증명해낼 수 있는 방법이기도 하다는 사실을 알게 되었다. 증명은 신통하지 않았고 문제는 여전히 풀리지 않았다. 내가 잘못 나아가게 된 지점을 발견하는 데도 많은 시간이 걸렸다. 이틀 동안이나 참신하고 올바른 해법을 찾느라고 여가 중 많은 시간을 보냈지만 운이 없었다. 언젠가 다시 해볼 참이다.

어쨌든 그러는 동안 나는 오일러에게서 수학하기의 모델을 얻었고 또 그 덕에 수학이 할 만한 가치가 있는 일이라는 믿음을 갖게 되었다. 또 베르트하이머 덕에 단 한 가지 예를 통해 수학적으로 내가 틀렸다는 사실을 아는 데 도움을 준 판단 기준을 얻을 수 있었다. 그들의 작업과 저술을 통해 내가 얻은 것은 진정한 교사라면 누구나 자신의 학생을 위해 했을 법한 그런 가르침이었다.

글쓰기

빌 베른하르트Bill Bernhardt는 1975년 《글쓰기회 소식지Teachers and Writers Newsletter》 겨울호에 '제대로 된 글쓰기 단기 과정'이라는 기사를 썼는데 이 글에는 자기 생각을 종이 위에 옮기는 데 고통을 느끼는 많은 사람들에게 진짜 도움이 되는 획기적인 충고와 권고가

담겨 있다. 사람들은 오랫동안 빌 베른하르트에게 어디에 가야 제대로 된 글을 쓸 수 있는 과정을 밟을 수 있는지 묻곤 했다. 여러 해가 지나서야 비로소 그는 사람들이 진짜로 필요로 하고 원하는 게 무엇인지 알게 되었고, 어떤 평범한 글쓰기 강좌나 교과서도 이 요구를 들어주지 못하리라는 사실을 알게 되었다.

베른하르트는 글쓰기에 대한 자신의 생각이나 칼렙 가테그노Caleb Gattegno 박사와 함께 한 세미나의 결과로부터 세련되지는 않더라도 좀 더 쉽고 효과적으로 글을 쓸 수 있도록 해주는 단기 훈련 과정을 개설했다. 그리고 그 강의를 다섯 장짜리 지침서로 정리했다. 그는 학생들에게 먼저 1쪽을 읽고 지시하는 대로 해보도록 했다. 그런 다음부터는 학생들이 자기가 하고 싶은 대로 순서를 정해 어느 장이든 해나가도 되도록 했다.

● 1쪽

—말을 할 때 먼저 나타나는 현상은 무엇인가? 내가 이야기하고 싶은 게 있다는 걸 알아차리는 게 먼저인가, 아니면 단어들이 떠오르는가? 어느 편인지 시험해본다.

—큰 소리로 짧은 말을 한다.

—말로 한 그 단어들을 써본다. 말할 때와 글을 쓸 때 동일한 단어를 썼다고 확신하는가? 어떻게 구별이 되는가? 더 긴 문장을 말하면 그 단어들을 정확하게 쓸 수 있는가? 맞춤법은 틀려도 좋다.

—할 수 있는 다른 말을 생각해낸 다음 이번에는 소리 내어 말하는 대신 종이에 쓴다.

—이야기할 만한 내용을 생각한 다음 그것을 혼자 속으로 이야기하는 과정을 밟지 않고, 단어들이 마음속에서 떠오르는 즉시 글을 쓸 수 있는가?

나의 경우 마지막 질문은 될 때도 있고 안 될 때도 있다. 나는 써도 좋을 만한 표현을 찾아낼 때까지 여러 차례에 걸쳐 여러 번 그 내용을 마음속으로 굴려봐야 할 경우가 많다. 하지만 어떤 때는 생각과 그것을 표현하는 문장이 동시에 떠오르기도 한다. 가끔은 그 문장이 너무나 만족스러워서 즉시 써내려가지 않으면 안 될 정도다. 베른하르트의 말을 계속 들어보자.

● 2쪽
—연필 한 자루와 빈 종이를 준비해서 연필을 종이에서 떼지 않고 3분간 계속 써내려간다. …… 쓰고 있는 내용이 말이 되는지, 맞춤법이 맞는지 등에 신경 쓰지 않는다. 쓸 만한 내용을 생각할 수 없으면 생각해낼 수 있는 단어를 그냥 나열하라. 끝나면 쓴 내용을 읽어보지 말고 종이를 덮어라.
—종이 뒷장에 3분간 쓴다. 앞에서 한 지시를 따른다.
—두 번째 종이에 3분 동안 쓴다. 각각의 경우 몇 단어를 썼는지 센다. 두 번째나 세 번째에 앞의 경우보다 단어 수가 늘어났는가? 같은 시간에 보통 썼던 것보다 많은 단어를 썼는가? 쓴 내용을 큰 소리로 읽고 스스로 들어본다. 말이 되는가? 여러분이 말하는 것과 같게 들리는가?

마지막 문장은 이 전 과정의 열쇠다. 논스톱 글쓰기라는 개념은 새로운 게 아니다. 하야카와I. S. Hayakawa는 시카고에 있는 루스벨트 대학에서 자기 학생들에게 이 방법을 썼다. 특히 학생에게 자기가 쓴 것이 말하는 것과 같게 들리는가 알아보라고 한 것은 진짜 천재적인 솜씨다. '훌륭한 말'이나 '정확한 말'이 아니다. 교사의 입에서 나오는 말도 아니고 학생 스스로 그렇게 말해야 한다고 생각하는 말도 아니다. 그저 실제로 학생 자신이 하는 말이다. 베른하르트는 이 점에서 가장 강력하고 본질적인 진리를 붙잡고 있다. 아주 형편없는 글을 쓰는 사람조차 보통 때 말하는 것보다 정확할 뿐만 아니라 훨씬 분명하고 솔직하게 말하는 '법을 안다.' 그리고 베른하르트가 몇 개의 예를 들어 보여주듯이 실로 기가 막힌 무식자조차 글로 쓰는 것보다는 말을 훨씬 잘할 수 있다. 따라서 글을 쓰는 사람에게 그 쓴 내용이 무엇이든 간에 스스로 묻게 할 수만 있다면 가장 영망인 글쓰기조차 엄청나게 개선될 수 있다. '이게 내가 실제로 말하는 식으로 쓴 걸까? 내가 이걸 곰곰 생각할 시간이 있었다면 이걸 이런 식으로 말하고 싶었을까?'라고. 베른하르트는 또 이렇게 말한다.

● 3쪽
─밑줄 친 곳에 한 단어를 덧붙여 다음 문장을 완성하시오.
그들은 모퉁이를 돌아서 _____을 보았다.
완성된 문장을 빈 종이의 윗부분에 옮겨 쓰고 다음 단어로 시작되는 두 번째 문장을 써 내려가시오.
아마 _____

이 이야기에 세 번째 문장을 덧붙이시오.

이 이야기에 다섯 개의 문장을 더 붙이시오.

이야기를 끝내시오.

이야기가 이루어지기까지 미리 전제된 부분은 얼마만큼이며 채워 넣어야 했던 부분은 얼마쯤인가? …… 이야기 속에서 일어난 일을 마음속에 그릴 수 있었는가. 만약 그렇다면 그것은 그림 같았는가 아니면 영화 같았는가? 처음부터 그 이야기의 전모가 마음속에 있었는가, 계속 쓰면서 점점 마음속에 일어났는가? 독자로서 그 이야기를 곰곰이 읽어보면 모든 것을 다시 그릴 수 있나?

—눈을 감고 빠지고 싶지 않은 어려운 상황이나 난처한 상황을 마음속으로 그려보시오.

그 상황이 어떤 것인지 글로 묘사해보시오.

그 상황을 벗어나려면 어떻게 해야 할지 쓰시오.

앞의 지시 사항은 겁을 잔뜩 집어먹은 이가 자기 고유의 생생한 상상력과 표현력을 알아내어 글을 쓸 수 있게 해주는 길잡이로서 가히 천재적이다. 오직 존경스러울 따름이다. 모든 미래의 작가 지망생이 맨 처음 해야 할 일은 문장에 한 단어를 덧붙이는 것뿐이다. 누구라도 그 정도는 할 수 있다.

그러나 그 단어 하나를 써넣는 순간 그는 좋은 의미에서, 걸려들었다. 그의 창조력은 이미 작동하기 시작한 셈이다. 그는 마음의 눈으로 그 모퉁이를 보게 된다. 그가 창조한 인물들이 막 그곳을 돌아서는 참이다. 이 시작과 함께 그는 쉽사리 '아마' 이후의 문장을 채워 넣을 수 있다. 여기에 이르면 이야기는 흐름을 타게 된다. 이야기는 그 자체의 생명을 가지며 글 쓰는 이를 사로잡아버린다. 이야기란 그런 것이며 작가가 된 느낌 또한 그런 것이다. 그다음의 지시 사항 역시 재치가 넘친다. 대다수의 사람들은 깨어서도 악몽을 꾸며 마음속으로 거듭 거듭 무서운 장면들을 재상연하고 있기 때문에 그런 상황을 쉽게 묘사할 수 있다. 본인이 참여하고 싶은 아주 즐거운 상황을 상상해보라고 제안할 수도 있다.

4쪽에서는 글 쓰는 이의 상상력과 묘사력을 계속해서 탐사하고 개발한다. 베른하르트는 5쪽에서 글 쓰는 이에게 글쓰기를 평가하고 개선하는 데 좀 더 감각적이고 쓸모 있고 효과적인 방법을 제시한다.

● 5쪽

—고쳐 쓰기 위해서 중단하거나 멈추지 않고 10분 동안 빠른 속도로 쓴다. 쓰기를 끝마치면 쓴 내용을 읽지 말고 종이를 옆으로 밀어놓는다. 적어도 2분 동안.

—쓴 내용을 큰 소리로 읽는다. 다음 두 가지 사항을 확실히 한다.

(1) 종이 위에 쓰인 것을 '정확하게' 읽는다.

(2) 자신의 낭독에 귀를 기울이고 자신의 귀에 들리는 내용이 말이 안 되거나 우스꽝스럽게 들릴 때 문제점을 잡아낸다. 조리에 맞지 않는 부분을 발견하면 조리에 맞게 고친다. 우습게 들리는 부분이 있으면 바르게 고친다. 끝나면 수정본을 다시 읽고 더 바꿀 필요가 있는지 본다.

—말하고 싶은 것을 쓰고 있는 바로 그 순간에 틀린 부분을 고치고 나은

표현으로 바꾸는 것이 쉬운가, 아니면 나중에 하는 것이 쉬운가?

—쓸 때와 고칠 때 마음 상태는 동일한가?

이 몇 장 안 되는 짧은 글 속에 들어 있는 간단한 개념 몇 개와 연습문제는 사람들이 좀 더 나은 글쓰기를 하고 글 쓰는 일을 훨씬 더 즐길 수 있게 도움을 준다. 내가 영어를 가르칠 때 했던 그 어떤 일들보다, 아마도 모든 영어교사들이 힘을 합쳐 편집해낸 그 어떤 연구 성과보다도, 학생에게 자신만의 독특한 능력을 발휘할 수 있게 하는 방법이라고 생각한다. 또 그 능력을 활용하고 개발할 수 있게 하는 방법이기도 하다. 그리고 무엇보다도 이 글쓰기 코스는 외부의 수정과 판단의 필요성에서 점차 자유롭게 되는 길로써, 가르치는 기술의 비견할 데 없는 예다.

화이트헤드는 언젠가 이렇게 말했다. 질문에 올바른 답을 하도록 사람들을 가르치는 것은 쉽다. 가르치기 어려운 것은 올바른 질문을 하는 법이다. 흥미롭고 중요하고 멀리까지 영향력을 미치는 그런 질문을. 다행히도 우리가 좋은 질문을 던지는 법을 가르칠 필요는 없다. 인간은 본래 날 때부터 그렇게 한다. 교사가 해야 할 일은 그 질문에 답하는 것뿐이며 그들이 자신의 해답을 발견하고 더 많이 물을 수 있도록 허용하고 돕는 일뿐이다. 질문은 점점 좋아질 것이고 그들이 발견하는 해답도 훨씬 광범위해질 것이다.

화이트헤드의 말에는 중요한 핵심이 드러나 있다. 즉 수학이나 물리학, 또는 다른 지적 활동의 '하기'는 누군가가 (의구심을 갖고 머리를 짜내는 가운데 생각이 정리되지 않은) 질문을 던짐으로써 시작된다는 점이다. 학-교 교과서나 학-교에서 보는 책들은 우리가 이 점을 아는 데 별 도움이 되지 않는다. 그 책들은 올바른 답을 전해주지만 맨 처음 그러한 해답을 찾도록 이끌었던 바로 그 질문들에 대해선 별 언급이 없다. 그래서 우리는 중요한 사상가들이 던졌던 훌륭한 질문들에 관해선 배우지 못한다.

어디에선가 읽은 적이 있는데 상대성 이론에 관한 아인슈타인의 연구는 아주 어릴 적에 그가 의문을 품었던 두 개의 질문에서 시작되었다고 한다. 그 질문 중 하나는 두 개의 사건이 동시에 일어난다고 한다면 그건 무슨 뜻일까 하는 것이었고, 다른 하나는 광선의 맨 앞에 타고 앉아 우주 공간을 가로지르면 우리는 무엇을 보게 될 것이며 그 기분은 어떨까 하는 것이었다. 이 두 개의 질문에 대해 들어본 과학 교-사가 그렇게 많으리라고는 생각하지 않는다. 들어보았다고 해도 그들은 이 질문들이 그다지 진지하지도, '과학적'이지도 않다고 말할 것이다. 첫 번째 질문은 너무 뻔하고 두 번째 질문은 너무 환상적이라 생각해볼 가치가 없다고. 학교에서 이 비슷한 질문을 하는 대다수의 어린이들은 격려를 받기보다는 비난을 받는 경우가 더 많다. 아인슈타인 역시 그런 아이였음이 분명하다. 그를 가르친 교-사들이 그를 덜 떨어진 아이라고 생각했다니 말이다.

학-교 교과서는 지나간 시대의 탐구자들이 자신의 의문에 답을 구하려고 어떻게 나아갔나에 대해서는 다루는 바가 적으며, 그 길을 따라가며 저지른 실수와 잘못에 대해선 더더욱 언급하지 않는다. 심리학을 전공하는 한 대학원 학생이 어느 날 그 분야의 저명한 교수에게 이런 제의를 했다. 심리학자들이 자신들이 저지른 실수나 들어맞지 않았던 직감, 또는 증명하려 했던 것뿐만 아니라 증명해내지 못한 실험 등도 게재하는 간행물이 있어야 한다는 내용이었다. 교수는 학생들이 그런 간행물을 통해 많은 것을 배우리라는 데 동의했다. 그러나 교수는 그런 간행물에 대해 생각해봐야 아무 소용이 없다고 말했다. 왜냐면 자기 명성을 지켜야 한다고 생각하는 사람이라면 아무도 그 간행물에 기고하지 않을 테니까. 마찬가지로 우리는 우리가 저지른 대부분의 잘못을 알아차리기 어렵다는 사실을 안다. 지난날의 하미가 어떻게 잘못을 저질렀고 나중에 그 사실을 어떻게 알게 되었는지 듣게 되는 경우가 너무나 드물기 때문이다.

역사

지적인 작업을 하는 수많은 하미들이 서로 논쟁을 벌일 때 우리는 그것을 통해 많은 것을 배울 수 있다. 역사가들이 그 좋은 예다. 1974년은 신문과 잡지를 통해 많은 역사가들이 열띤 논쟁을 벌인 해였다. 논쟁의 초점은 그 당시에 출판된 노예제도에 관한 책인 『십자가의 시대 Time on the Cross』였다. 책의 저자인 포겔Forgel과 앵거만Engerman은 저자 자신들이 노예제를 지지하는 건 아니지만 미국의 노예제도가 대체로 물리적으로 잔혹하고 비효율적인 제도였다는 대다수 미국 역사가들의 믿음은 잘못된 것이라고 공격한다. 역사가들은 이 쟁점이 여러 가지 점에서 중요하다고 생각한다. 그 이유 중 몇 가지는 오늘날의 정치적 갈등이나 사회적 갈등과 관련이 있다. 또 어떤 이유는 남북전쟁은 노예제를 끝내기 위해 꼭 필요했나? 그 전쟁이 없었다 해도 노예제는 그 비효율성으로 인해 때가 되면 스스로 사라지지 않았을까? 등 역사가들이 요 근래 논쟁 중인 문제와 관련되어 있다. 어쨌든 간에 『십자가의 시대』의 저자들은 대다수의 미국 역사가들이 잘못된 정보로부터, 즉 노예들이나 노예주들, 또는 일부 증인들에게서 들은 사적인 이야기들로부터 노예제도에 관한 일반적인 생각을 형성해온 경향이 있다고 말한다. 저자들은 이런 사적인 이야기들은 진상을 제대로 전해주지 않으며, 정보량도 턱없이 적고 노예제도에 대한 엄청난 편견이 포함되어 있다고 비판한다.

그 대신 저자들은 다른 종류의 증거를 활용하는데 그들의 주장에 의하면 이 증거는 훨씬 완벽하고 공평하며 믿을 만하다. 상거래 기록, 농장의 생산 품목 기록, 노예시장에서의 노예 매매 기록 등등. 이 증거로부터 그들은 노예제도는 대체로 아주 효율적이었고, 잔혹하지도 않았으며, 노예가 일하는 농장은 북부의 노예 없는 공장보다 훨씬 생산성이 뛰어났다고 결론짓는다.

그러자 이번에는 많은 역사가들이 그들의 결론뿐만 아니라 방법론, 증거, 또 그 증거를 활용하는 방식 등에 이의를 제기한다. 그런 연유로 동시에 두 개의 논쟁이 진행되고 있다. 하나는 과거에 일어난 사건의 진상에 관한 논쟁이고, 또 하나는 가장 정확하게 사건의 진상을 밝히는 방법론에 관한 논쟁이다. 이와 더불어 제3의 논쟁이 있는데 이런 논쟁이 무슨 문제가 되는가 하는 것에 관한 논쟁이다. 대단한 문제가 된다고 생각하는 사람들이 많다. 인종차별주의에 대한 비난의 분위기가 팽배해 있다.

포겔과 앵거만은 말한다. 노예제 아래에 있었던 흑인들은 안정된 가족과 지역공동체를 만들 수 없었다는 역사 연구로부터 형성된 기존의 지식은 인종차별적인 것이라고. 그들의 입장을 반대하는 역사가들은 다른 식으로 논지를 펴는데, 그중 상당수가 흑인들이 지닌 현재의 문제점이나 약점, 비능률성 등은 해악에 찬 노예제도가 흑인들에게 행한 행위의 결과라고 주장하고 싶어 한다. 어린이든 어른이든 좀 더 많은 사람들이 논쟁 중인 이 역사가들의 의견을 얼핏 듣기만 해도 좋은 일이다. 이런 논쟁이 얼마나 역사학을 흥미롭고 생기 있고 소중한 일로 만드는지 모른다.

내가 학생이었을 때 전문가들이 어떤 문제를 두고 의견이 달라 싸운다는 사실을 말해준 사람은 아무도 없었다. 그중에서도 특히 역사가들끼리의 논쟁은 상상 밖의 일이었다. 역사란 사실로 이루어져 있는데 그 사람들이 논쟁할 일이 뭐 있나? 수많은 이름, 장소, 날짜, 전쟁, 왕들. 이 사실들을 모아서 학생들이 기억할 수 있게 역사책에 써넣는 일이야말로 역사가들이 할 일이 아니던가? 나중에 역사가가 그 사실들이 의미하는 바에 관해 의문을 품고 약간의 반론을 펴면서 즐기고 싶으면 그렇게 할 수는 있다. 하지만 언제나 사실들이 우선하는데 그 사실들에 대해서는 어떤 논의도 있을 수 없지 않겠는가? 어른이 되고 난 후에도 한참 그랬지만 적어도 학생이었을 때는 그렇게 생각했다. 그래서 역사학의 중요성에 대한 온갖 말에도 불구하고 역사란 대체로 따분하고 무의미한 학문이라 생각했다.

일정한 나이에 이르면 어떤 아이들은 스스로를 그리스인이나 로마인, 또는 중세의 기사로 상상해보며 재미를 느낀다. (역사는 거의 전부가 남자들이 한 일에 대한 것이고 그중 많은 부분이 전투에 관한 것이다.) 소수의 아이들은 더 커서도 다른 장소나 시간대에 사는 상상을 좋아하고 왜 사건이 그런 식으로 일어날 수밖에 없었나 하는 문제를 두고 의문을 품기도 한다. 그러나 대부분의 어른들과 마찬가지로 대부분의 아이들에게 역사학은 얼마 안 가 지루해지고 또 지루한 학문으로 남게 된다.

하지만 역사학이 꼭 지루할 필요는 없다. 좀 더 많은 사람들이 『십자가의 시대』를 두고 벌어진 것과 같은 논쟁에 관해 알게 되면 생각을 달리하는 사람들이 많아질지도 모른다. 이런 논쟁은 역사학에 대한 관심을 새롭게 만든다. 그 이유는 이런 논쟁이 역사학이란 죽은 사람들에 관한 책이나 사실들의 모음집에 그치는 게 아니라, 바로 지금 살아 있는 사람들이 행하는 가치 있는 일이라는 사실을 보여주기 때문이다. 우리가 싸움을 좋아해서가 아니라, 어떤 사람들은 이런 일을 두고 싸울 가치가 있다고 생각하는구나 하는 발견과 함께 관심을 갖게 되는 것이다.

내가 역사학을 두고 할 만한 가치가 있는 일이라고 생각하고 또 역사학을 하는 방법론에 대해 이런저런 개념을 갖게 된 것은 학교 수업이나 학교에서 읽은 역사책과는 아무런 상관이 없다. 그 관심은 《뉴욕 리뷰 오브 북스New York Review of Books》에서 역사학 서적에 관한 비평(대체로 시비조의)을 읽으면서 시작되었다. 물론 《뉴욕 리뷰》는 다른 이유가 있어 구입했었지만 여러 해가 지나가면서 나는 역사를 두고 늘 논쟁을 일삼는 사람들도 있다는 사실을 알게 되었다. 그 사람들은 도대체 뭘 두고 그렇게 논쟁을 벌이고 있었던 것일까? 어느 정도까지는 과거에 일어난 사건에 관해서였지만 많은 부분이 그 사건의 진상을 밝혀내는 방법에 관해서였다. 다시 말해 그들은 그들이 하고 있는 나날의 작업에 관해 논쟁을 벌이고 있는 중이었던 것이다.

요컨대 『십자가의 시대』의 저자들은 사람들이 쓴 기사나 책, 편지, 일기 같은 것들은 신뢰할 수 없다고 말한다. 그런 기록들은 편향되고 착각을 일으키고 감정적이며 분노에 차 있다. 사람들이 감정에 휘둘리지 않고 사실에 충실할 때는 재정상의 기록을 할 때, 즉 돈에 대해 생각할 때밖에 없다(고 그들은 주장한다.). 그러니 우리가 과거에 일어난 일의 진상을 알아보려면 그런 기록을 살펴봐야만 한다는 것이다.

이런 관점에 반대하는 사람들(나도 그러고 싶은데)은 말도 안 되는 소리는 그만두라고 한다. 회계장부를 들여다보고 사람들에 대해 뭘 알아낼 수 있단 말인가? 그곳에 적힌 내용이 항상 진실이라고 치자. (꼭 그렇지도 않다.) 그 사람들은 그 속에 거짓말을 써넣지도 않겠지만 자기에게 일어난 사건이나 그 사건에 대한 자신의 느낌 같은 중요한 사실 또한 써넣지 않는다. 만약 그 속에서 사람들에 대해 알 만한 것을 모두 찾아내야만 한다면 아무것도 알아내지 못할 것이 뻔하다.

이렇게 논쟁은 계속된다. 믿을 수 있긴 하지만 하잘것없는 증거에 기대를 걸 것인가? 절대로 하찮은 것일 수는 없지만 믿어버리기에는 문제가 있는 증거를 채택할 것인가? 누구에게 물어볼 것인가? 누구를 신뢰할 것인가?

이런 의문을 떠나서도 다른 의문이 남는다. 자신의 삶이나 일에서 행복을 느끼는 사람들은 보통 거기에 대해 이런저런 기록을 하지 않는다. 글을 쓰는 사람들은 불행한 사람들이다. 자신이 속한 사회나 시대를 비판하는 사람들이 대다수 말 없는 다른 사람들을 대변하는 것일까? 그 말 없는 사람들이 비판하고 싶지만 방법을 모르거나 감히 비판하려고 하지 않아서 그냥 있는 것일까? 혹시 그들은 자신들 같은 소수의 불평분자들만을 대변하는 것이 아닐까? 수많은 사람들이 생각하는 바를 어떻게 알아낼 수 있단 말인가?

사람들에게 여론조사원을 보내서 몇 가지 질문을 던지거나 설문지를 보내 채워 넣게 하는 것이 최근의 여론조사 방식이다. 하지만 전혀 알지 못하는 이에게 생각하는 바를 진심으로 말하는 사람들이 과연 얼마나 될까? 그것도 대화를 시작한 지 5분 만에 속마음을 털어놓는 사람이? 친구 사이라도 진짜 자신의 속내를 끄집어내기까지는 그보다 더 긴 시간이 필요하다. 사람들이 여론조사에서 말하는 내용과 오랫동안 알고 지내는 사람들에게 하는 말이 다를 때나, 그 말이 그들의 실제 행동과 일치하지 않을 때 우리는 무엇을 믿어야 하는가? 사람들은 어느 정도까지 행동과 말을 따로 하는 걸까?

역사학은 이런 의문들을 사람의 일상생활 한가운데로 가져온다. 무슨 일을 하건 우리 모두는 그때 일어난 일의 진상을 알 필요가 있다. 단지 어제나 지난주에 일어난 일이라 할지라도. 그 문제는 우리 모두의 문제이다. 어떻게 그 진상을 밝히고, 누구에게 묻고, 누구를 믿을 것인가? 바로 그런 의미에서 우리 모두는 역사가들이다.

우리 주위의 모든 것, 우리가 보고 행하는 모든 것은 역사를 가지고 있다. 문자로 된 내용물의 많은 부분이 역사학이다. 즉 과거에 일어난 사건에 대한 보고서(사실이 아닌 보고서)이다. 이것이 바로 쓰인 역사의 정체이다. 따라서 일간신문은 하나의 역사학 서적이다. 우리는 그 신문에서 읽는 내용을 항상 믿지는 않는다. 그런 점에서 우리는 훌륭한 역사가들인 셈이다.

우리가 사는 현실은 과거와 미래로 확장된다. 그 과거에 관해 생각하고 그 과거가 현재나 미래와 어떤 연관성을 가졌는가 생각하는 일이 몇몇 전문가들만이 전유하는 '교과'나 '과목'일 수만은 없다. 그것은 우리 모두의 적극적인 삶, 즉 '하기'의 중심이 되는 부분이다. 다른 사람들보다 그 일을 더 열심히 하고 더 잘하는 사람들이 있다. 그러나 우리 모두가 그 일을 더 잘할 필요가 있고 또 그 일을 더 잘하도록 도와줄 좋은 교사, 좋은 모범, 그리고 좋은 안내자가 필요하다. 가치 있는 질문이란 무엇인가? 어떻게 해답을 찾아낼 것인가? 우리가 찾아낸 대답이 쓸 만한지 어떻게 알 수 있나? 이런 의문들은 지적 활동의 핵심에 속하고 따라서 가르침의 핵심이기도 하다.

'스스로 하기'의 묘미

『아이들은 어떻게 배우는가』에서 1학년짜리 아이들에 관해 이야기한 적이 있다. 그 학급에서는 일찍 오는 아이들은 칠판에 쓰고 싶은 것이 있으면 무엇이든 써도 좋다고 되어 있었다. 아이들은 온전히 자기들 힘으로 덧셈 문제를 고안해서 쓰기 시작했다. 처음에는 70 + 20 = ?처럼 시작했지만 발전해서 200 + 400, 심지어는 240 + 520과 같은 문제도 생겨났다. 일주일이 지나자 아이들은 2학년 2학기 과정에서 배우는 문제보다 훨씬 큰 수들을 이용해서 훨씬 복잡한 문제를 만들어냈다. 그러나 아이들이 그 일에 착수하기 시작할 무렵에 나는 떠나야만 했다. 그래서 아이들에게 수 올리기 문제나 빼기 문제를 고려해보도록 슬쩍 찔러줄 기회가 없었다.

그 아이들에게 슬쩍 찔러주기 이상은 필요가 없었다는 건 분명하다. 그 이상을 할 기회도 없긴 했지만. 그 아이들은 숫자에 대해 질문하는 법이나 나아가 해답을 구하는 법, 또는 해답이 근사한지 어떤지 알아내는 법에 대해 가르침을 받을 필요가 없었다. 아이들은 그런 일을 스스로의 힘으로 해나갔다.

처음 아이들에게 칠판에 뭔가를 쓰라고 했을 때는 아이들이 글자를 쓰거나 그림을 그릴 거라고 생각했다. 아이들이 숫자를 쓰고 계산을 하리라는 생각은 결코 못 했다. 그런데 그 여섯 살짜리 아이들은 진짜 수학을 했고, 스스로 질문을 만들고 해답을 찾았으며, 점검도 하고 있었다. 그러니 내가 할 만한 최상의 일이라고 해봐야 이런저런 새로운 질문을 몇 개 던지고, 해답을 찾고 점검하는 방법 몇 개를 권하는 정도였을 것이다.

그래서 어떤 날은 칠판 위에 '5＋5＝?'을 쓴 다음 그대로 둘 수도 있었으리라. 그 문제는 아이들을 유혹했을 테고 아이들은 여러 가지 방법을 써서 그 문제를 해결해내고는 '5＋5＝10'임을 인정하지 않았을까? 또 머지않아 50＋50＝100을 해결하고 아마도 500＋500＝1,000도 해결하지 않았을까? 또 그중 한 아이가 어느 날인가는 5＋6을 쓰게 되고……. 아니 때맞추어 내가 그 문제를 쓸 수도 있었겠다. 그러면 그때도 아이들은 5＋6＝11을 해결할 것이고 거기에서 출발해서 또 50＋60＝110이 되고…… 등등.

아이들은 그 작업을 하며 의식적으로 생각하지는 않았겠지만 작은 수의 성질로부터 어떤 원리를 추론해내고 그 원리를 더 큰 수에 응용하는 일을 했다. 아이들은 때맞추어 5+6=11에서 수 올리기를 포함하는 다양한 문제들, 예를 들어 5+7, 6+7, 6+8, 16+8 같은 문제들로 넘어갔을까? 충분한 시간이 지났으면 그랬으리라 생각한다. 하지만 그런 사실을 확인할 만큼 그 학급에 오래 있지 못했다. 아마도 그렇게 된 것이 잘된 일일지도 모르겠다. 시간이 더 있었더라면 아이들 스스로 즐거움과 호기심을 충족시키려고 하던 그 자율학습을 빼앗아 교-사적 목적을 위한 일로 바꾸어놓았을지도 모르니까.

이것은 야망에 찬 교-사들에게는 무서운 유혹이다. 교-사들은 언제나 자신의 목적에 이용할 심산으로 학생들의 관심거리를 찾는다. 저 1학년짜리들을 생각할 때조차 그런 생각이 떠오른다. 내가 그 학급에 몇 주일, 아니 몇 달만 더 머무르면서 그 아이들이 '온전히 자신들의 힘으로' 공부하는 데 며칠에 한 번씩 살짝 튕겨주기만 해도 그들의 교육과정이 3년 혹은 5년, 아니 더 멀리까지 일사천리로 나아갔을지 누가 알겠는가. 아, 얼마나 멋진 이야기가 탄생했으랴. 홀트, 기적의 교사! 이거야말로 가르치는 일에 미친 사람이 빠지는 유혹적이고 위험한 허영심이다.

그는 스스로 기적을 창조하거나 아이들이 기적을 창조하도록(똑같은 얘기다.) 만들 수 있다고 생각한다. 하지만 아이들은 이 세계로 차근차근 걸어 들어가지 않는다. 펄쩍펄쩍 건너뛰고 종잡을 수 없는 발작적인 탐사와 활동을 하다가 한참을 반추하는 식으로 경험하는 것이다. 그렇게 열심히 문제를 만들고 풀어내던 아이들이라 해도 잠시 후 자기들의 그 수학 연구에 싫증을 내고 다른 관심거리를 찾아 달려 갔을 게 틀림없다. 그리고 또 내가 아이들의 작업에 지나치게 관심을 기울이고 너무 자주 찔러주기 시작했다면 틀림없이 눈치를 챘을 테고(아마 내가 실행하기도 전에) 그 과제는 더 이상 자기들 것이 아니라 내 것이라 생각하며 손을 놓아버렸을 것이다.

사태는 그런 식으로 진행되기 마련이다. 다른 경우를 보면 그렇다. 5학년 아이들과 '작문 경주'를 한 적이 있었는데 그것은 주어진 시간 안에 누가 가장 많은 단어를 쓸 수 있나 알아보는 콘테스트였다. 여러 가지 이유로 아이들은 이 콘테스트에 재미를 붙이고 그전보다 쉽고 매끄럽게, 또 대개 훨씬 재미있게 글을 쓰기 시작했다.

하루는 한 아이가 1박 작문 경주를 제안했다. 모두 작문지를 집으로 가져갔다가 다음 날 가져오는데 누가 가장 많은 글을 써오는지 보자는 것이었다. 다른 아이들도 열광적으로 찬성했다. 다음 날 아이들은 대략 500자에서 2,000자에 이르는 글을 써가지고 왔다.

나는 눈이 번쩍 뜨였다. 다른 교사들이라도 그랬겠지만 아이들이 글을 많이 쓰면 쓸수록 내가 더 잘 가르치는 게 아닌가 하는 착각이 들었다. 며칠 후 나는 1박 작문 경주를 한 번 더 해보는 게 어떠냐고 권했다. 아이들은 가만히 나를 뚫어지게 보더니 싫다고 말했다. 그러고 싶지 않다, 지루할 것 같다면서. 다행히 나는 눈치가 있어 재빨리 뒤로 물러났고 아이들이 옳다고 말하며 진정으로 동의한다는 표현을 했다. 수업에서 글쓰기를 할 때 느끼는 즐거움이 무엇이든 간에 적어도 내가 끼어들어서 그것을 죽여서는 안 되겠다고 생각했기 때문이다.

집단 피드백

자신들끼리 수학 문제를 내고 공부를 했던 저 1학년짜리들은 학-교가 그 또래의 아이들이 배울 수 없고 배우려고 하지 않을 거라고 여기는 내용을 본능적으로 이해했다. 그룹으로 작업하면 훨씬 효과적으로 공부가 되는 경우가 아주 많다. 물론 모든 사람들이 항상, 또 모든 종류의 일에서 그런 것은 아니다. 어떤 사람들은 천성상 고독을 즐기며, 글쓰기 같은 몇몇 작업은 보통 혼자 할 때 가장 잘된다.

그러나 많은 경우, 모든 것을 혼자 하는 것보다는 다른 사람들과 같이 할 때 훨씬 잘할 수 있다. 사람들은 서로에게 일종의 집단 피드백을 제공한다. 그 아이들은 자기들이 찾아낸 답 중 어느 하나에 모두가 동의한다면 그 답이 맞을 가능성이 아주 높다는 사실을 직관으로 알았다. 그리고 아이들은 한 번 잘못을 하고 난 후에 그들 모두가 같은 잘못을 하거나 그런 잘못을 두고 옳다고 하는 일은 실로 바람직하지 않다는 사실도 배웠다. 이것이 바로 수학이나 물리학, 역사학 같은 거의 모든 지적 활동이 집단으로 이루어지는 이유 중 하나다. 집단 작업 속에서 사람들은 서로의 생각을 나눌 수 있을 뿐만 아니라 서로의 잘못을 알아차릴 수 있다.

이전에 썼던 글에서 나는 교-사가 수학이나 과학, 외국어같이 올바른 해답이 있는 교과를 가-르칠 때 시험지를 고쳐주지 말고 답안지를 따로 나눠줘야 한다고 했던 적이 있다. 이렇게 하면 학생들은 교사에게 덜 의지하게 될 것이고 교사들은 따분하고 필요 없는 작업을 덜게 될 것이다.

이제는 그때보다 더 나아가 자신이 찾아낸 답 중 어느 것이 옳은지 어림해내는 일을 학생들에게 맡기라고 권하고 싶다. 휴대용 계산기는 아주 작아지고 가격도 싸져서 우리가 아이들에게 (나중에 교사가 점검을 하는) 해답을 얻는 방법을 가르치려고 쓰는 비용에 비하면 비교도 안 될 돈으로 구입할 수 있다. 그러니 학생들에게는 계산기 작동법만 알게 하면 된다. 아이들이 어떻게 계산기로 문제를 푸는 방법을 알아낼 수 있냐고? 아이들은 이미 답을 알고 있는 간단한 문제를 택해서 여러 가지로 계산기를 두드려보다가 마침내 그 답을 얻게 되면, 좀 더 복잡한 문제를 가지고 대조해보는 식으로 계산기를 이용할 수 있다.

나도 그런 식으로 해서 열다섯 살 때 계산자slide rule 사용법을 알아냈다. 나는 여러 가지로 이리저리 밀어보고는 마침내 2×3은 6이라는 답을 낼 수 있는 방법을 알아냈다. 그 물건은 쉽게 다룰 수 있었다.

집단 피드백으로 많은 종류의 일을 더 잘 해낼 수 있다. 적어도 사람들이 자신의 어려움이나 잘못을 자유롭게 이야기할 수 있을 만큼 서로를 신뢰할 수 있는 상황일 경우에는 그렇다.

웨스턴의 미시간대학교에서 영어학 교수로 있는 켄 맥로리Ken Macrorie는 그의 책 『업 토트Up Taught』, 『읽힐 글쓰기Writing to be Read』, 『약점 많은 교사A Vulnerable Teacher』에서 학생들이 좀 더 글을 잘 쓰게 도와주려고 오랫동안 집단 피드백을 활용했던 일에 대해 쓰고 있다. 그는 학생들에게 서로의 작문에 대해 규칙적으로 의견을 주고받게 했다. 그는 중요한 기준을 설정했는데, 그 과정의 처음 두세 달 동안은 서로에 대한 신뢰감과 자신감을 얻어낼 때까지 좋아하는 내용에 관해서만 이야기하기로 한 것이다. 그러면 글을 쓰는 이들은 자신들의 글 중 어느 부분이 동료들의 마음에 가 닿아 관심을 불러일으키고 감동을 주는지, 또 그 이유는 무엇인지 알아내고 시간이 흐름에 따라 점점 더 그 방향으로 쓰게 된다.

그와 같은 방법은 내가 알고 있는 많은 학생들에게 확실히 도움이 되었다. 그들은 교-사들 때문에 자기가 해야 했던 글쓰기로부터 너무나 멀어져서 다른 사람에게 그 글이 어떻게 들릴지 상상할 수가 없었다. 그들이 생각할 수 있는 건 그 글 전부가 완전히 별로라는 것이었다. 사태가 이 정도면 아무런 소용이 없다. 만약 그 글 전체가 완전히 엉망이라고 느낀다면 자신의 글 속에서 좋은 점과 아닌 점을 식별해낼 수가 없다. 글을 못 쓰는 학생들은 '기준을 갖지 못해' 못 쓰는 것이 아니다. 도달하려고 하는 기준이 너무나 추상적이고 비실제적이라 그 기준을 활용하는 길을 모르고, 또 너무 기준이 높아 도달할 희망이 전혀 없기 때문이다.

학교에서 영어 공부에 실패하는 아이들 중 자신이 글을 잘 쓴다고 믿는 아이는 없다. 하지만 A를 받고 있는 아이들조차 자신이 글을 잘 쓴다고 믿지 않는다. 그리고 사실상 글을 잘 쓰는 아이도 없다.

말이건 글이건 우리가 하나의 목적, 우리 자신의 목적, 즉 우리가 중요하다고 생각하는 바를 말해주고 싶은 사람들에게 전달할 목적으로, 또 어떤 일이 일어나게 만들 목적으로 사용할 때만 언어를 잘 구사할 수 있다.

1952년 영국 하원에서 이틀 동안 열띤 논쟁이 열렸는데 최고의 명연설가는 대학 졸업자들이 아니었다. 그들은 거의 예외 없이 학교교육을 거의 받아보지 못한 노동자 출신의 남녀들로, 노동당의 지역조직과 노동조합을 통해 의회에 진출한 사람들이었다. 그들은 일자리를 지키고 파업을 성공시키고 선거에서 이기기 위해서 언어를 활용하는 법을 배우고 익혔다. 그들이 의회에 진출했다는 사실이 바로 대중을 움직이는 언어, 일을 이루게 하는 언어를 쓸 줄 안다는 증거였다.

이것이 우리 모두가 말하는 법을 익히는 이유이며 방법이다. 우리는 사람들의 마음을 움직이고 일을 이루어지게 하고 싶다. 이럴 때 우리는 말을 더 잘할 수 있고 용기를 얻고 말을 잘하는 방법을 알게 된다. 단지 이야기를 나누는 것이 좀처럼 허용되지 않고, 흥미롭거나 현실성 있는 종류의 이야기라면 더더욱 허용되지 않는 학-교와 같은 곳에서만 우리들의 언어 성장은 서서히 멈춘다. 그곳에서는 우리의 말로 중요한 일이 이루어지는 경우가 드물고 단지 수치심과 실패를 맛보게 될 뿐이다.

가르치는 행위와 가르치는 기술, 다른 이들이 배우는 것을 돕고 그들이 하고 싶은 것을 더 많이 하도록 돕는 일에 대해 하고 싶은 말은 많지만 이만 하기로 하자. 다만 내가 가-르침에 깊은 관심을 갖고 있고 가-르침의 가치를 믿으며 또 가-르치는 일을 좋아한다는 점이 분명히 드러났으면 하는 게 내 바람이다. 사실 모든 강제성을 띤 학교교육이나 배움과 결별하고 싶은 중요한 이유 중 하나는 나 자신을 교사로 부를 수 있기를 원하고, 이 점을 충분하고도 정확하게 이해받고 싶기 때문이다.

8 교-사들의 진짜 권위
The True Authority of t-eachers

『아이들의 삶』에서 데니슨은 두 종류의 권위에 대해 주목할 만한 구별을 지었다. 그 하나는 경험과 능력과 지혜와 헌신으로 쌓아올린 자연스런 권위로 타인에 대한 존중과 신뢰와 사랑에 바탕을 둔 권위를 말하며, 다른 하나는 공적이고 강압적인 권위로 매수하고 위협할 수 있는 권력에 그 바탕을 두고 있다. 많은 사람들은 이 차이점을 알아보지 못할 뿐 아니라, 강압적인 권위는 자연스런 권위를 보완해주거나 지원해주는 게 아니라 토대를 허물고 마침내 부숴버린다는 사실도 잘 모른다.

권력은 도덕적 정당성과 도덕적 책임을 상쇄시켜버린다. 노예는 주인에게 어떤 도덕적 의무도 없다. 노예는 할 수만 있다면 온갖 방법을 다 동원해서 채찍을 피할 수 있는 도덕적 정당성만을 가지고 있다. 어떤 누구에게도 벌을 받기 위해 버티고 앉아 있어야 한다는 도덕적 의무는 없다. 내가 이 사실을 알게 된 것은 당당하고 용감하고 고집스런 성격의 개성 강한 열 살짜리 소녀 덕분이었다.

하루는 이 아이가 프랑스어 수업에 참여하기를 거절했다. 아이는 그 수업을 싫어했다. 아이는 자기 자리에 버티고 앉아 책을 읽고 있었고 나는 수업을 하러 가라고 계속 종용했다. 마침내 나는 프랑스어 수업에 너를 보내는 게 내 일이고 의무니까 달리 해볼 도리가 없으면 끌고서라도 데리고 가야겠다고 말했다. 아이는 움직이지 않았다. 나는 아이의 책상 곁으로 다가가 실력 행사에 들어가려고 했다. 내가 막 1미터 전방에 다가섰을 때 아이는 나를 올려다보더니 읽던 책을 소리나게 덮고는 책상 위에 팍 던지며 일어섰다.

"좋아요, 갈게요. 하지만 나를 가게 만드는 건 폭력이에요. 단지 폭력일 뿐이라고요!"

아이가 옳았다. 그것이 사건의 진상이었다.

여러 해 동안 나는 우리가 원하는 것을 남에게 시키려고 힘을 쓰거나, 저항하고 거부할 경우 상처를 줄 참이라면 그 사실을 아주 터놓고 말해야 한다는 걸 보여줄 요량으로 이 이야기를 하고는 했다. 이런 행위를 두고 '선택을 하게 한다'느니 하는 것은 도덕적으로 볼 때 혐오스럽기 짝이 없는 일이다. 적어도 나는 프랑스어 수업을 듣는 게 너에게 좋을 거라는 둥 수업에 들어가는 게 너의 도덕적 책무라는 둥 하며 아이를 납득시키려고 하지는 않았다.

지금에 와서 생각해보건대 그 아이에게는 분명 나나 학-교가 시키는 일 중 어떤 일도 해야 할 도덕적 책임이 없었다. 다만 그 아이에겐 다른 아이들에게 상처를 주어선 안 된다는 도덕적 책무가 있고, 다른 아이들 역시 그 아이에게 상처를 줄 어떤 법적·도덕적 권리도 없을 뿐이었다. 마찬가지로 그 아이는 우리 교사들에게 어떤 육체적 위해를 가해서는 안 된다는 도덕적 책무는 있었다. 왜냐면 (적어도 그 학교에서는) 우리도 그 아이에게 육체적 위해를 가할 수는 없었으니까. 그러나 오직 강압적 권력이 끝나는 곳에서만 서로 간의 도덕적 권리와 책임이 시작된다.

CIDOC로 온 학생들은 그곳의 규칙과 방법론이 일리히(와 내)가 학교에 관해 말해왔던 내용에 위배된다고 생각했다. 그 학생들은 여러 해 동안 자신들에게는 조금치의 의무도 없는 교사들에게 무한한 의무를 지닌 학생으로서 학교교육을 당해왔었다.

에드가 프리덴버그Edgar Friedenberg는 그의 글에서 이 점을 자주 언급했고 아주 적절하게 묘사했다. 학생들은 학교와 교사에게 모든 것을 빚지고 있고 만약 잘하지 못하면 벌을 받는다. 반면에 학교와 교사는 학생에게 빚진 게 없다. 누군가 말했듯이 "나쁜 학생에게는 아주 심한 벌이 가해지지만 나쁜 교사에게는 어떤 벌칙도 없다." 일방적으로 짜놓은 이런 식의 틀을 학생들이 거부하는 것은 정당하다.

그러나 학생들이 가끔씩 그 반대를 원하는 경우도 있는데 교사가 학생들에게 무한한 의무를 가지는 반면 학생들에겐 어떤 의무도 없다는 것이다. 이것은 극소수의 프리스쿨이나 자유대학 등의 설립 배경이기도 했다. 교사는 한량없이 쓸모가 있어야 한다. 또 학생들의 모든 요구에 최대한의 공감과 이해로써 응답해야 한다. 하지만 학생들에게 어떤 요구도 할 수 없다. 학생들의 필요는 셈에 넣지만 교사의 필요는 셈에 넣지 않는다. 학생들은 수업에 반드시 참석해야 하는 건 아니지만 수업에 들어갈 때면 교사가 틀림없이 그곳에 있으리라는 가정하에 참석하고 싶어 한다. 학생들은 책을 꼭 읽을 필요가 없지만 교사는 반드시 그 책을 읽었으리라 생각하고 그 책에 대해 논의하길 원한다. 그래서 만약 읽지 않았다면 그 교사는 즉시 읽어야만 한다. 학생들은 관심이 가지 않는 어떤 논의도 물리거나 거부할 권리가 있다. 교사에겐 그럴 권리가 없다.

내가 처음으로 CIDOC에 가서 일리히를 만났을 때는 내 마음속에도 어느 정도 그런 생각이 자리 잡고 있었다. 첫 대화에서 나는 그 당시 '무형식의 가르침informal teaching'이라고 불렸던 개념을 일리히가 아주 강하게 거부하며 그 대신 구식 학교 교사를 옹호한다는 사실을 알고 놀랐다.

시간이 지나자 나는 다시금 그가 프리스쿨을 상대로 논쟁을 벌이는 그 정열의 강도에 놀랐다. 그 무엇보다도 가장 의아했던 것은 사람들이 '사회의 탈학교화'라고 부르는 것이 단순히 세계를 광범위하게 퍼진 영구적인 학교 그 자체를 만드는 일일 수도 있다는 일리히의 공포였다. 그는 지구적 규모의 학교 건물은 지구 규모의 정신병원이나 감옥과 마찬가지라고 말했다.

두 번쨌가 세 번쨌가 CIDOC를 방문했을 때 그는 당혹스런 이야기를 해주었다. 미국에서 있었던 어떤 좌담회 끝에 청중 중의 한 명이 일리히에게 말하고자 하는 내용이 분명하지 않았다고 날카롭게 비난하기 시작하더라는 것이다. 얼마쯤 시간이 지나자 일리히는 그의 말을 자르고 강한 어조로 말했다고 했다.

"앉아주시오. 난 당신의 선생이 아니니까!"

일리히는 내가 그 상황을 이해하는 게 중요하다는 듯, 게다가 그 상황을 이해하는 것이 큰 의미에서 교육과 가르침에 관한 일리히의 의견을 명확하게 이해하는 일이라는 듯 그 이야기를 했다. 하지만 일리히가 한 말의 뜻을 이해하는 데는 한참이 걸렸다.

나름대로 하기와 교육을 구별 짓기 시작하고 학-교와 학-교를, 교-사와 교-사를 구별하기 시작하면서 나는 일리히가 그 질문자에게 나는 그대의 교사가 아니라고 말할 때 품고 있던 그 열정을 이해하기 시작했다. 그는 요컨대 이렇게 말했다.

"나는 당신의 교사가 되겠다고 동의한 적이 없다. 그러므로 내가 말하는 것을 당신이 이해하건 못하건 그건 내 책임이 아니다. 내가 당신의 교사가 되기를 원한다면 당신은 나에게 부탁해야만 한다. 그때조차도 나는 정말이지 내가 실제로 당신을 가르치거나 당신의 이해를 도울 수 있다는 확신이 설 때에만 동의를 할 것이다. 만약 내가 할 수 있다고 생각한다면 나는 서로 간의 의무와 책임이 무엇인지 말할 것이다. 그리고 그 조건을 지켜야만 당신을 가르치는 데 동의할 것이다. 그 조건을 받아들이고 싶다면 해도 좋다. 그렇지 않다면 나는 그대를 이해시킬 의무를 지지 않을 것이다. 그러니 그대가 이해하지 못한다고 해서 비난받을 의무도 없다. 우리는 여기서 교사와 학생으로서 이야기하고 있는 게 아니라 '대등한 입장에서' 이야기하고 있다. 서로를 이해하지 못하는 것은 이런 유의 대화가 늘 지니게 되는 위험 중의 하나일 뿐이다."

여기서 교사가 학생과 맺고 있는 고유한 관계는 대등한 관계가 아니라는 일리히의 말을 제대로 이해하는 게 중요하다. 학생은 그런 관계 속에 있는 동안 어떤 점에서(전적으로는 아니지만) 열등한 존재다.

그는 그 사실을 인식하고 받아들여야 한다. 이 밖에도 일리히는 모든 일이 가르침에 의해 이루어질 수는 없다고 힘주어 말한다. 그는 스페인어를 가르치겠다는 약속은 자주 했지만 철학을 가르치겠노라고 약속한 적은 없다. 비록 철학에 대해 논의하는 건 좋아하지만 어떤 누구도 다른 사람을 철학자로 만들 수 없다는 지극히 온당한 말이다. 학-교와 학-교 사람들에 관한 일리히의 가장 심한 비판 중 하나는 그들이 가르칠 수 있는 것과 가르칠 수 없는 것, 즉 '가르침'을 통해 배울 수 있는 것과 없는 것의 차이조차 알지 못하고, 또 그런 구별을 받아들이지도 않는다는 것이다.

많은 미국 학생들이 그래야 한다고 믿고 있는 교사와의 관계, 그리고 CIDOC에서 찾기를 바라는 교사와의 관계는 여러 점에서 갓난아기와 어머니의 관계와 같다. 어머니는 모든 것을 책임지고 아기들은 아무것도 책임지지 않는다. 어려웠던 시대에 성장한 경험 때문에 상처받은, 그리고 무엇보다 학교교육으로 상처받은 많은 젊은이들에겐 정말로 그런 관계가 필요할지도 모른다. 그러나 그런 말을 올바르다고 할 수는 없다. 교사와 학생의 관계는 완전히 다른 관계다. 사실 일리히도 교사로서는 이런 관계를 맺지 않으려 하지만 친구로서는 이런 관계를 받아들일지 모른다.

요점은 일리히가 보는 교사와 학생의 관계는 예외적이며 삶의 작은 부분 이상을 점유해선 안 된다는 것이다. 언젠가 일리히는 자기는 온 인생을 학교 안에서 보내고 싶지는 않다고 강한 어조로 말한 적이 있다. 그는 다른 사람과 학생과 교사로(그 반대도 마찬가지고), 열등한 자와 우등한 자로 관계를 맺게 되는 상황과 한 사람의 인간으로서 대등한 관계를 맺게 되는 상황 사이에 예리한 경계선이 그어지길 원했다. 만약 자신이 다른 사람과 열등한 자와 우등한 자의 관계 속으로 들어간다면 그 관계는 한 사람이 다른 사람에게 의존하는 관계가 된다. 때문에 이런 관계가 언제, 어떤 상황에서, 얼마나 오랫동안, 어떤 목적을 가지고 지속될 것인지 분명하게 이해하고 싶어 한다. 일리히가 말하는 공생의 사회convivial society란 바로 이런 방식으로 관계를 맺겠다고 동의한 특별한 상황을 제외한다면, 사람들이 대등한 존재로서 이야기하고 관계 맺는 사회라는 의미도 포함돼 있다.

종종 전문 강연자로서 나는 이런저런 종류의 모임이나 단체, 협회 등에서 이야기를 해달라는 요구를 받는다. 물론 그쪽에서 사례를 한다. 그런 때에 나는 그 모임이 듣고 싶어 하는 내용과 내가 말하고자 하는 바가 다르며, 그쪽에선 내가 말하고 싶어 하는 내용을 전혀 원하지 않을지도 모른다는 걱정을 할 때가 있다. 그런 경우에 나는 이렇게 말한다.

"여러분의 모임에 연설을 할 만한 적절한 사람이 아닌 것 같습니다. 제가 말하려는 것은 이러저러한 내용이니까요."

그러면 내가 맞는 사람이 아니라는 점에 동의할 때도 있고 어쨌든 좋으니 오라고 할 때도 있다. 그러나 그들에게 내가 말할 내용이 무언지 알려줄 때만 공정하게 여겨지는 건 어쩔 수 없다.

또 어떤 때는 사례는 전혀 없지만 호의로 자기들과 몇 시간 이야기를 나누어줄 수 없겠냐는 요청이 들어올 때도 있다. 이런 때는 그들에게 무엇에 관해 얘기하고 싶은지를 먼저 묻는다. 혹시 그 사람들이 찾고자 하는 게 이미 글로 써졌는지도 모르고(그럴 경우 그 글을 읽어보라고 권한다.), 혹시나 내가 전혀 모르는 문제나 이야기하고 싶지 않은 주제에 대해서 얘기하고 싶은지도 모르기 때문이다. 하지만 그들이 논의하고 싶어 하는 것이 내가 관심을 갖고 이야기하고 싶어 하는 내용으로 밝혀지면 이렇게 말한다.

"이야기를 시작하기 전에 여러분이 꼭 읽었으면 하는 내용들이 있습니다. 내 생각에 우리의 논의에 중요하다고 생각되는 개념들이 그 속에 들어 있죠. 그 개념이 이미 글로 씌어 있으니 우리가 만나는 자리에서 그것에 관해 시간을 들이고 싶지 않군요. 그 개념에 대해 이야기를 주고받는 대신에 그 지점에서 곧장 나아갈 수 있으니까요."

이런 말에 동의할 수도 있겠고 그렇지 않을 수도 있겠다. 나는 이런 종류의 조건을 내세우는 데 있어서 전혀 주저하지 않는다. 이것은 교-사의 권리 중 하나이며 학생들을 받아들이고 같이 해나갈 조건을 분명히 하는 일이다. 하지만 나는 나와 더불어 이야기하려는 사람들에게 어떤 권력도 갖고 있지 않다. 그 사람들은 대가를 치르거나 위험을 감수할 필요도 없이, 나 없이도 해나갈 자유를 갖고 있다. 바로 그 사실 때문에 내가 일할 조건을 그 사람들에게 제시할 권리를 가진다는 점을 강조하고 싶다.

처음에는 불확실했지만 지금은 분명하다. 학교의 담을 자꾸만 넓혀가야 한다는 나의 말에 일리히가 왜 그렇게 공포에 가득 찬 반응을 보였는지. 그때는 배움과 나머지 삶을 분리시켜서는 안 된다는 뜻에서 그 말이 상당히 좋은 표현이라 생각했다. 시간이 흐른 지금에야 그때 일리히가 정확하게 보았던 그 위험을 본다. 지구 규모의 학교 건물, 정신병자 수용소, 교도소를 한번 떠올려보면 되겠다. 정신병자 수용소와 교도소란 무엇인가. 강제 처치가 자행되는 기관들이다. 그곳은 한 무리의 사람들이 상대방의 승낙을 받지 않은 채 다른 한 무리의 사람들에게 무슨 일인가를 행하는 곳이다. 왜냐면 또 다른 한 무리의 사람들이 그렇게 하는 것이 그 사람들에게 좋을 거라고 생각하기 때문이다. 교도소, 적어도 '사회 복귀'에 대한 믿음을 지닌 교도소는, 대부분의 수감자들이 두려워하고 싫어하는 그곳은, 한 무리가 다른 무리에게 이렇게 말하는 곳이다.

"우리는 당신들의 삶을 관리하려고 한다. 그리고 우리가 원하는 한 우리가 원하는 것이면 뭐든지 당신이 자격을 갖추었다고 생각될 때까지 당신에게 행할 것이다."

이와 똑같은 식으로 정신병자 수용소의 의사들은 환자들에게 말한다.

"우리는 당신들을 치료하려 한다. 약과 감금, 쇼크 요법, 외과 수술을 동원해서 우리가 원하는 것이면 무엇이든지 당신이 자격을 갖추었다고 생각될 때까지, 즉 당신이 회복되고 정상이 될 때까지."

내친김에 우리는 다음과 같은 사실에 주목할 수도 있다. 심한 전염성 질환의 경우를 제외하고 사람들은 의사나 병원을 찾지 않고 의학상으로 아픈 상태에 있을 권리가 있다. 그들은 치료를 받을지 말지 선택할 수 있다. 하지만 정신적으로 병들었을 때는 그렇지가 않다.

학-교는 바로 이런 식의 강제 처치를 하는 기관이다. 교-사라는 사람들은 학생이라는 사람들이 세상에 나가서 살 수 있을 만큼 충분히 알고 또 능력이 있다고 사회가 판단할 때까지, 그 학생들이 원하든 원하지 않든 상관없이 온갖 처치를 다 해야 한다고 정해놓았다. 이런 사람들은 "어떤 누구도 문맹이 되는 것을 선택할 권리는 없어."라는 식으로 말하기를 좋아한다. 외국 여행을 할 때면 언제나 갖게 되는 권리인데도 말이다.

지구 규모의 학교가 하나의 세계가 될 판이다. 그렇다, 우리는 지금 세계를 향해 가고 있는 것 같다. 그 세계란 우리의 전 인생에 걸쳐 한 무리의 사람들이 자기들을 제외한 우리 전부에게 여러 가지 시험을 치르게 할 권리를 갖고, 또 만약 자격 미달이면 그 일을 해낼 때까지 온갖 종류의 처치를 받도록 요구할 권리를 갖는 그런 곳이리라. 이보다 더한 악몽은 상상하기 어렵다.

9 인간의 본성
On Human Nature

지금까지 내가 한 많은 이야기들은 인간성에 관한 어떤 특정한 관점을 내포하고 있다. 이제 이 관점이 감상적인 데다 인간에게 너무나 자주 드러나는, 나쁜 짓을 하게 되는 잠재된 힘을 간과하고 있다는 비난에 대해 방어해보려 한다. 이 관점을 좀 더 분명히 하는 것은 물론이고.

인간은 대개가 사악하다는 것이 인간성에 관한 전통적이고 비관적인 관점이다. 인간의 가장 깊은 본능과 욕망은 선하기보다는 악하다고 보는 게 훨씬 그럴듯하다. 원하는 대로 하도록 내버려두면 인간은 대부분 나쁜 짓을 할 것이다. 많은 기독교인들은 확실히 종교개혁 이후로 인간성에 관한 이 음울한 관점을 받아들였다.

몇몇 동물행동학자들은 흔히 동물의 행동은 아주 예리하고 민감하게 관찰하곤 하지만, 이 행동으로 인간을 설명할 수 있다고 잘못 생각하는 경향이 있다. 이들은 최근 원죄의 교의를 '과학적으로도' 평가할 만한 것으로 만들었다.

"보시오, 여기 그 사실을 증명할 수 있는 물고기, 아니 거위가, 아니 오래된 두개골이 있소."

그러나 전통적인 관점은 이렇다. 적어도 몇몇 사람은 좀 더 침잠된 때에는 자신이 악하고, 믿을 만하지 못하며, 자기가 원하는 것이 자신에게조차 해로운 것이 될 거라는 사실을 알아차릴 수 있다. 그러므로 사람들에게는 어떤 종류의 사회질서가 필요하고, 강제적으로 제재를 가하지 않으면 저지르게 되어 있는 나쁜 짓의 대부분을 못하게 막는 일이 필요하다. 적어도 몇몇 사람에게는 이런 사회질서를 계획하여 어떤 권력을, 누구에게, 어떤 방식으로 행사하게 할지, 또 이런 사람들을 어떻게 찾고 뽑을지 결정하는 일을 믿고 맡길 만하다.

이들 소수의 임무는, 즉 그 정치와 통치의 기술은 이 사회질서를 만들고 유지하는 일이다. 그리고 아주 드물지만 그 사회질서를 바꾸는 일이다. 이런 관점을 가진 사람들은 흔히들 자신의 관점을 '보수적'이라 부른다. 그러나 다른 사람들은 그 관점을 두고 '반동적'이라거나 더 나쁜 형용사로 부른다. 이런 관점을 가진 사람들은 당연하겠지만 이 책에 언급된 생각을 좋아하지 않는다.

그러나 그런 보수주의자가 관찰력이 있고 지적이라면, 특히 현대 사회에서는 어디를 가나 그가 좋아할 만한 일이 드물다. 그(런 보수주의자)는 분명히 스스로를 보수주의자라 칭하는 미국(또는 다른 나라) 내의 다른 사람들을 두고 보수주의자라고 부르지 않을 것이다. 그는 이들 소위 보수주의자들 대부분이 이익과 성장, 진보를 위해 밀어붙이는 그런 식의 무계획한 변화와 그에 뒤따르는 예측할 수 없는 변화를 무척이나 두려워할 것이다. 그리고 소위 보수주의자라 불리는 사람들은 모르겠지만 진짜 보수주의자는 알 것이다. 안정된 사회질서가 유지되기를 바라는 사람이라면 그런 일을 저질러서는 안 되며, 그 질서의 윤리적 기반을 무너뜨리지 않도록 규칙에 복종해야 한다는 점을 말이다. 권력이 방종하게 되면 사회질서는 곧 무너진다.

나는 여러 점에서 보수적이다. 특히 낭비하거나 파괴하는 것보다는 보존하는 게 낫다고 생각한다. 그러나 진짜 보수주의자가 되기 위해 인간이란 본성적으로 사악하다는 전통적이고 음울한 관점을 채택해야 한다고는 생각지는 않는다. 분명 우리 인간들은 많은 악행을 저지를 수 있고 저질러왔다. 그러나 우리는 아주 선한 일 역시 할 수 있다. 만약 우리가 선보다 악을 더 많이 보게 된다면, 그것은 선보다 악행을 저지르기가 더 쉽고, 창조보다 파괴가 더 쉬우며, 또 부분적으로 악이 더 큰 인상을 심어주기 때문이다.

확실히 우리 인간은 때때로 해치고 죽이고 파괴할 때 아주 행복한 것처럼 보인다. 하지만 또 다른 때에는 해롭지 않은 일을 하고 기쁨을 주고 나누며 더 큰 행복을 느끼는 것으로 보인다. 나는 우리의 수많은 욕구 중에는 한없이 순진무구하고 이타적이며 건설적인 욕구가 있다고 믿는다. 그래서 합리적으로 그 요구를 만족시킬 수 있는 상황이라면 우리는 거의 해를 끼칠 필요도, 해를 끼치고 싶은 마음도 느끼지 못할 거라는 생각이 강하게 든다.

우리의 생물학적 본성에는 악을 향한 잠재력만 있는 게 아니라, 해롭지 않은 즐거움을 얻을 수 있는 거대한 잠재력도 있다. 타인을 해치지 않고 인생을 즐길 수 있는 엄청나게 많은 길을 찾아내는 능력 말이다. 우리는 놀고, 웃고, 창조하고, 타인과 행복을 나누는 걸 좋아한다.

두려움으로 인해 미치거나 종교나 민족주의의 추상적 원칙과 열정에 휘둘리지 않는 한, 대부분의 인간은 타인의 슬픔이나 고통에 놀라고 무서움을 느낀다. 우리는 공항이나 버스 정류장, 기차역에서 이별의 슬픔에 우는 사람들을 보면 그들의 슬픔 때문에 왠지 모르게 슬픈 기분이 된다. 어쩌다 범죄나 사고의 장면에 맞닥뜨린 사람들이 미소를 짓는 경우는 드물다. 고통과 아픔을 무시하거나 즐기는 경지에 이르려면 세심한 훈련을 거쳐야 한다.

우리 인간의 본성에 관한 가장 진실한 추측은 그 본성이 무척이나 순응적이라는 점일 것이다. 인간은 아주 쉽게 정형화될 수도 있고 엄청난 다양성을 지닌 인격을 갖출 수도 있다. 우리를 정형화시키는 건 우리가 자라는 세계며 사회고, 우리를 둘러싼 사람들의 삶의 방식과 태도, 짧게 말해 우리의 문화다. 인간성의 바탕이란 무엇인가 하는 물음은 문화를 제외시킨 인간 존재란 어떤 모습일까 하는 물음과도 같다. 그런 질문은 의미가 없고 대답이 불가능하다. 문화를 제외시킨 인간의 존재 같은 것은 있을 수 없다. 그렇기 때문에 우리가 문화를 제외시킨 인간의 가능한 모습, 즉 그 자신의 참모습에 대해 어느 정도 정확하게 말할 수 있다 할지라도, 그것은 우리가 인간성에 관해 진실로 알고 싶어 하는 다음과 같은 질문에 해답을 알려주지는 않는다. 다른 사람들이 있을 때 인간은 어떻게 행동하게 되는가? 사람들이 그들의 문화에 아주 많이 의존하면 어떻게 행동하게 되는가? 어떤 부분에서 그 문화가 나타나고, 그들이 그 문화를 어떻게 보고, 그 문화는 그들을 어떻게 보는지 등등.

인간은 근본적으로 사악하다는 가정하에 근본적으로 선량한 사회를 건설할 수 있다는 생각의 첫 번째 결함이 바로 여기에 있다. 인간이 사악하다고 말하는 문화는 사악하게 행동하는 사람들을 수없이 많이 만들어낼 것이다. 이제 우리는 그런 예언은 자기 충족적인 경향을 띤다는 것을 알고 있다.

사람들은 다른 사람들이 자신에게 기대한다고 생각하는 대로 행동한다. 사람들이 자기를 악하다고, 그리고 나머지 다른 사람들도 마찬가지라고 생각할 때는 자기 내부에 어떤 악을 품고 있든 그 악을 구축하고 증식시키는 쪽으로 행동하게 되는 것이다. 자신을 포함한 다른 모든 이들이 이기적이고 탐욕스럽다고 믿는 사람은 탐욕스럽고 이기적으로 행동할 것이다. 그리고 그렇게 행동하는 것이 유일한 선택이라고 믿을 것이다. 인간은 본성적으로 살인자라고 믿는 사람은 어디에서나 살인자들을 보게 될 것이고, 그 살인자들로부터 어떻게 자신을 보호할 것인지에 골몰해서 아마도 그들이 자신을 죽이기 전에 그들을 죽일 것이다. 그렇게 해서 그는 그 살인자들이 두려움을 갖게 만들 것이다. 그들은 상대방이 두려워하게 되면 이번에는 그 자신의 믿음이 정당해지는 식으로 행동하게 된다. 모든 사람을 두려워하는 사람은 자신이 두려워하는 바로 그 행동을 하게 된다.

악한 사람들로 이루어진 선한 사회라는 생각이 가진 두 번째 결함은 이렇다. 이상 사회를 묘사한 사람 중 으뜸가는 사람인 플라톤은 이상 사회는 철인-왕에 의해 다스려져야 한다고 말했다. 그야말로 매혹적인 짝으로 보인다. 문제는 철인이 왕에 이르는 길이 흔하지 않다는 데 있다. 이성보다는 폭력이 왕좌를 향해 가는 더 강력한 힘이다. 대부분의 왕들은 다른 사람들보다 현명하고 관대하고 덕이 있어서가 아니라, 훨씬 교활하고 파렴치하고 탐욕스럽고 잔인하고 폭력적이고 무자비하기 때문에 왕좌를 얻거나 지킨다. 인간 사회에서 왕이 통치하든 다른 식으로 굴러가든지 간에 가장 훌륭하고 현명한 이가 우두머리가 되는 일은 드물다.

이론적으로는 그 통치자들의 힘과 미덕이 그 사회질서를 좀 더 나은 쪽으로 가져가게 되어 있다. 그러나 실제로는 통치자의 약함과 악함이 그 사회질서를 더 못한 쪽으로 가져간다. 그 구성원들은 그 사회의 이름 아래, 또 그 사회의 이익을 위해 혼자만을 위해서 했던 것보다 훨씬 나쁜 범죄를 저지른다. 통치자들은 자기 스스로는 절대로 하지 않을 일을 다른 사람에게 시킬 것이다. 피통치자들은 명령 없이는 결코 하지 않을 일을 명령 아래에서는 하게 될 것이다. 누군가가 말했듯이 살해하는 자는 계획하지 않고, 계획하는 자는 살해하지 않는다.

어떤 특정 사회의 사람들 사이에서 그렇듯 인간 사회에서는 악한 사회가 꼭대기에 오르는 게 다반사다. 만약 두 개의 사회가 나란히 존재한다고 치자. 하나는 온화하고 관대하고 평화롭고 행복에 찬 사회이고, 다른 하나는 탐욕스럽고 난폭하고 폭압적인 사회라면 언제나 나쁜 쪽이 선한 쪽을 삼켜버리기 마련이다.

우리가 역사라고 부르는 것의 많은 부분은 악인들의 성공담으로 이루어져 있다. 그 과거의 행로에서 영광과 권력과 제국을 차지하기 위해 이들 악인들과 그 수하의 살인자들이 이성적이고 자애로운 사회를 얼마나 여러 번 휩쓸어버렸는지 모른다. 그리고 이런 일은 상대적으로 짧은 기록의 역사보다, 분명히 기록으로 남겨지지 않은 저 기나긴 선사시대에 훨씬 더 많이 일어났을 것이다.

우리의 역사책들은 아직도 로마를 칭송하고 우리가 로마에 진 빚에 대해 이야기한다. 이 세계가 지금까지 알고 있는 역사 중에서 가장 탐욕스럽고 파괴적이고 잔혹한 저 불후의 폭정 로마를 두고 말이다. 우리는 스스로를 역사의 영광스런 마지막 산물로 생각하면서 그것이 적자생존의 법칙이라는 것을 예증한다고 말하고 싶어 한다. 그보다는 차라리 도덕적으로 가장 저열한 자들의 생존이라고 하는 것이 더 진실할 판이다.

경제학에 그레샴의 법칙Gresham's law이라는 게 있다. 양화와 악화가 함께 통용될 때 악화가 양화를 몰아낸다는 내용이다. 만약 한 사회가 금화와 지폐를 함께 통용시키면 돈을 쓰기를 원하는 사람들은 지폐가 더 구하기 쉽기 때문에 지폐를 가지려고 할 것이다. 한편 돈을 비축하기를 원하는 사람들은 금화가 영구적이기 때문에 금화를 갖고자 한다. 그리하여 금화는 양말이나 매트리스, 지하실 속으로 들어간다. 지폐만 남을 때까지. 아마도 인간 사회에는 그레샴의 법칙 같은 것이 오랫동안 있어 왔는지도 모른다. 인간이 지금까지 만들었던 가장 관대하고 이성적인 사회의 대부분은 오래전에 알려지지 않은 채 사라져갔다는 편이 맞는지도 모르겠다.

물론 이것이 사실인지 또 어느 정도까지 사실인지를 알아낼 방법은 없다. 역사의 패배자들이 족적을 남기는 일은 거의 없다. 하지만 내게는 이 가설, 혹은 직감이 인간의 악과 원죄의 문제에 대한 해답으로 여겨진다. 적어도 어떤 가설만큼은 그럴듯하기도 하고, 나아가서는 훨씬 희망적으로 보인다. 왜냐하면 그 속에는 사람들이 수없이 나쁜 짓을 저지르고 매우 사악한 일도 하지만, 그것은 그렇게 하도록 배우고 만들어진 탓이라는 뜻이 내포되어 있기 때문이다.

아마 그들이 살았던 사회는 우리 사회가 우리에게 하듯이 이기는 것만이 유일한 길이기 때문에 탐욕스럽고 이기적이고 매정하고 고집 세고 거친 것이 선이라고 했을 것이다. 아마도 그들의 사회에서는 우리 사회가 우리에게 그렇듯, 어떤 종족들은 너무 사악하기 때문에 그들의 무장하지 않은 여자들이나 아이들, 심지어 갓난아이를 죽여도 범죄가 아니라고 말했을 것이다. 누구나 벌을 받아야 마땅하니까 확실히 범죄는 아니다. 아마도 그 사회가 그들을 너무나 나쁘고 불공정하게 대하고 그들이 가진 자존심과 가치를 너무도 크게 손상시켰기에, 남은 삶을 사는 동안 단지 공평하게 되려는 발버둥 말고는 그 무엇도 생각할 수 없는지도 모른다. 그러나 이런 사람들일지라도 반대의 생각을 가진 다른 종류의 사회에서라면, 무엇보다도 공정하고 관대하고 예의와 존중으로 대우받는 곳에서라면, 아주 다른 사람들로 판명될 수도 있다.

어떤 환경 아래서 사람들이 어떻게 되는가 하는 사실을 안다고 다른 환경 아래 놓이면 사람들이 어떻게 될지를 잘 알 수 있는 건 아니다. 일본의 원예가들은 여러 세기에 걸쳐 나무를 가꾸는 법을 익혀왔는데, 나무의 뿌리를 쳐내고, 가지를 고르고, 물과 공기와 햇빛의 공급을 제한시켜 오랜 세월 동안 왜소하고, 오그라들고, 뒤틀린 형태로만 자라게 했다. 이런 나무들이 나무의 본성에 관해 무엇을 알려줄 수 있겠는가? 어떤 나무가 변형되고 축소될 수 있다고 해서 그런 성질을 두고 그 나무의 본성이라 하겠는가? 이 나무들의 본성은 충분한 햇빛과 공기와 물, 토양, 그들이 필요로 하는 양분만 주어진다면 크고 곧은 나무로 자란다는, 바로 그것이다.

사람들은 나무보다도 훨씬 더 쉽게, 더 나쁘게 왜곡될 수 있다. 그리고 나무들보다 더 그 왜곡에 민감하고 상처를 받는다. 하지만 이 사실이 사람들의 본성에 대해 뭔가를 말해줄 수는 없다. 오직 사람들이 자신이 필요로 하는 것을 얻고 건강하고 두려움이 없으며, 삶이 다양하고 흥미롭고 의미 있고 생산적이며 즐거운 상태에 이를 때만 인간의 본성을 판단할 수 있다. 아니, 추측이나마 할 수 있다. 어른이든 아이든 지금에 와선 그런 삶을 살고 있는 사람이 거의 없다. 아마 이전에도 거의 없었을 것이다. 인간성 속에 얼마만큼의 선과 인정이 있는지 알아낼 길은 없다. 오직 사람들은 선하고 친절하길 원한다는 가정 하에 있는 사회, 선하고 친절한 것이 적어도 약점이 되지 않는 사회가 만들어질 때, 또 계속 그렇게 유지하려고 노력할 때만 그런 일이 가능할 수 있다. 우리가 이 일을 해낼 수 있을 때까지는 인간에게 유리한 방향으로 생각하는 편이 훨씬 현명하고 공정하며 사려 깊은 일이리라.

10 멋진 학-교, 니 릴레 스꼴레
One of the Best S-chools

이 장에서는 덴마크에 있는 니 릴레 스꼴레를 살펴보도록 하자. 이곳
에서는 아이들이 어른들과 자유롭게 관계를 맺기에, 그래서 두려움
없이 솔직하게 어른을 대하기 때문에 진짜 가르침이 이루어질 수 있
다. 나의 친구인 페기 휴즈는 2년 동안 이 학교에서 일하면서 학교에
관한 30분짜리 흑백영화를 만들었다. 〈우리는 이곳을 학교라 불러야
해요We Have to Call It School〉라는 영화이다. 영화의 앞부분에 교
사 한 사람이 이렇게 말한다.

"우리는 이곳을 학교라고 불러야 해요. 아이들은 학교를 가야만 하
거든요. 그러니 우리가 여기를 학교라고 부르지 않으면 아이들이 오
지 않는답니다."

하지만 학교에 가야만 하는 시간에 아이들이 가는 장소라는 사실
을 제외하면 이곳은 전혀 학교 같지가 않다. 이곳에는 어떤 '교육'도
없다. 이곳은 사실상 '하기'의 장소다. 여기에는 6세에서 14세에 이르

는 85명가량의 아이들이 여섯 명의 어른들과 함께 잘 지내고 있다. 이 여섯 명의 어른들은 아이들과 더불어 활기차고 재미있고 즐겁고 안전하며 믿음직하고 협동적이며 온정 넘치는 공동체를 만들기 위해 일한다. 이 공동체 속에서 아이들은 자기들이 좋다고 생각하는 대로 자유롭게 지낸다.

'자기들이 좋다고 생각하는 대로.' 이 말 그대로이다. 이 학교의 아이들은 언제나 서로에게 상처를 주지 않고 각자의 물건이나 공동 소유물을 부수거나 부당하게 손상하지 않는 범위 안에서 자기가 원하는 일을, 원하는 사람과 원하는 시간만큼 한다. 한편 교사들은 아이들이 이렇게 할 수 있는 장소를 제공하고 지켜보는데, 할 만한 흥미가 당기는 일을 적어도 몇 가지쯤 생각해내고 그 일을 할 수 있는 재료나 도구 등의 수단을 제공한다. 또 그들이 가진 많은 기능과 재능을 활용할 수 있게 만들고 나누며 요청이 있을 때는 아이들이 하고자 하는 일을 할 수 있게 돕는다. 그리고 언제든 아이들에게 자기가 하는 일을 보여주고, 질문을 할 수 있게, 아니면 그저 이야기를 나누고, 같이 있는 것이 가능하도록 대체로 아이들 가까운 곳에 있다.

이 학교의 교사들은 '그들 어른의 책임감을 발휘하려고' 그곳에 있는 것은 아니다. 즉 아이들을 위해 좋을 거라고 교사 스스로나 다른 사람이 결정한 일을 그 아이들이 하도록 힌트를 주고 꼬드기고 위협하고 유혹하려고 하지 않는다는 뜻이다. 그들은 아이들에게 영국의 소위 '열린' 초등학교나 그 비슷한 미국의 학교에 있는 교사들처럼 "이걸 하자."라고 말하지 않는다. 즉 자기 생각에 할 가치가 있다고 여겨지는 일을 하자고 유도하지 않는다.

이 학교는 대부분의 사람들이 학구적인 프로그램이라 부르는 프로그램은 거의 갖고 있지 않다. 이 학교에는 아이들이 자신들의 수준에 따라 발전하는 데 지표가 될 만한 어떤 교과도, 수업도, 교육과정도, 미리 계획된 교안도 없다. 교과서나 시험도 없고, 등수도 성적표도 없고, 어떤 종류의 숙제도 없다. 경우에 따라 부모(염려해서일 경우도 있고 아닐 경우도 있겠지만)가 학교에 와서 얘기하고 싶어 할 때만 제외하면 학부모 회의조차 없다. 그리고 앞에서 말한 것처럼 아이들에게 읽기를 시키려고 어떤 압박도 가하는 법이 없다. "읽는 것이 좋지 않겠느냐."라든지 "이제 읽을 때가 되지 않았느냐."와 같은 말은 일체 하지 않는다. 부모나 다른 어른들에게 감동을 주기 위해 아이들이 뭔가를 하고 교사들이 전시하는 것과 같이 수많은 열린학교나 대안학교에서 엄청나게 보게 되는 일들 중 어떤 일도 하지 않는다. 뿐만 아니라 연극이나 춤, 가장행렬 등 구경거리를 내놓아 아이들이 얼마나 창조적인지를 세상에 보여주려고도 하지 않는다.

이와는 대조적인 한 미국 학교가 떠오르는데 이 학교는 내 기준에서도 이 나라의 상위 1, 2% 안에 충분히 들 만한 학교다. 친절하고 지적인 이 학교의 교장은 학교의 게시판에 그동안 아이들이 다녔던 몇 번의 여행기에 대한 글을 게재했다. 배에서 짐 부리는 장면을 보고, 상수도 급수원을 탐방하고, 기차역에서 일하는 사람들을 인터뷰한 장면들을 묘사한 다음, 이렇게 쓴다.

(그 여행을 통해) 생각해볼 만한 사실들을 거두어들였다. 어떤 사람들의 눈에는 엄청나게 차를 타고 돌아다닌 것에 불과할지도 모르지만. 실은

한 아버지가 기차 타기에 불만을 표시하며…… 엄청나게 불평을 쏟아놓았다. "우리는 가족끼리 이 지역을 수없이 여행했다. 학교에서는 좀 더 나은 일을 해야 하는 게 아닌가." 하고. 하지만 그분도 '아이들의 계획'을 들어보고 또 인터뷰를 위해 '아이들이 만든' 질문지와 그때 진행 중이던 열차 여행에 관한 이야기를 들어보고는 훨씬 더 이해하게 되었다. 다른 여행들에서는 이 지역의 땅과 강, 바다가 어떻게 연결되어 있는지 그 길을 따라가보았다……. 이 여행의 '결과물' 들 중 하나는 6피트 길이의 모형지도로, 비록 지도 그 자체에 대한 관심보다 크지는 않지만 그에 못지않은 부수적인 관심을 불러일으켰다. 왜냐면 그 지도를 놓기 위한 공간이 없어 도르래를 써서 그 지도를 천장에 들어 올려놓아야 했기 때문이다. (' ' 표시는 글쓴이)

그러나저러나 그 지도를 제작하는 것은 누구의 생각이었을까? 누가 진짜 그 계획을 짰으며 질문 목록을 만들었단 말인가?

이 여행의 '성과'는 지도, 구두 보고, 사진, 일람표, 이야기, 심지어는 춤을 통해서도 나타났다. 나는 아이들이 봤던 일을 춤 속에 표현하는 능력에 놀라움을 금치 못했다. 그리고 ○○○의 춤을 생생하게 기억한다.
　한 아이가 해설을 맡았고 나머지 아이들은 수레바퀴와 선풍기로 여행 과정이 바뀌는 걸 표현했다. 반주가 함께했는데 이 과정에 참여한 음악 교사는 음악 속에 아이들이 전달하고자 하는 것을 실었다.

'성과', 왜 항상 '성과'라는 게 있어야만 할까? 관심이 있는 뭔가를 보러 가는데 그 후에 춤을 추어 표현을 한다든지 6피트짜리 모형지도를 만들어 천장에 매단다든지 할 필요는 없지 않을까? 나는 스스로 어떤 성과가 있었는지 결정할 수 있고 그럴듯한 것이 있다면 나만의 경험으로 간직하고 싶다. 더 중요한 것은 나는 그 성과가 저절로 내게 모습을 드러낼 때까지 기다릴 수 있다는 점이다. 이런 일에는 시간이 걸린다. 때로는 여러 해가 걸리기도 한다. 그래서 만약 '창조적인 교사들'이 애써서 그 성과물이 드러나게 밀어주고 찔러주고 동기를 부여해주지 않는다면, 성과는 (그런 식으로) 결코 나타나지 않는다.

나도 학교에 있을 때는 그렇게 가르쳤다. 그래서 이런 성과가 어떻게 이루어지는지 알고, 또 교사들이 의심 많은 아버지들을 달랠 겸 어떻게 '아이들이 전하고 싶어 하는 것을 직관적으로 드러내 보이는지' 잘 안다. 학교장은 이런저런 것들을 춤으로 나타내는 아이들의 능력에 "놀라움을 금치 못했다."라고 말한다. 꼭 마찬가지로 아이들도 틀림없이 교장이 놀라는 것을 알아챘으리라.

이와 같은 학교의 아이들은 오래지 않아 교사들이 무얼 두고 감탄하는지, 또 자신들의 어떤 행동을 보고 싶어 하는지 알아챘다. 아니면 이런 일을 하는 것이 엄청난 찬사와 미소, 칭찬, 상, 훌륭한 기록을 가져다준다는 것을 금방 배우게 된다. 그런 일을 하지 않는 것은, 또는 그런 일을 하기를 좋아하지 않는 것처럼 보이는 것조차 빛나는 원에서 밀려나와 바깥의 어둠 속으로 떨어진다는 걸 의미한다는 사실을 알게 되기까지 오랜 시간이 걸리지 않는다. 니 릴레 스꼴레에서는 그런 일이 없다.

이 학교가 어떤 곳인지 알려면 이와 비슷한 장소를 보아야만 한다.

열린학교에서조차 어른들은 아이들이 하고자 원하는 것을 하게 만들려면 어떻게 해야 할지, 또 아이들이 충분히 그 일을 하고 있는지 어떤지 염려한다. 반대로 아이들 편에서는 그 일을 할까 거절할까 염려하는 게임에 어찌나 익숙했던지, 우리로선 이런 게임이 벌어지지 않는 곳은 어떻게 돌아갈까 상상조차 할 수 없다.

니 릴레 스꼴레를 가본 후에 나는 대부분의 학교를 방문하는 일이 견딜 수 없어졌다. 불과 몇 년 전만 해도 내가 훌륭하다고 생각했을 만한 학교들조차 마찬가지였다. 그런 학교에서 자주 보게 되는 꾸미고, 신중하고, 감정을 숨기고, 교활하고, 소심하고, 속이고, 음울하거나 유혹적인 아이들과 니 릴레 스꼴레의 꾸밈없고, 자연스럽고, 대담하고, 생기 있고, 솔직하고, 열려 있는 정직한 아이들의 차이는 너무나 크다. 나는 아이들 대부분을 좋아한다. 아이들 사이에 둘러싸여 있는 것을 좋아한다. 하지만 학-교 안에서 그 아이들을 봐야 한다면 아예 보지 않는 편을 택하겠다.

니 릴레 스꼴레에서 무슨 일이 벌어지는지, 아이들이 그 속에서 무엇을 하는지, 또 아이들이 그곳에서 펼쳐지는 삶 속에서 얼마나 많이 변화하고 강해지는지 책 한 권을 쓴다 해도 그 작은 부분조차 이야기할 수 없다. 모든 아이들이 서로 다른, 각자의 일을 하고 날이면 날마다 새로운 일이 펼쳐진다. 누군가가 이에 대해 책을 한 권 쓰기 바란다. 그 학교는 잘 되어가고 있다는 게 내가 말하고자 하는 핵심이다. 대부분의 부모들이나 교사들이 신경을 쓰고 염려해 마지않는 아주 좁은 학구적 기준에서 봐도 아주 성공적이다.

이 학교는 IQ나 학구적인 재능을 따지지 않는다. 입학에는 어떤 테스트도 없다. 적어도 몇몇 아이들은 학교 성적이 나쁘다는 이유로 다른 학교에서 전학을 왔다. 그러나 니 릴레 스꼴레를 나온 거의 대부분의 아이들은 아주 어렵다는, 전통적이고 학구적인 고등학교 김나지움으로 간다. 그곳에서도 성적이 좋다. 아이들이 충분한 나이가 되면 거의 모두가 고급의 전문직 훈련을 받는다. 이 과정에 이르게 되는 젊은이는 이 나라의 젊은이 중 5%밖에 안 된다. 내가 알고 있는 제아무리 뛰어나고 훌륭한 학교라도 이 학교만큼 잘 되고 있는 학교는 없다.

이 아이들과 그 부모들이 덴마크 사람들을 임의로 축도한 모습이라고 주장할 사람은 없을 것이다. 대부분의 덴마크인들도 대부분의 미국인들과 마찬가지로 자기 아이들을 그런 학교에 보낼 생각을 하지 않는다. 니 릴레 스꼴레의 부모들은 성향의 문제를 떠나서 한 가지 공통점을 갖고 있는데, 그들은 자기 아이들을 믿는다. 그렇지 않다면 아이들을 그런 학교에 보내지 않을 것이다. 그런 점에서 그 부모들과 그 아이들은 예외적이다. 하지만 이 점은 꼭 지적해야겠다. 우리는 아이들이 세상의 참모습을 알아낼 거라고 믿어줄 수 있고 그렇게 신뢰를 받을 때 아이들은 알아낸다는 것을.

내가 본 니 릴레 스꼴레

바스바르는 코펜하겐의 교외에 있는 소득수준이 중간 정도인 작은 도시다. 학교는 이 중 한 구역에 위치하며 경공업지대로 구획된 거리를 끼고 있다. 덴마크에서는 흔한 경우인데 이 지역은 주택단지를 후

미에 두고 몇 개의 작은 숲으로 분리되어 있어, 이 숲은 아이들의 좋은 놀이터가 되기도 한다.

학교는 4층짜리 건물의 1층을 사용하고 있다. (지금은 시에서 건물을 다른 용도로 쓰고 싶어 하기 때문에 학교는 다른 장소를 찾아야 할 형편이다.) 학교의 주 공간은 전체 면적의 3분의 2를 차지하는 길고 좁은 방으로 양쪽에 창문이 줄지어 있다. 이 방은 원래 공업시설 용도로 설계되었던 관계로 창턱이 바닥에서 1.2~1.5미터가량 높게 떨어져 있어 아이들이 바깥을 보려면 창턱 위로 올라가야 한다. 하지만 볼 수 있는 거라고 해봤자 학교 건물과 똑같은 모양의 다른 건물들밖에는 없기 때문에 이 점이 크게 문제 될 것도 없다. 이 주 공간 말고는 한쪽 끝에 아주 작은 체육실이 있다. 학교의 온갖 모임들이 여기서 열린다. 다른 쪽 끝에는 화장실 몇 개를 끼고 두 개의 작은 방이 있는데 하나는 주로 음악실로 쓰이고 다른 하나는 작업실이다.

나머지 공간은 약 2,000개가량의 나무 맥주 상자로 칸막이를 만들어 몇 개의 작은 부분으로 나뉘어 있다. 이 맥주 상자는 한 양조장이 용기를 플라스틱제로 바꾸었을 때 공짜로 얻어온 것들이다. 이 암녹색 상자는 칸막이, 테이블, 책꽂이, 의자 등 여러 용도로 쓰이는데 전부 '맥주'라는 표시가 되어 있다. 이 표시는 학교 어디에서나 제일 먼저 눈에 띈다. 학교에 있다 보면 얼마 지나지 않아 이 물건들이 친숙하고, 자연스럽고, 어울리게 느껴진다. 소박하고, 튼튼하고, 값싼 자연 소재의 이 상자들은 이 학교의 정신을 대변하고 있다. 나무 상자 없이는 이 학교를 상상하기 어려울 지경이다.

학교는 아주 소박하고 돈이 적게 드는 범위 안에서 필요한 물품을 갖추고 있다. 미국이나 영국, 덴마크에서 학교 교사나 행정직을 맡고 있는 사람들이 이 학교같이 허술한 설비를 갖춘 학교에서 근무해야 한다면 자기들은 기가 막힐 정도로 혜택을 받지 못하고 있다고 여길 것이다.

사무실에는 수동식 타자기 한 대와 녹음기 하나, 그리고 복사기 한 대가 있다. 학교의 주 공간에는 냉장고 한 대와 작은 난로가 하나 있는데 아이들은 이 난로에서 가끔씩 조리도 하고 과자도 굽는다. 하지만 보통은 덴마크인들이 즐겨먹는 샌드위치로 점심을 해결한다.

얼마 안 되지만 괜찮은 책들을 모아놓은 작은 서가가 있다. 서가에는 수학이나 과학 서적과 교과서가 몇 권 있기는 하지만 수학용 또는 과학용 비품이라 불릴 만한 물건, 예를 들자면 수학 실험 교재나 PSSC 교재*나 너필드**처럼 대부분의 영국이나 미국 초등학교에서라면 필수라고 생각하기 마련인 교재들은 거의 눈에 띄지 않았다. 작업실에는 간소한 목공용 연장 세트 하나, 금속을 가열하고 다루는 도구 몇 개, 산소-아세틸렌 절단기와 용접기가 있다. 게임이나 퍼즐용 장난감도 몇 개 눈에 띈다.

미술 도구도 거의 없었다. 찰흙이나 이젤, 물감을 본 기억이 없고 아이들이 이런저런 것을 이용하는 모습을 본 적도 없다. 그런데도 아이들 손으로 색칠한 표지판 같은 게 눈에 띄는 걸로 봐서 주위에 물감이 있던지, 필요하면 가져올 수 있는 것 같았다.

---

* Physical Science Study Committee. 미국의 케네디 대통령 시절, 소련에서 먼저 유인 우주선 스푸트니크호를 띄운 데 대한 충격으로 NASA 주도로 만들어낸 과학 교과서.
** Nuffield. 1960년대 중반 영국에서 등장한 학문 중심의 과학교육 프로그램.

두세 개의 수동 베틀과 재봉틀이 하나 있었다. 처음에 방문했을 때는 새들과 작은 동물들이 있었는데 두 번째 갔을 때는 모두 사라지고 없었다. 그 대신 여러 종류의 열대어를 기르고 있었다. 어른의 도움을 받아 만든 여러 개의 어항에서 놀고 있는 열대어를 그저 바라보기만 하면서 몇 시간을 보내는 아이들도 있었다.

축구공 몇 개, 줄넘기, 그 밖에 몇 가지 다른 스포츠 용품이 있었다. 작은 체육관에는 텀블링 매트 하나가 있었고, 음악실에는 오래되어 거의 고물이 다된 업라이트 피아노 한 대와 어쿠스틱 기타, 전기 기타 몇 대, 어떤 교사가 손수 제작했다는 베이스 바이올린, 그리고 크기가 서로 다른 북이 한곳에 쌓여 있었다.

이들 물품 목록은 단순하기 짝이 없다. 하긴 내 눈에 안 띄어서 못 봤거나 모르는 비품도 있었겠지만 내가 본 것에 한해서 다음의 세 가지 사항에 주목할 필요가 있다.

첫째, 이 학교는 오늘날 기존의 초등학교나 열린교실에서 찾아볼 수 있는 설비와 물품의 극히 일부분만 가지고 있다.

둘째, 학교에 있는 어떤 비품이든 아이들이 쓰기 위해 존재한다. 즉 전형적인 미국의 학교에서 보이는 굳게 잠긴 시청각 교실, 또는 도서관에서 책을 빌릴 때 치러야 하는 복잡한 절차 같은 것이 없다.

셋째, 이 점이 가장 중요한데 아이들을 위한 이런 '하기' 장소를 만들고자 하는 사람이면 누구든지 비품을 구하는 데 많은 돈을 들일 필요가 없다는 점이다. 아이들의 공부에 멋들어진 교재가 그렇게 많이 필요한 건 아니다. 얼핏 보아 아이들이 수학 교재나 과학 교재를 그렇게 좋아하는 것처럼 보이는 이유는 그 교재를 다루는 편이 전통적인 학교 공부, 교사의 말에 귀를 기울이고 공책을 채워 넣는 일보다는 훨씬 낫기 때문이다. 하지만 아이에게 진정한 선택권이 있다면 어느 누구도 수학 교재나 주물럭거리면서 시간을 보내려 하지는 않을 것이다.

공정을 기하기 위해 다른 이유 한 가지를 말하자면 이 학교는 더 이상의 비품을 갖출 만한 돈이 없기도 했다. 만약에 그럴 만한 돈이 있다면 교사나 학생이 필요로 해서 학교가 사고 싶어 하는 물건이 분명 있을 것이다. 하지만 이 교사들과 학생들은 자기들에게 필요한 물건 중 많은 것들을 빌리거나, 폐품을 이용하고, 값싸게 구입하는 길을 뚫는데 꾀가 보통이 아니다. 결론적으로 말하자면 학교의 재정이 훨씬 풍부하게 된다 하더라도 아이들과 교사들은 그 돈을 어떻게 쓸까 같이 결정하는 순간에 이르면 물건을 사느니 지금처럼 다른 재미있는 일을 하는 데 투자를 할 가능성이 높다. 학교는 현재 짧은 여행을 자주 하는데 코펜하겐 시내나 주변을 돌아다니는 건 물론 더 멀리까지 진출한다. 한 떼의 아이들은 스웨덴을 횡단하는 도보 여행을 하기도 했다. 돈이 더 있다면 아마 더 많은 여행을 하리라.

출석에 관해 몇 마디 해보자. 덴마크의 아이들도 법적으로 학교에 다니도록 되어 있다. 아마도 덴마크에서도 미국에서와 똑같이 이 법을 엄격하게 준수하고 강요하는 학교가 많이 있으리라 본다. 이 학교는 그렇지 않다. 이 학교도 출석을 기록한다. 그렇다고 출석 호명을 한다거나 특정한 시간에 모든 아이들이 학교에 있어야 하는 건 아니다. 이 학교에서는 아무 날이나 정해서 교사 중 한 사람이 누가 있고 없는지 기록한다.

이렇게 한다고 해서 아이가 없는 것을 걱정하고 전화를 거는 따위의 행동은 하지 않는다. 사람들은 어떤 아이가 학교에 없다면 그럴 만한 충분한 이유가 있고 어디에 있든 잘 지내리라 믿는다. 또 대개는 학교가 충분히 친밀하고 개방적인 공동체인 만큼 어떤 아이가 학교에 없다면 누군가 그 아이의 소재와 행방을 알고 있기 마련이다. 그렇지 않을 경우도 하루 이틀 학교를 빼먹고 다시 돌아온 아이는 그동안 뭘 했는지 여러 사람에게 이야기한다. 이유를 아는 사람이 아무도 없는데 아이가 학교를 이틀 이상 빼먹는 일은 극히 드물다. 이런 상태가 계속되면 교사들이 아마도 자세히 조사를 시작할 것이다.

딱 한 번 아이 한 명이 아주 여러 날 동안 학교에서 보이지 않아 교사들이 아이를 학교에 돌아오게 하려고 궁리한 적이 있긴 했다. 그렇다고 해도 아이들은 스스로 생각하기에 충분한 이유가 있다고 생각되면 자유롭게 학교 아닌 장소에 가도 된다. 아이들은 허락을 받을 필요가 없고 돌아왔을 때도 결석에 대한 변명을 할 필요가 없다. 누구에게도 학교에 없는 동안 시간을 헛되이 보내지 않았음을 증명할 필요가 없다. 체험 학습 프로그램에 참여한 미국 대학생처럼 떠나 있는 동안 한 일에 관해 보고서를 작성할 필요는 없다.

내가 그 학교를 찾았을 때는 모두 봄, 그러니까 5월 중순이나 5월 말이었다. 길고 어두운 겨울이 끝나고 태양이 나타나면 스칸디나비아 사람들은 밖으로 나와 햇볕을 쬐고 싶어 한다. 이때가 되면 아이들 중 반수 이상이 학교에서 빠져나가고 없다. 겨울에는 학교 안에 있는 것을 훨씬 좋아하지만. 그런데 학교를 나간 아이들은 뭘 할까? 나로서는 그 학교의 정신을 나타내는 어떤 것, 그리고 그곳에서 벌어지는 일의 범위와 다양성에 대해 내가 본 겨우 몇 가지 일밖에 얘기할 수가 없다. 어떤 일들은 아이들이 모두 같이한다. 2년 전 학교 회의에서 많은 논의 끝에 점심 식사를 공동 급식으로 하기로 결정했다. 어느 정도의 돈을 마련해서 몇몇 아이들이 먹을거리를 사고 다른 아이들이 준비를 한다. 빵과 고기를 자르고 캔 뚜껑을 따는 등등. 그리고 상을 차리고 같이 먹는다. 이것이 학교에서 벌어지는 일이다. 아주 생동감 있고 시끄럽고 다정한 광경이다.

자주 접하게 되는 또 다른 활동은 학교 총회다. 아이들과 교사들이 같이 참석하는데 누구에게나 발언권과 투표권이 있고 모든 표는 똑같은 효력을 가진다. 닐은 서머힐의 총회에서 열두 살 아래의 아이들이 아주 능동적으로 참여하는 경우는 매우 드물다고 말하곤 했다. 이 학교에서는 그렇지 않다. 어린아이들은 자주 길게 의견을 낸다. 학교는 공개 투표로 일을 결정하려고 애쓴다. 그 대신에 모든 사람(아니면 거의 모든 사람)이 동의할 수 있는 해결책을 찾는다. 회의에서는 사적인 인간관계나 문제에 대해 이야기하기도 한다. 누가 누구를 괴롭히거나 귀찮게 군다든가 하는. 그렇지 않으면 돈은 어떻게 써야 한다든지 하는 학교 정책에 대해 이야기하기도 한다. 이 점에서 나는 이 학교가 서머힐보다도 훨씬 진보했다고 믿는다.

니 릴레 스꼴레에서 꽤 자주 논의하는 일 중 하나는 학교 공간의 배치에 관한 것이다. 다시 말해 주 공간을 맥주 상자로 구획해서 작업 공간을 만드는 방식에 관해서다. 이 일을 위해 여러 번의 총회가 열린다. 사람들은 현재의 배치가 마음에 들지 않는 이유를 이야기한다. 아이들은 치수를 재고 새 계획안을 그리기 시작하는데 그러고 나면 엄청난 작업이 시작된다. 우리가 해군에서 '기동훈련'이라고 부르곤 했던 바로 그런 모습이다. 온갖 책과 비품을 상자에서 꺼내고 칸막이를 해체하고 가구를 옮긴다. 이때 학교의 대청소도 같이 한다. 그런 다음 새 계획안에 따라 맥주 상자들을 배치하고 그 속에 책과 비품을 다시 채운다. 이 일은 큰일이고 아이들은 이 일에 참여하는 것을 좋아한다. 즐겁고 흥분된 시간이다. 몇 년 전 나 역시 어떤 젊은 건축가에게 이상적인 학교는 결코 완공되어서는 안 된다, 아이들이 계속 새롭게 설계하고 개축할 수 있어야 한다고 말했던 적이 있다. 니 릴레 스꼴레는 바로 그런 학교다.

학교생활에서 가장 중요한 부분 중의 하나는 아침체조-율동-춤을 함께 하는 시간이다. 학교의 체육실은 스쿼시 코트나 핸드볼 코트보다 약간 클까 말까 한 천장이 낮은 방으로, 그곳에 비치된 비품은 두꺼운 텀블링 매트 하나와 콩고드럼 두 개가 전부다. 아침이면 노련한 음악가이자 댄서이기도 한 교사 한 명과 아이들 거의 모두가 이 체육실에 모인다.

교사는 북 하나를 차고 앉아 빠르고 신나는 리듬을 치기 시작한다. 그러면 아이들은 몸을 움직이고 뛰어오르고 춤을 추기 시작한다. 이 수업 시간이 똑같이 진행된 적은 단 한 번도 없다. 몸놀림은 자유롭게 즉석에서 만들어지고 한 사람이 먼저 하면 모두들 따라 한다. 아이들이 전에 했던 동작을 다시 할 때도 자주 있겠고 분명히 더 좋아하는 동작도 있겠다. 하지만 해나감에 따라 아이들과 교사는 생기 있고 우아하고 교묘한 동작들을 개발해낸다. 새로운 리듬이 새로운 동작을 이끌어낸다. 아이들 중 한 명이 북을 칠 때도 있고 아이와 교사가 함께 각각의 북을 치기도 한다. 이런 장면이 연출해내는 그 매력과 유쾌함과 에너지를 말로 옮기는 것은 불가능하다. 나는 그에 비견할 만한 장면을 본 적이 없다. 북소리, 율동, 춤은 오랫동안 계속된다. 아이들 대부분은 너무나 건강하고 에너지가 넘쳐 있는데 그 열기의 많은 부분을 여기서 태운다. 무슨 수를 써도 다 태울 수는 없겠지만.

학교에는 침잠되고, 고요하고, 사색적인 분위기를 띤 시간과 날들도 있지만 아이들은 거의 언제나 엄청나게 사교적이고, 말 많고, 활동적이고, 시끄럽다. 미국의 학교에서 이보다 훨씬 덜 활동적인 아이들을 '활동 과다'로 부르며 약을 먹이는 것과 비교된다. 이 춤 시간은 이 학교의 중요한 조직적 체육 활동이며 체육 자원이다. 좀 더 나이 든 소년들 중에는 축구를 좋아하고 최고의 선수가 되는 꿈을 갖고 있는 아이들이 많은데 학교에서 걸어 10분 거리에 축구장이 있는 공원이 있어서 그곳에서 자주 축구를 한다.

용접 장비를 갖추기 전에 이 학교에는 분젠버너가 한 대 있었다. 하루는 약 한 시간가량 서너 명의 아이들이 버너를 둘러싸고 앉아 있었는데, 나도 그 속에 끼었다. 우리들은 각자 집게 하나씩을 들고 못 하나를 집어 불꽃 속에 담그고 있었다. 못이 붉게 달구어지고 작업하기에 알맞을 정도로 물러지면 꺼내서 그걸로 뭔가를 만들기로 되어 있었다. 우리들은 짧게 절단한 철로 동강이를 모루 삼아 못을 두드려댔다. 나는 못 조각품을 만들거나 못 두 개를 녹여서 두드려 붙여볼 수 있을지 알아보려고 했다(실패했지만).

학교에 새로 온 7, 8세가량의 남자아이는 같은 일을 자꾸만 반복해서 시도하고 있었다. 아이는 못을 뜨겁게 달구어서 나뭇조각에 꽂아

넣었고 나뭇조각은 그을려지면서 연기가 피어올랐다. 만약 다른 누군가가 자기 못에 닿거나 너무 많이 불꽃을 차지했다 싶으면 그 아이는 욕을 퍼붓고 으르렁거렸다. 다른 아이들이 그것 때문에 겁을 먹지는 않았지만 나는 무척이나 당황했다. 이전에는 어린아이 속에 그토록 큰 폭력과 분노가 들어 있는 것을 본 적이 없었기 때문에 나는 그 아이가 나무판에 못을 꽂을 때 무슨 상상을 할지 생각해볼 엄두도 나지 않았다. 그것이 그때 그 아이와의 유일한 만남이었다.

2년 후 그 학교를 두 번째 찾아갔을 때 그 아이는 평화롭고 친절하고 행복한 아이가 되어 있었다. 게다가 우연인지 학교에서 금속공예나 용접을 가장 숙련되게 하는 아이들 중 한 명이었다. 놀랍고 기쁘게도 그 아이는 나를 알아보았을 뿐만 아니라 그것도 친구로서 기억해주었다.

음악실. 음악가이며 훌륭한 재즈 피아니스트인 교사 한 분이 한 아이에게 전기기타로 어떤 재즈 화음을 연주하는 법을 시연해주고 있었다. 교사는 말로 설명해주고, 직접 보여주고, 같이 연주했다. 다른 두 명의 어린아이들이 살짝 콩고드럼을 치며 연주에 끼어들었다. 아이들은 어떤 종류의 영감은 그만두고서라도 제때에 박자를 맞출 만한 실력조차 갖추지 못했다. 하지만 제발 연주를 그만두라고 하는 사람은 아무도 없었다. 신경질적인 시선을 보내지도 않았고, "우리가 바쁘다는 것 몰라?"라는 분위기를 자아내는 어떤 감정적 대응도 없었다. 그 방 안에 있던 두세 명의 다른 아이들도 나처럼 그저 보고 있을 뿐이었다. 가끔씩 피아노와 기타가 제 가락을 낼 때면 나는 평소에 즐겨 하듯이 블루스 곡을 아무렇게나 흥얼거렸다. 또 다른 아이 한 명은 창턱에 걸터앉아 밖을 바라보고 있었다. 그곳에 있는 사람들은 각자 나름대로의 수준에서 집중력을 발휘하며 참여하고 있었고 그 모두가 허용되었다.

스톨리브라스가 적절하게 묘사했듯이 "본다는 것은 소중한 행위다. 아이들이 어떤 것을 볼 필요성은 존중되어야 한다. 아이들이 다른 이들을 바라보는 데 빠져드는 것을 방해해선 안 된다. 오히려 '격려해야' 한다. ……어떤 아이들은 스스로 하기 전에 다른 이들이 하는 것을 보는 걸 좋아한다. 그 아이들은 자신이 하기 전에 무엇을 할 것인지를 곰곰이 씹고 생각해보길 좋아한다." 니 릴레 스꼴레에서는 모두가 이 점을 알고 있다.

회의실에는 가구가 없다. 모임이 있을 때면 사람들은 붙박이로 박아놓은 카펫이 깔린 관람석의 한쪽 편에 앉는다. 그렇지 않을 때면 방은 보통 비어 있다. 열네 살쯤으로 보이는 소녀가 여러 날에 걸쳐 한 시간가량 벽에 대고 테니스공을 던졌다 받으며 공을 놓치지 않고 한번에 몇 번 받아낼 수 있는지 보고 있었다. 보통 20번에서 40번쯤 될까. 다른 시간대가 되면 여섯 명의 여자아이들이 떼를 지어 줄넘기 놀이를 했다. 제일 어린 애는 여덟 살, 제일 큰 애는 열두 살쯤이었다. 아이들은 하루에 한두 시간씩 줄넘기를 하며 놀았고 많은 날들이 이렇게 흘러갔다. 아이들은 갖가지 규칙을 정하고 갖가지 조합을 만들어내며 놀았는데 엄청난 진지함과 집중력을 갖고 있었다.

이 학교에 들어온 지 얼마 안 되는 한 어린 남자아이는 난폭하고 곧잘 화를 내는 성격이었다. 그는 아이들 스스로 '테러리스트들'이라 부르는 한 패거리에 속해 있었는데 한번은 여러 가지 판지 상자를 박살

내다가 열 살짜리 소녀의 눈을 때렸다. 너무 심하게 치는 바람에 진짜 다칠 판이었는데 그 아이는 뺑소니를 쳤고 자기가 무슨 짓을 저질렀는지 모르는 것 같았다. 소녀는 두 손으로 눈을 감싸고는 아픔에 못 이겨 몸을 수그렸다. 다른 아이들과 최소 한 명의 교사가 이 광경을 목격했다. 옆에 있던 사람이 괜찮으냐고 물으며 위로하고 다독거려 주었을 뿐, 다른 일은 아무것도 일어나지 않았다!

내가 지금까지 알고 있는 거의 대부분의 학교에서라면 소녀는 큰 소리로 울기 시작했을 테고 다른 아이들은 이 일을 해결해달라고 교사에게 일렀을 상황이었다. 그러면 그 어린 남자애는 필경 끌려와서 사과를 해야 했을 것이고 아마 벌도 받았을 것이다. 여기에서는 어른과 아이들, 그리고 다친 소녀까지도 그 사나운 꼬마가 고의로 소녀를 아프게 한 건 아니라고 생각했다. 아마 그 아이는 이미 겁을 먹고 부끄러워하고 있을 것이다. 그러니 무엇 때문에 벌을 주고 더 수치스럽게 만들겠는가? 뭐 하려고 그 아이가 이미 알고 있는 이상으로 훨씬 심하게, 자기가 나쁜 아이라는 걸 느끼게 할 것인가? 그 아이가 그토록 거칠게 행동하도록 만드는 건 바로 이 느낌인데 말이다.

그보다는 이곳에서라면 비난받고 벌 받을 걸 염려할 필요는 없다는 걸 느낄 수 있도록 도와주는 게 더 낫지 않을까? 이 학교가 교내의 테러리스트들을 교화하는 방식은 설교나 벌이 아니라 바로 이런 방법을 통해서이다. 어른들은 아이들을 참을성 있게 대하고 믿으며 용서한다. 그래서 때가 되면 아이들도 서로를 이런 식으로 대한다. 그렇다고 그 아이들이 누군가 자신의 샌드위치를 빼앗거나 한참 열중하고 있는 일을 훼방 놓는데도 얌전하게 있다는 뜻은 아니다. 이 아이들도 서로 밀치고, 싸우고, 큰 소리로 다투고, 고함을 질러대며 서로에게 화를 내긴 한다. 하지만 학교에 다니는 대부분의 아이들처럼 고자질을 늘상 입에 달고 있거나 교사를 자기편에 끌어들이려 애쓰지 않는다. 그리고 오랫동안 원한을 품거나 분노를 간직하지도 않는다.

이 학교가 잘되어 가는 이유

앞서 이야기한 내용은 아이들이 이곳에서 생기 있고 행복하게 되는 이유에 대해 어느 정도의 설명이 될지도 모르겠다. 하지만 아이들이 보통 학교에서 가르치는 학업에도 그토록 좋은 성적을 보이는 이유를 설명해주지는 못한다. 그 이유는 뭘까? 그 해답은 영화에서 해설을 맡은 교사가 내놓는다. 아이들이 하는 일을 몇 가지 보여주고 그것에 관해 얘기를 나눈 다음 그는 이렇게 말한다.

"우리는 주로 이야기를 나누고 서로의 말에 귀를 기울입니다."

이들은 주로 그런 일을 한다. 이 말은 교사들이 이야기하고 아이들이 듣는다는 뜻이 아니다. 이 학교에는 숨겨진 의도나 목적이 있는 어떤 강의도 없을 뿐만 아니라 수많은 현대적 학교에서처럼, 교사가 '토론을 장악하지도' 않는다. 단지 아이들 사이에, 아이와 어른 사이에 대화가 있을 뿐이다.

아이들과 어른들 사이의 대화는 어떻게 시작되는가? 보통 아이는 어른과 더불어 어떤 일을 '하고' 있기 때문에 그 일을 하면서 이야기가 시작된다. 때로는 다른 사람들도 끼어든다. 대화는 마구 방향을 바꾸어가면서 진행된다. 진짜 대화란 원래 그렇다. 중간에 빠지는 사람도 있고 새롭게 끼어드는 사람도 있다. 대화 도중에 무리가 갈라져 두세 개의 무리가 생기기도 한다. 대화는 끝이 없다. 대화는 얼마 동안 중단될지도 모르지만 생각은 계속된다. 그리하여 같은 맥락의 대화가 며칠 후 다시 이어진다.

아이들은 행동할 때와 마찬가지로 생각 속에서도 데니슨이 『아이들의 삶』에서 언급했던 '경험의 연속체continuum of experience'를 갖게 된다. 거의 모든 학교에서는 이런 경험을 결코 할 수 없다. 벨 소리, 쪼개진 수업 시간, 수업 계획, 유도된 토론 등 온갖 것들이 이런 경험을 방해하고 흩뜨려놓는다. 아이들이 어른들의 이야기에 귀를 기울일 때도 있고 좀 큰 아이의 말에 더 어린 아이가 귀를 기울일 때도 있다. 교사 회의조차 아이들에게 열려 있다. 끼어들기를 조장하지는 않지만 나가달라고 말하지도 않는다.

내 설명을 학교를 운영하는 하나의 방법론이나 공식으로 받아들이지는 말기 바란다. 교육을 행하는 학교에서 가르칠 수 있는 내용 같은 것 말이다. 이 학교는 하나의 인간 공동체이며 학교를 움직이게 하는 큰 부분은 그 속에 있는 어른들이다. 이 어른들은 가장 비범한 교사들이라 할 수 있는데 적어도 세 가지 관점에서 정말 그렇다.

우선 이 교사들은 가르치는 기술뿐만이 아니라 여러 가지 점에서 유능하다. 교사들 대부분은 여러 가지 일을 하다가 교사가 된 사람들인데 일 속에서 얻은 많은 경험들과 유능함을 학교로 가져온 셈이다. 교사들은 뭐든 할 줄 알고, 만들 줄 알고, 고칠 줄 안다. 이 점은 아이들에게 중요하다. 아이들은 뭐든 하고 싶어 하고 그래서 일을 할 줄 아는 어른들에게 지대한 관심과 매혹을 느낀다. 이 교사들이 지닌 자연스런 권위의 많은 부분이 이 유능함에서 온다.

열린학교든 프리스쿨이든 대안학교든 미국의 이런 학교들이 안고 있는 문제 중 많은 부분은 교사들의 실력이 너무도 부족하다는 데서 생긴다. 자기들이 얼마나 아이들을 좋아하고 존중하는지, 그리고 프리스쿨 같은 데서 아이들과 더불어 지내기를 얼마나 원하는지를 납득이 갈 만한 태도로 아주 진지하게 말하는 젊은이들이 많다. 하지만 그때 내가 "자네는 뭘 할 수 있나?" 하고 묻기라도 하면 그들은 깜짝 놀란다. 그들은 아무것도 할 줄 아는 게 없을 때가 너무 많다. 몇 년 동안 그들이 해온 일이라고는 학생이 된 것이 고작이었다.

"하지만 사랑과 좋은 의도만으로 충분하지 않나요?"

아니, 그렇지 않다. 대부분의 아이들은 1온스의 능력과 1파운드의 사랑을 기꺼이 바꿀 것이다. 이런 점 말고도 니 릴레 스꼴레의 교사들은 지적이고, 지식이 풍부하며, 호기심이 많고, 재미있는 사람들이다. 이 교사들은 이 세상에 대해 많이 알고 있고 또 이 세상에 대해 생각을 한다. 이와는 대조적으로 『교사들에게 일어난 일What's Happened to Teacher』에서 마이런 브렌턴Myron Brenton이 인용한 미국 교사들을 대상으로 한 대규모 표본조사를 보면, 교사들 대부분은 너무나 지식이 박약하고 세상에 관심이 없다는 것이 여실히 드러난다.

그들은 거의 독서를 하지 않는다. 미국의 교사들이 가장 애독하는 잡지는 《리더스 다이제스트Reader's Digest》이다. 그들 중 많은 사람이 1년에 평균 한 권의 책을 읽는다. 좀 더 독서를 하는 경우에도 대부분 가벼운 시간 때우기용 소설류를 읽는다. 그들은 보통 사람들과 마찬가지로 아는 것도 얼마 없고 할 줄 아는 것도 없다. 그리고 알고 있거나 할 수 있는 게 있어도 학교에서 그런 걸 얘기하거나 직접 하지는 않는다. 간단히 말해 그들은 호기심 많고, 활동적이고, 건강한 아이들이 많은 시간을 함께 보내고 싶어 하는 종류의 어른이 아니다.

니 릴레 스꼴레의 교사들은 소외된 사람들이 아니라는 점 역시 중요하다. 그들은 모국인 덴마크를 미워하거나, 두려워하거나, 경멸하지 않는다. 물론 그들이 좋아하지 않고 바꿨으면 하고 바라는 점도 많다. 하지만 그들은 덴마크를 좋아하고 그 나라의 품에서 안락함을 느낀다. 덴마크는 그들이 살고 싶은 땅이다. 그들은 휴가를 그 땅에서 보낸다. 물론 그들은 이 세상을 혐오하지도 않는다. 그 모든 결점에도 불구하고 세상은 아직 아름답고 다채롭고 매혹적인 장소이며, 신나고 재미있고 이로운 일들이 가득한 곳이다. 그들은 자기 자신의 삶을 좋아한다. 그들은 어른이 된 자신을 좋아하고 열정과 에너지에 차 있다. 그들은 학생들에게 어린 시절은 인생에서 최고의 시기이니 할 수 있는 한 오래 그 속에 자신을 가두어두라고 말하지 않는다. 그들은 아이들이 어른이 되어 훨씬 커지고 보다 강해져, 세상을 더 많이 알고 세상 속의 일을 더 많이 하기를 원한다는 것을 알고 있다. 그래서 아이들이 그렇게 할 수 있게 도울 만반의 자세를 갖추고 있다.

미국 대안학교의 진실이 항상 이렇지는 못하다. 미국의 대안학교는 교사들을 모집할 때 흔히 자신의 삶이나, 자신의 나라, 그리고 자기를 둘러싼 세계로부터 심각하게 소외된 젊은이들에게 관심을 갖는다. '삶이란 진력나는 짓이다.'가 그들의 좌우명인지도 모른다. 나도 그들에게 공감이 가고 왜 그 젊은이들이 그런 식으로 느끼는지 이해

한다. 하지만 그런 사람들은 아이들에게 그다지 도움이 안 되고 쓸모도 없다.

아이들은 세상과 싸우지 않는다. 아이들은 세상 속에서 뭔가를 발견하고 싶어 한다. 아이들은 세상은 아주 끔찍하다는 둥, 그 속에는 할 만한 가치가 있는 일이 없다는 둥, 단 하나 훌륭하고 합리적인 일이 있다면 그 세상을 부숴버리는 일이라는 둥, 가능하면 그 세상으로부터 멀리 도망쳐버리는 게 상책이라는 등의 이야기를 듣고 싶어 하지 않는다.

무엇보다 중요한 점은 니 릴레 스꼴레의 교사들이 솔직하고 정직하다는 사실이다. 그들은 아이들이 이야기하고 싶어 하는 주제가 어떤 것이든 가리지 않고 이야기를 나누며, 진짜 생각하는 것을 말하고, 모르는 게 있으면 모른다고 인정한다. 대부분의 교사들은 이렇지 않다.

브렌턴이 인용한 표본조사에 따르면, 미국 교사들의 90%는 학교에서 논의의 여지가 있는 주제라고 말하는 주제에 대해 아이들끼리 토론하게 하거나 같이 토론해서는 안 된다고 믿고 있으며 사실상 하지도 않는다고 한다. 비록 그런 주제들이 아이들이 가장 흥미를 느끼는 주제들임을 잘 알고 있긴 하지만 말이다. 따라서 기존 학교의 아이들은 거의 이야기를 할 수 없고, 이야기를 할 경우에도 정직하게 말할 수 없으며, 정작 이야기하고 싶어 하는 주제에 관해서는 말할 수 없다.

이 밖에도 거의 모든 교사들은 양성 과정이나 교사로 근무할 때나 할 것 없이 절대로 무지와 불확실성, 혼란을 용납해서는 안 된다는 소리를 거듭해서 듣는다. 무엇보다도 '직업적인 거리를 유지하라.'는 것은 자신의 사생활이나 사적 감정을 솔직하게 말해서는 절대 안 된다는 뜻이다. 그러나 아이들은 바로 이 교사의 사생활과 사적 감정에 그 무엇보다 관심이 있다. 바로 이 사생활과 사적 감정으로부터 어른이 된다는 게 무엇인지를 알아챌 수 있기 때문이다.

그리하여 니 릴레 스꼴레 출신 아이들은 나중에 보통 학교를 다니게 될 때도 여러 가지 이유로 아주 훌륭한 학교생활을 한다. 아이들은 아직도 세상에 대해 호기심이 있고, 세상에서 가치 있는 것을 찾을 수 있다는 자신감이 있으며, 그 일을 해낼 만한 실력을 갖추고 있다. 여러 해에 걸쳐 능동적으로, 진지하게, 많은 사람과 이야기를 주고받았기 때문에 아이들은 언어(보통의 학교들이 정복하고자 하는 큰 부분이다.)를 사용하는 데 아주 능숙하다. 학교 안팎으로 폭넓고 다양한 사회적 상황에 대처해보았기 때문에 기존의 학교에서 맞게 되는 대체로 제한된 도전을 아주 쉽게 다룰 수 있다. 요컨대 눈과 귀를 늘 열어두는 아이는 누구든지 짧은 시간 안에 기존의 학교 교사들이 원하는 바가 무엇이고 그것을 해주는 방법이 무언지 파악할 수 있다. 그 방법이 재주에 불과하다는 것을 일단 알기만 하면 그것은 쉬운 재주다. 하지만 무엇보다도 이 아이들은 평범한 학교교육을 받은 또래들보다 훨씬 더 많이 알고 있기 때문에 더 잘 해나갈 수 있다.

사람들은 어떻게 아이들이 자신이 하고 싶은 대로 하며 몇 년의 세월을 보낸 후에 그토록 평범한 학교에 다니는 것을 견딜 수 있는지 의아해한다. 싫지 않을까? 물론 싫어한다. 이런 아이들에겐 보통 학교가 황당하다. 하지만 아이들은 대처해나가는 법을 배운다. 또한 아이들은 현실적이다. 아이들은 자기들이 하고 싶은 일 중 많은 일은 김나지움과 대학을 거쳐야만 이룰 수 있다는 걸 알 만큼 자기 자신과 세상에 대해 충분히 배웠다. 그래서 아이들은 그 울퉁불퉁한 길을 갈 준비가 되어 있다. 또한 내가 아는 몇 안 되는 미국의 아이들처럼 그 아이들은 학교를 이용한다는 점에서 (단지 학교에 복종하거나 반항하는) 대부분의 학교 아이들보다 분명 훨씬 능력이 있다. 즉 자신만의 이유가 있어 하고자 하는 일 중 적어도 몇 가지는 학교로부터 얻어낸다.

니 릴레 스꼴레가 의미하는 바를 좋아하는 만큼이나 그것 또한 하나의 학-교라는 사실을 잊어서는 안 된다. 더욱 중요한 점은 다른 나라에서는 그만두고서라도, 덴마크에서조차 이 학교를 따라하는 학-교는 거의 없다는 것이다.

우선 이곳은 사립학교로 덴마크의 공립학교 체제에 속하지 않는다. 현재 공립학교 중에는 이런 학교가 하나도 없고 만들 계획도 없는 것으로 안다. 하지만 이 학교는 운영비의 대부분을 정부로부터 받고 있다. 덴마크의 법에 따르면 일정수의 학부모가 자비로 학교를 세우고 1년간 운영해갈 수 있다면 그 후부터는 정부가 운영 경비의 85%를 지불한다.* 나머지 15%는 스스로 해결해야만 하는데 이 일은 극빈자는 없지만 큰 부자도 거의 없고, 아이들의 학교교육에 돈을 들이는 관례가 없는 이런 나라에서는 이루어지기 어려운 일이다. 이 법에 따라 '작은 학교'라 불리는 소규모의 독립 운영 학교들이 약 40개 정도 생겨났다.

내가 알기로 다른 어떤 나라에서도 이런 법은 마련되어 있지 않고

---

*덴마크에서는 아이들 여덟 명에 교사 한 명만 있어도 학교로 인정하고 학생이 서른 명 넘는 학교에 무조건 재정을 지원한다.

앞으로도 통과될 것 같지 않다. 이런 정부의 지원이 없었더라면 니 릴레 스꼴레는 아마 탄생하지 못했을 것이고 우연히 만들어졌다 할지라도 현재의 형태로 존재하지는 못했을 것이 분명하다. 학교는 현재의 학부모들보다 훨씬 부유한 사람들의 지원에 기대어야 했을 것이고, 따라서 그들의 승인을 받아야만 했을 것이다. 하지만 덴마크뿐만 아니라 어떤 다른 곳에서도 다른 사람들과 서로 협력하고 돕는 것이 일등이 되는 것보다 중요하다고 믿는 학교를 지원해주는 부유층은 존재하지 않는다.

학교가 이렇듯 격식 없이 운영되고 학교에 언제 오고 얼마만큼 머물 것인지 아이들 스스로 결정하도록 허용되는 것은 이 구역 담당의 장학사가 이 학교에서 하는 일을 지원해주거나 적어도 관용을 베풀고 있기 때문이다. 덴마크라고 해도 다른 지역이었거나 다른 장학사를 만났다면, 학교는 그만큼 행운을 누리지 못했을 수도 있고, 여러 가지 점에서 법조문에 훨씬 더 구애받아야 했을지도 모른다.

결론적으로 말해 이 학교가 지금처럼 할 수 있는 이유는 아무도 그렇게 되고 싶다고 생각하거나, 노력한 적이 없다고 해도 이 학교가 승리자의 학교이기 때문이다. 즉 이 학교는 성공적인 학생들의 학교이다. 만약 니 릴레 스꼴레의 아이들 중 극히 일부만 다음 학교생활을 잘 해나간다면, 많은 부모들이 아이들을 이곳에 보내는 것을 그만둘 것이다. 교사들조차도, 지금 자신들이 하고 있는 일이 옳다고 완전히 확신을 가지고 있는 바로 그들조차도 의심을 품기 시작할 것이다.

내가 지금까지 니 릴레 스꼴레를 설명해 보인 것은 교묘한 조종이나 매수, 위협이 존재하지 않는 장소, 짧게 말해 학-교 없는 사회 안에서 아이들과 어른들이 같이 살고 일하며, 서로 관계를 맺고, 서로에게서 배우는 몇 가지 길을 제시해보려 한 것이다. 나는 사람들이 "자, 우리 서둘러 우리 학-교들 전부를 니 릴레 스꼴레처럼 만들자."라고 생각하도록 만들려는 것은 아니다. 내 말의 요지는 그것이 아니다.

무엇보다 모든 학-교가 니 릴레 스꼴레와 같이 되는 걸 허용하는 사회가 있다면 이미 그런 사회는 학-교 자체를 원하지 않을 것이다. 그래서 간단하게 학-교를 제거해버릴 것이다. 그런 사실을 넘어서 어떤 사회가 아이들이 아주 즐겁고 훌륭하게 자랄 만한 니 릴레 스꼴레 같은 학교로 가득 차 있다고 해도, 여전히 내가 이상적이라 부르고자 하는 것에 미치지는 못할 것이다.

니 릴레 스꼴레의 아이들에게조차 덴마크의 거의 모든 곳은 경계 밖에 있는 출입 금지 구역이다. 나는 아이들이 그들을 위해 특별히 준비된 곳에서, 그들을 돌보도록 특별히 훈련받은 사람들과 함께, 그들에게 주어진 모든 시간을 보내야 한다는 데 반대한다. 그 장소와 사람들이 얼마나 멋진가는 문제가 안 된다. 아이들에게는 그보다 훨씬 많은 것이 필요하다. 나이를 가리지 않고 그 모든 구성원에게 열려 있고, 다가가기 쉽고, 환하게 볼 수 있는 그런 사회—그 속에서 모든 구성원들이 나이에 상관없이 능동적이고, 진지하고, 책임 있고, 유익한 부분을 담당할 권리를 가지는 그런 사회가 필요하다. 그런 사회를 만드는 데는 학-교를 개혁하거나, 아니 학-교 자체를 몽땅 없애버리는 것보다 훨씬 많은 문제들이 얽혀 있다.

니 릴레 스꼴레와 어느 정도 비슷한 모습을 가져보려고 노력하는 미국 내의 거의 모든 학교들은 겨우 몇 년 안에 스러져간다. 때로는 자유에 관한 의견 충돌로 쪼개져버리는 학교도 있다. (니 릴레 스꼴레는 어떤 작은 학교에서 떨어져 나온 몇몇 교사와 학부모들에 의해 세워졌다. 이들이 생각하기에 그 학교가 기존의 학교들과 너무나 비슷하게 되어가고 '성과물'에 너무나 연연했기 때문이다.) 어떤 때는 그 지역 정부 관리들에게 끊임없이 시달린 끝에 사라져버리는 경우도 있다. 그도 그럴 것이 적어도 미국에서는, 관리들은 대체로 뭔가 자유의 냄새를 풍기는 이런 종류의 학교들을 싫어한다. 이보다 많은 경우 재정난으로 학교가 없어지거나 지원하는 부유한 사람들의 압력 아래 원칙들이 포기된다.

미국에서 보게 된 대안학교들 중에 내가 특별히 좋아했던 학교가 있다. 니 릴레 스꼴레와 같은 정신과 분위기를 가졌던 이곳은 바로 앤 아버에 있는 '어린이의 마을Children's Community'이다. 이곳은 대부분이 가난한 집안 출신인 25명 정도의 어린아이들로 이루어진 흑백 차별 없는 학교로, 1960년대 말경 2~3년 운영되다가 재정난으로 문을 닫았는데 최근에 다시 시작되었다. 학교의 초대 교장이었던 빌 아이어스Bill Ayers는 이 학교에 관한 소개말을 《학교에 관한 잡지This Magazine Is about Schools》에 두 번 실었는데 나중에 저 유명한 책 『학교에 관한 책This Book Is about Schools』에 재수록되었다. 그가 쓴 글의 한 부분을 보자.

온갖 흑백차별 없는 학교에서는 게토 문화나 흑인 문화라고 일컫는 모든 것이 실패의 모델이다. 우리 학교는 여기서 제외된다. ……우리가 하고자 하는 일은 이 한 무리의 (흑과 백의) 아이들이 어떤 유의 가치판단을 앞세우지 않고 서로에게서 배우고, 생각을 교류하면서 스스로 취사선택하도록 내버려두는 것이다. ……요점은 아이들은 스스로 실제 삶을 조사해봄으로써 배우는 것이지 누군가 진리라고 결정해버린 것을 통해 배우지는 않는다는 점이다. ……우리는 배움을 모든 곳—체계화되지 않고 규정되지 않은—에서 진행되는 것으로 본다.

그는 아이들 전부와 함께 갔거나 몇몇 아이들과 갔던 여행에 대해 묘사했다. 한번은 사과를 사러 과수원에 갔다가 트럭에 사과가 실리고 있는 것을 보았다. 그들은 한 위탁 판매소까지 트럭을 따라갔고 트럭은 그곳에 짐을 부렸다. 그들은 그중 몇 개를 샀다. 또 한 번은 도살장에 가서 가축을 도살하고, 잘라서, 포장하는 것을 봤다. 빌로서는 그 광경을 보는 것이 좀 꺼림칙했지만 아이들은 달랐다. 그들은 두 군데의 자동차 제조 공장에도 갔다. 몇몇 아이들은 그토록 거대한 조립라인이라든가 그 모든 부품이 합체돼 한 대의 자동차로 만들어지는데 감명을 받았다. 한편 어떤 아이들은 악취나 열, 소음, 먼지에 관해 얘기했다. 그들은 공항에 자주 갔다. 단지 비행기를 보려는 이유에서만은 아니었다.

그곳에는 외국어를 하는 많은 사람들과 에스컬레이터, 영화가 있고, 온 사방에 작은 전시물들이 있으며, 천장에는 이런저런 광고문이 걸려 있다. 그리고 그곳은 크다. 커다란 대리석 바닥 위를 가로질러 달려도 되고 잔소리하는 사람도 없다.

읽기 문제를 두고 그는 이렇게 썼다.

우리는 아이들이 수백만 가지 다른 방식으로 읽기를 익힌다는 걸 알게
되었다. 어떤 아이들은 차를 좋아해서 차 이름을 구별하려고 읽기를 배
운다. 또 어떤 아이들은 여행을 자주 가기 때문에 길가의 표지판을 읽으
려고, 누구는 서로의 이름을 읽으려고, 가게에서 상품명을 읽으려고, 아
니면 단지 읽는 것을 좋아해서 읽기를 배운다. 아이들은 거의 모두가 정
말 읽기를 배우고 싶어 한다. 아이들은 주위의 모든 사람들이 말을 하기
때문에 말하는 걸 배운다. 아이들은 능력 있는 사람이 되기를 원한다. 아
이들은 능력이 있는 것 같아 보이는 다른 모든 사람들처럼 세상에서 벌
어지는 일의 뜻을 이해하고 싶다. 그래서 말하는 걸 익힌다. 읽기에 관해
서도 그 사실은 틀림없다.

전체적으로 봐서 흑인 아이들의 부모들은 학교가 해나가는 방향에
기꺼이 동참했다.
"이분들은 흑인 아이들이 여기에서는 공평한 대우를 받고 있지만
다른 학교에서는 그런 대우를 받지 못할 거라고 생각합니다."
하지만 유색인이거나 가난한 계층의 아이들을 위해 이런 종류의
학교를 운영하려는 사람들은 대부분 그 부모들이야말로 가장 엄격하
고 전통적인 종류의 학교교육을 요구한다고 생각하는 경향이 있다.
자기 아이들이 그렇게 교육을 받아야만 가난으로부터 벗어날 수 있
다는 믿음과 환상을 갖고 있다는 것이다.
만약 어떤 곳을 니 릴레 스꼴레를 모델로 삼아 만든다 해도 학교나

학교의 대체물로 여기거나 부르지 말고, 그저 만남의 장소, 일종의 클럽으로 운영하는 것이 더 쉬울 수도 있다. 『학교에 관한 책』에 실린 로라 필립스Laura Phillips의 멋진 글, '볼드윈 가 클럽The Baldwin Street Club'은 바로 이런 장소에 관한 것이다. 토론토의 가난한 동네에 살고 있는 두 젊은 부부는 자기들 집의 지하층을 이웃들에게, 특히 이웃에 사는 아이들에게 열어두었다. 아이들은 그 장소를 좋아했고 그곳에서 재미있는 일을 많이 벌였다. 보스턴의 한 흑인 거주 지역에는 잠시 동안 '스토어프론트 러닝 센터Storefront Learning Center'라 불리는 곳이 있었다. 많은 아이들이 이곳을 이용했는데 결국 그 빌딩을 소유하고 임대했던 시 당국이 다시 찾아가버렸다.

그런 장소를 학교라 부르지 않을 때 아마도 다음과 같은 이점이 있지 않나 생각된다. 그렇게 하면 아이들이 그 장소를 자신들의 공간으로 생각하기가 더 쉬워진다. 학교란 어른들의 장소니까. 그렇게 하면 학교에서라면 항상 있기 마련인 학교 담당 공무원의 조사를 받지 않아도 된다. 그런 공무원들은 대개 그런 장소에서 일어나는 일을 이해하지도 못할 뿐더러 좋아하지도 않는다. 그렇게 하면 아이들의 미래에 불안을 갖는 부모들이 그 불안을 공립학-교에 떠넘기고, 이 클럽을 아이들이 좋은 시간을 보내고 하고 싶은 일을 하는, 활기 넘치고 재미있는 장소가 되게 내버려둘 수가 있다.

11 학교 개혁의 실패
The Failure of School Reform

내가 이 글을 쓰고 있는 지금, 학-교를 개혁하고자 하는 또 하나의 운동, 모든 학-교를, 아니면 그중 많은 학-교를 조금이라도 더 니 릴레스꼴레처럼 만들고자 했던 운동이 끝에 이르고 있다. 우리는 이런 운동들이 실패로 끝나는 이유, 아니 실패로 끝날 수밖에 없는 이유를 이해하는 편이 좋겠다. 무엇보다도 그런 운동은 새롭지가 않다. 1960년대의 초·중반기에 몇몇 영국 초등학교에서 일어났던 일을 보도로 접하고 신이 났던 우리 세대는, 그런 일이 그 이전에는 결코 없었다는 듯이 그 사건을 '혁명'이라 부르고 싶어 했다. 하지만 1920년대, 1930년대, 그리고 심지어 그보다 이른 시기에도 그런 일들을 벌인 사람들이 있었다.

댄 핑크Dan Pinck는 《새터데이 리뷰Saturday Review》에 기고한 한 기사에서 이렇게 말했다.

"우리가 '혁명적'이라 부르는 교실 안 실습은 1905년 인디애나 주

개리의 공립학교에서 도시 전역에 걸친 규모로 실행되었다."

좀 더 최근에 나의 동료인 마고트 프리스트Margot Priest는 허버트 포크Herbert Falk가 쓴 『체벌, 미국 학교 내의 체벌 이론과 그 실제의 사회적 해석Corporal Punishment, a Social Interpretation of Its Theory and Practice in the Schools of the United States』에서 다음과 같은 구절을 찾아냈다.

프란시스 웨일랜드 파커 대령은 몇 년간 유럽식 교육 이론과 실제를 공부한 후, 1875년 미국으로 돌아와 매사추세츠 퀸시의 학교들을 관리할 책임을 맡았고 그 시대의 가장 흥미 있는 혁명적 교육 실험 중 하나를 선도했다. 기존의 이론과 실제로부터 벗어난 상당히 중요한 이 실험은 에드워드 H. 라이즈너Edward H. Reisner의 책인 『보통 학교의 진화The Evolution of the Common School』에서 발췌한 다음 인용문에 간단하게 요약되어 있다.

"파커는 전통적인 학교 교과로 대변되는 칸막이와 복도의 네트워크를 없애버리는 것으로 교육 재건설 작업에 착수했다. 그는 읽기와 받아쓰기, 수학, 지리 등등으로 구분된 교과를 없애고 쓸모 있는 소양과, 상호 관련성을 지닌 연합적 통일체인 경험이라는 흥미 있는 양상으로 재탄생시켰다. 훈육의 측면에서는 규율과 상벌 제도, 점수뿐만 아니라 아이들을 근면하고 규율 있게 만들려는 의도에서 으르고 달래는 데 쓰였던 온갖 억압 장치들을 철폐했다. 이 억압적인 학교 통제가 작동하는 곳에서 그는 그와 같이 일하는 교사들과 함께 진정한 의미의 공동체를 건설해냈다. 그 공동체 속에서 학생들은 사려 깊고, 협동적이고, 공공의식이 있는 시민으로서 처신하는 법을 배운다."

그러나 학교를 개혁하려는 운동들은 결코 오래 지속되는 법이 없다. 운동은 오래지 않아 유행에서 밀려나고 반동이 시작된다. 그리하여 인도적인 변화를 일으켜보려 시도했던 몇 안 되는 학교들은 운동을 포기한다. 보통 이런 일이 일어나면 대중은 엄청난 안도의 함성을 지르고 전통적인 학교가 오랜 기간에 걸쳐 저질러온 저 모든 실패는 '개혁가들의 탓'으로 돌려진다. 머지않아 개혁이 실제로 효과를 본 적이 있었다는 어떤 증거도 잊힌다.

따라서 대중이 초창기의 진보적인 교육개혁 운동에서 등을 돌렸을 때, 낮은 비율의 미국 학교들과 그다지 철저하지 못하고 통찰도 없는 많은 사람들이 듀이Dewey가 이야기한 아이 중심의 교육관을 시행해보려 시도했었다는 사실에 애써 주목하려는 사람은 거의 없었다. 1930년대 말과 1940년대 초에 카네기재단은 수많은 학생과 학교의 실례를 활용한 대규모의 면밀한 연구에 8년간 자금을 지원했다. 그 연구는 기계적 암기 위주의 구식 방법과 훨씬 개방적이고 융통성 있고 흥미지향적인 방식 중 어느 편이 더 효과적인 교수법일까를 알아보려는 것이었다. 학교들 자체에서 중요하다고 결정한 모든 평가 수단을 이용해서 알아본 바에 의하면, 두 번째 방식으로 가르친 아이들이 학교나 대학에서 훨씬 더 뛰어난 능력을 발휘하고 있었다. 그러나 이 연구 결과는 거의 순식간에 잊혀졌다. 내가 질문을 던져본 교사들 중 어떤 사람도, 아니 교사를 양성하는 교사들조차도 이 연구에 관해서 들어본 적이 없는 것 같았다.

미국은 이제 이 순환 고리를 다시 반복하려 한다. 최근 《뉴스위크》의 '학교, 근본으로 돌아가서'라는 특집 기사는 즐거운 듯이 시작된다. (수많은 신문과 잡지에 이 비슷한 다른 기사들이 실렸었다.) 이 기사의 한 부분을 살펴보자.

혁신의 열기는 거의 10년 이상 놀라운 속도로 미국의 학교들에 번져가고 있다. 교육에 대한 대중의 물밀듯한 관심과 실험, 실습에 쏟아붓는 막대한 기금, 그리고 특히 교육개혁가들의 열정에 힘입은 새로운 교육정책들(탁월한 것도 있는 반면 어떤 것은 솔직히 터무니없는 것도 있다.)이 거의 전국에 걸쳐 채택되었다. 열린교실은 학생들이 학년에 상관없이 이루어진 그룹 속에서 어떤 활동을 할 것인가 선택할 수 있고 교사의 간섭을 거의 받지 않고 자기들의 일에 전념할 수 있는 체제로, 대유행되고 있다.

이 글을 보면 그런 일들이 엄청나게 많은 학교에서 엄청나게 많은 아이들을 대상으로 이루어지고 있다는 인상을 받게 되는데, 간단히 말해 그것은 사실이 아니다. 엄청난 규모의 '열린교육'은 결코 없었다. 그 10년 동안 나는 미국 전역을 여행하며 수백 개의 학교와 교사들, 그리고 교육의 변화에 관심이 있는 사람들을 대상으로 강연을 했다. 내가 방문했던 지역공동체들은 대부분 다른 지역에 비해 변화에 훨씬 더 개방적이었는데 그렇지 않았다면 나를 초청하지도 않았을 것이다. 그러나 이들 지역공동체와 내가 지금껏 책에서 보거나 이야기로 전해들은 온갖 지역에서조차 그런 변화는 그들 학교에 다니는 아이들 중 많아봤자 10% 정도에도 미치기 어려웠다. 보통은 그보다 훨씬 적을 것이다.

　그레그 칼슨Gregg Carlson이 행한 미네소타 주 학-교의 최근 현지 조사에 따르면 미네소타 주의 학구 중 29%에 어느 정도 열린학교의 성격을 지닌 학교가 있다. 학구마다 10%의 어린이가 포함된다면 미네소타의 어린이 중 2.9%만이 열린학교에 다니는 셈이다. 이 학교들은 대부분 그 규모가 매우 작아 절반 이상이 학생 수 150명 이하이다. 간단히 말해 거의 모든 열린학교는 학구에 있는 학생의 10%에도 훨씬 못 미치는 인원을 대상으로 하고 있는 셈이다.

　사실상 미네소타 주 아이들의 1% 미만이 그런 학교에 다닌다고 보는 것이 올바른 추측이고, 그런 사정인데도 이 미네소타 주야말로 정치적 입장으로 보나 교육적 입장으로 보나 미국에서 가장 진보적인 주이다. 나는 이들 열린학교 중 가장 잘 알려진 곳을 방문해보았다. 비록 아주 훌륭하고 기존의 학교들보다 훨씬 나은 학교였지만, 니 릴레 스꼴레의 정신을 따라가려면 아직도 길이 멀어 보였다.

　상상으로 만들어진 변화의 물결, 그 꼭대기에서 미국 교육부의 대안학교 분과는 미국 전역에 걸쳐 혁신적인 K-12 프로그램에 참여하는 학구에 500만 달러를 지원할 것이라고 발표했다. 약 400~500개 정도의 학구가 계획안을 내놓았지만 다수의 학구는 전혀 응답이 없었다. 사실상 교육부의 극도로 조심성 있는 개혁가들의 기준에서 이들 계획안 중 단지 30~40개 정도만이 계속 연구해볼 만한 혁신성을 띠었다고 평가받았다. 그리고 그중 단지 서너 개 안만이 최종적으로 받아들여져 인도적인 개혁가라면 그저 소심한 첫 단계의 변화밖에 시도할 수 없다고 여길 만한 자금을 지원받았다. 나는 이 지원금 중 일부를 받아서 학교 체제 중 하나를 개혁하는 일을 하고 있는 사람들을 알고 있어서 그들이 돈을 얼마나 썼는지 들을 수 있다. 그 체제 속에는 혁신적인 작은 열린학교들 소수가 이미 속해 있었고, 그들은 거의 자금 없이 소규모로 운영을 해왔다. 연방정부가 이 체제의 혁신에 자금을 지원했을 때, 이 사람들은 그들의 일을 확장할 수 있는 더 많은 돈을 받을 수 있으리라는 희망을 가졌다. 그러나 높은 급료를 받는 조정자들, 정책 입안자들, 그리고 무엇보다도 평가자들로 이루어진 전혀 새로운 관료 조직이 학구의 사무실에 들어앉아버렸다. 그전에는 가난하나마 능력껏 자신들의 일을 독자적으로 처리할 수 있었던 혁신적인 학교와 교사들은 그 즈음에 이르러서는 진행 중인 일을 설명하거나 증명하는 데 많은 시간을 바치고 있는 지경이었다. 많은 교사들은 연방 지원금이 뭔가 하는 일이 있다면 일을 더 어렵게 하는 것뿐이라고 생각했다.

'기초로 돌아가서'에 관한 또 다른 어떤 기사에서 《보스턴 글로브》는 이렇게 썼다. 과거 10년간 대부분의 교육개혁은 약 14억 달러 규모의 예산이 소모되었는데 이 자금은 교육법 제3장에 의거해서 지원되어 왔다. 처음에는 이 예산이 큰 액수로 보였다. 그러나 1970년 즈음의 경우에서 보듯 이 나라의 초·중등 교육에 소요되는 연간 총비용은 거의 400억 달러에 이르고 있다. 그러니 교육의 변화를 위해 사용했던 액수는 전체 교육비의 1% 중에서도 3분의 1가량밖에 안 되는 셈이다. 그런 얼마 안 되는 액수 중에서도 많은 부분이 어떤 인도적인 개혁가도 진지하게 받아들이지 않는 정교한 분야별 실험실, 마이크로티칭(녹화 평가 방식), 컴퓨터, 열린 공간의 학교 같은 미키마우스식 기획에 소비되었다. 14억 달러 중 4분의 1만큼이라도 실제로 아이들을 보다 열리고, 융통성 있고, 무엇보다 신뢰가 가는 방법으로 가르치려고 애쓰는 사람들의 손에 들어갔는지 의심스럽다.

《뉴스위크》의 기사는 이렇게 계속된다.

경쟁이 덜한 합격-불합격제를 선호해서 성적 평가제를 버렸던 고등학교와 대학의 대다수가 다시 구식의 성적제로 복귀하고 있다. 그것도 대부분 학생들의 요청에 따라서이다.

사실이다. 하지만 학생들이 성적 평가 없이는 공부를 할 수 없어서 성적제를 요구한 게 아니다. 그것 없이는 대학이나 대학원에 진학할 수가 없기 때문이다. 나중에 언급하겠지만 대학이나 대학원 자체도 몇 가지를 이유로 학생들에게 점수를 매기고 서열을 매기는 경쟁 체제에 강력한 기득권을 부여했을 뿐 아니라 성적 평가를 없애보려는 모든 시도를 고의로 방해했다. 너무나 효과적이게도 많은 대학원 과정의 대학교들이 합격-불합격제를 취한 강좌에 학점 주기를 거부했다. 그런 강좌를 들었던 몇몇 학생들은 재수강 신청을 해야만 했기 때문에 이번에는 성적 평가를 요구했다. 그 강좌를 들은 증거로 실제적인 학점을 얻기 위해서였다.

1960년대 초 고더드대학은 좀 더 열려 있고 융통성 있는 커리큘럼을 원하는 초·중등학교 종사자들 몇몇과 대학의 입학 담당자 몇 명을 함께 불러 모았다. 학교에 종사하는 사람들은 대학 입학 요구 조건이 초등학교의 커리큘럼을 결정하고 아이들에게 어떤 다른 것을 가르칠

(또는 아이들에게 배울 시간을 줄) 기회를 앗아간다고 불만을 토로했다. 그 당시의 암허스트대학 입학처장은 요컨대 우리에게 이렇게 말했다.

"여러분이 옳다고 생각하는 대로 하십시오. 가장 최선이라 생각하는 방식으로 가르치십시오. 그 아이들이 우리와 함께할 때 우리는 그 아이들이 어떤 종류의 사람이든 간에 상관없이 그들을 감당해야만 할 테니까요. 우리가 바뀌도록 힘을 쓰십시오. 여러분이 생각하시는 것만큼 우리에게 성적이 그리 대단한 건 아닙니다."

우리는 고무되었다. 그런데 10년도 지나지 않아 어떤 사람이 암허스트대학에 입학을 요청한 자기 아이들이 입학 담당관에게 이런 말을 들었다고 했다.

"자네의 SAT(대학수학능력시험) 점수가 800점 만점 중 600점 이상이 못 되면 성적표를 보내는 수고를 할 필요가 없네. 쳐다보지도 않을 테니까."

더 이상 무슨 할 말이 있겠는가.

워싱턴 주에 있는 아주 혁신적인 대학인 에버그린 스테이트에 다니는 한 학생이 아주 최근에 해준 이야기가 있다. 주립대학의 대학원 과정을 맡고 있는 지도급 인사 중 한 사람이 거의 공개적으로 이렇게 말했다고 한다. 에버그린의 학생이 지원하면 그가 누구든 '아주 혹독한 시선'을 받게 될 거라고. 의도가 무엇이든 간에 그 말의 뜻은 분명했다. 그대가 이 대학원에 들어오고 싶으면 에버그린 따위를 가지 마라.

《뉴스위크》의 기사를 계속 살펴보자.

미국 주 의회의 3분의 1 이상이 기초학습능력 달성을 강조하는 시험제
도를 요구하는 법안을 통과시켰다.

이 말에는 이 가상의 개혁 물결 때문에 그 기간 동안 많은 수의 학
교들이 표준학력고사의 활용을 그만두었다는 사실이 내포되어 있다.
사실 그렇게 했던 학교는 극소수였다. 열린학교나 대안학교들에서조
차 이 시험을 그만둘 정도의 용기를 가졌던 학교가 제법 있었다는 말
은 들어본 적이 없다. 시도했던 학교들조차 대다수는 대학 입학 담당
관들이나 불안에 떠는 부모들에 떠밀려 오래지 않아 궤도 안으로 복
귀했다.

찰스 실버먼Charles Silberman이 이끄는 대규모 연구팀이, 카네기
재단의 기금을 받아서 미국 전역에 걸친 수백 개의 학교를 방문한 것
은 이 가상의 혁신의 물결이 정점에 이르렀을 때였다. 실버먼은 그들
이 알게 된 내용을 『교실의 위기Crisis in the Classroom』에 썼다. 그
속에서 그는 이렇게 말한다.

공립학교의 교실 도처에서 드러나는 훼손의 그림자에 깜짝깜짝 놀라지
않고 어느 정도의 방문 시간을 보내기는 불가능하다. 그들은 자발성을
손상시키고, 배움의 즐거움을 없애고, 창조의 기쁨을 말살하고, 자신감
을 뭉개버린다. ……어른들은 학교의 존재를 너무나 당연하게 받아들이
기 때문에 미국 학교의 거의 전부가 얼마나 음침하고 즐겁지 못한 곳인
지 인식하지 못한다. (다른 나라에서도 아주 똑같다.) 학교를 통제하는 규칙
이 얼마나 답답하고 시시한지 지성이라고는 눈곱만큼도 없고, 미학은

찾아볼 수도 없는 그 분위기. 예의라고는 눈을 씻고 찾아봐도 없는 교사와 교장들의 놀라운 태도. 학생은 학생으로 대한다는 명목으로 그 사람들이 무의식적으로 드러내 보이는 그 경멸과 모욕의 언사.

1960년대 후반에는 모든 학교가 화기애애하고 관대했다고 생각하는 사람이 있다면 실버먼의 책을 꼭 읽어볼 필요가 있다. 책의 마지막 부분에서 실버먼은 그가 희망하고 믿는 다소의 개혁안이 대다수의 학교가 따르게 될 귀감이 될 것이라고 썼다. 하지만 그의 책이 나온 이후 오래지 않아 이들 개혁안들 중 많은 것들이 사라져갔다. 지금에 이르러서는 그 모두가 없어져버렸다. 내게 강연을 부탁했던 지역공동체들에서 나는 수많은 변화에 관해서 보고, 또 들었다. 그중 어떤 것들은 가능성이 있어 보였다. 하지만 이들 중 거의 전부가 단지 몇 년간 지속되었을 뿐 대부분은 연방정부의 지원이 끊기거나, 새로운 교육위원회가 구성되거나, 당시의 교육장이 떠나거나 은퇴하고 해고되면서, 아니면 그저 사람들의 관심이 떠났다는 이유로 사라져갔다. 그리고 그 수많은 개혁안들은 결코 눈속임, 협의, 홍보와 선전, 공허한 약속이라는 단계를 빼먹고 지나가는 법이 없었다.

예를 들어 그 당시 하비 스크라이브너 교육국장(잠시 동안 재직한 후 밀려났지만 뉴욕 시의 공립학교 협의회 의장을 지냈다.)의 지도 아래 있었던 버몬트 주 교육국이 '교육에 관한 버몬트의 견해'라는 팸플릿을 내놓았을 때 개혁가들은 엄청나게 고무되었다. 그 팸플릿은 우리가 믿고 있는 일의 대부분을 강력하게 지지하는 내용이었다. 후에 가서야 우리도 알게 되었지만, 버몬트 주의 한 교사가 나에게 보낸 편지를 보면 실상을 알만 했다.

"버몬트 주에서는 누구도 그 말을 진지하게 받아들이지 않았어요. 단지 세 군데 정도의 학교가 그 내용을 실시해보려는 진지한 노력을 해봤지요."

학-교는 더 나빠졌다

일찍이 인도적인 변화를 이루어냈던 학교는 거의 없다. 즉 그 변화를 좋은 방향으로 끌고 갔거나 오랫동안 지속시킨 학교는 거의 없다는 뜻이다. 거의 모든 점에서 학교는 언제나 그 모습 그대로이다. 뭔가 변한 점이 있다면 더 나빠졌다는 것이다. 과거와 마찬가지로 학교는 아이들 대부분에게 정신적·물리적으로 잔혹할 때가 많다. 무엇보다도 그 아이들이 가난하거나 유색인이거나, 또는 비범하고 용감하고 독립적일 때 특히 그렇다.

다시 실버먼에게로 돌아가보자. 실버먼은 냉정한 관찰자지만 어쩔 수 없이 감상적인 어린이 숭배자이다. 그의 책 내용이 《애틀랜틱 먼슬리Atlantic Monthly》에 3부 기사로 처음 모습을 드러냈을 때 그는 제1부의 기사에 '교실에서의 살해Murder in the Classroom'라는 제목을 붙였다. 틀림없이 나중에 이 '살해'라는 말을 '위기'로 바꾸라고 종용받았을 것이다. 하지만 그가 자신이 보았던 사실을 가장 잘 묘사해준다고 생각했던 최초의 단어는 '살해'였다.

칼 웨인버그Carl Weinberg는 『교육은 엄청난 속임수다Education

Is a Great Big Shuck』에서 똑같이 어두운 얘기를 들려준다. 학생들로부터, 부모들로부터, 교생들로부터, 그리고 몇몇 교사들로부터, 너무나 비정상적인 이야기가 계속해서 전해진다. 그리고 그 모든 경우가다 학교에서 아이들에게 가해지는 정신적·육체적 잔혹 행위에 관한것들이다. 그 행위는 아무에게도 처벌받지 않는다. 거의 모든 주에서는 지금도 체벌, 즉 어린이들에게 가해지는 태형 의식이 허용된다. 게다가 체벌은 그 정도에 그치지 않고 불법화되어 있는 곳에서조차 널리 행해지고 합법화된 곳에서는 남용되고 있는 형편이다.

오리건 주의 포틀랜드에 있는 한 학-교에서는 아이들을 '배 젓는노'로 때리는데 이 노는 약 86cm 길이에 43cm 정도 되는 손잡이가 달렸고, 날개 부분의 너비가 27cm, 두께는 약 2.3cm, 무게가 1.8kg로 1페니짜리 동전 크기의 구멍 26개가 드릴로 뚫려 있다. 학교에서 얼마나 야비한 정신적·육체적 잔혹 행위가 행해지는지 알아보려고 지속적인(그리고 너무나 어려운) 노력을 하고 있는 몇 안 되는 사람들은 엄청난 잔혹 행위를 보고한다. 열등생들이 다니는 '나쁜' 학교뿐만이 아니라 모범생들이 다니는 '좋은' 학교도 마찬가지다.

하지만 나는 학-교에 만연하는 이 잔혹 행위를 두고 치료될 수 있는 일종의 나쁘고 부주의한 습관이라는 인상을 심어주고 싶지는 않다. 이는 사람들이 진정으로 고치고 싶다면 고칠 수 있는 습관이 아니다. 강제적이고 경쟁적인 학교는 그 본성 자체가 잔인하다.

내가 한때 가르쳤던 학교를 생각해본다. 그 학교는 아이들에게, 특히나 어린 아이들에게 대체로 너그럽다고 믿어졌고, 실제로 그렇기도 했다. 교사들은 예외 없이 지적이고 교양 있고 높은 '교육을 받았고' 세련되고 지각 있는 사람들이었다. 그 사람들은 사디스트가 아니었다. 철학 때문만이 아니라 예의와 품위 때문에라도 물리적으로 아이들을 학대하는 일은 결코 하지 않았다.

그럼에도 너무나 많은 아이들이 열 살 나이에, 아니 그보다 더 어린 나이에 괴로워했다. 아이들은 학교생활의 많은 부분을 끊임없는 불안과 공포, 수치심 속에서 보냈다. 그들 중 많은 아이들이 그 경험 때문에 몹시 상처 입었다. 오늘날에 이르기까지 아이들은 그 학교가 자신들의 존엄성과 독립성, 그리고 자존심에 지속적으로 가한 공격에서 (의도적이지는 않았지만) 아직 회복되지 못했고, 그중 많은 아이들은 결코 완전히 회복되지 못할 것이다. 그래도 이 아이들은 운이 좋은 셈이다. 이 아이들보다 더 나은 학교생활을 할 수 있는 아이들은 많지 않다. 대부분은 확실히 더 나쁜 학교생활을 한다.

오늘날의 학-교가 과거에 비해 어느 정도까지는 잔혹성과 고통, 두려움과 굴욕을 덜 준다는 게 사실이라 하자. 몇 가지 점에서는 사실일 수도 있지만, 또 다른 점에서 보면 학-교는 과거보다 더 해로운 곳이 되었다. 학-교는 아이들의 시간을 훨씬 더 많이, 아니 거의 전부 앗아간다. 학-교는 아이들이 자기만의 삶을 살고 자신의 관심사를 추구하고, 학-교 밖에서 학-교가 주는 실패나 공포, 지루함을 보상받을 수 있는 시간을 점점 더 없애버린다. 학-교는 과거보다 훨씬 더 아이들의 미래를 조절하고 제한한다. 학-교를 통하지 않고 삶 속으로 들어갈 수 있는 길이 점점 더 줄어들고 있다. 훨씬 더 많은 종류의 일에서 학위나 졸업증, 자격증을 필요로 한다. 사회의 몇 안 되는 상위 자리를 차지하기 위한 투쟁이 점점 더 이른 시기에 시작된다. 뉴욕 시에서는 (아마 다른 도시에서도 마찬가지겠지만) 부모들이 세 살짜리 아이들을 유아원에 넣음과 동시에 그 준비가 시작된다. 아이가 그런 일을 우려할 만큼 사태를 모르기 때문에 부모들은 그렇게 한다. 그리고 결국 부모의 우려가 아이의 삶에 그림자를 드리우고 그 삶을 병들게 할 것이 틀림없다.

학교가 아이들에게 내리는 판정은 훨씬 이후까지 아이들을 따라다닌다. 이렇게 말하고 보니 내가 5학년까지 다녔던 공립학교가 아직도 내 생활기록부를 보관하고 있을까 하는 호기심이 생긴다. 하지만 지금은 현대의 기술에 힘입어 학교가 아이에 관해 기록해둔 모든 내용은 그 아이의 삶이 이어지는 한 유지된다. 아이의 2학년 때 교사가, 혹은 5학년 때 교사가 그 아이를 두고 판단했던 내용은 그것이 무엇이든 아이의 전 인생 동안 다른 사람이 읽을 수 있게 될 것이다. 옛날 같으면 교사들이 말할 엄두도 못 냈고 언급조차 허용되지 않았던 내용들이 말이다.

나의 생활기록부는 성적 말고는 아무것도 적혀 있지 않은 종이였다. 그러나 수많은 보고서가 지적했듯이 오늘날의 생활기록부는 험담투성이에 악의적이고 해로운 사이비 심리학적 관찰과 진단으로 가득 차 있다. 그 관찰과 진단의 대상은 아이들에 그치는 게 아니라 흔히 부모들도 포함된다. 그리고 대부분의 경우에 그것은 그런 진단을 하기에 전적으로 무능한 사람들에 의해 이루어진다. 내가 읽은 바에 의하면, 몇몇 학구에서는 몇 가지 의심스런 검사를 기초로 어떤 아이들을 '비행 직전의 청소년'이라고 분류하고는, 이 정보를 경찰에게 넘겨주었다고 한다. 몇 개의 주에선가는 학교가 부모들에게 아이들의 생활기록부를 보여주도록 요구하는 법안이 현재 통과 절차를 밟고 있다. 그러나 그런 법이 엄연히 존재하는 주에 거주하는 몇몇 학-교 종사자들의 말에 의하면 자기들 학교에서는 두 벌의 기록부를 준비하기 시작했다고 한다. 하나는 부모용이고 하나는 '비밀 보관용'이다. 이 비밀 보관용의 용도는 부모를 제외한 이 사회의 거의 모든 사람이 볼 수 있게 하려는 것이다.

학교는 점점 더 많은 아이들에게 또 다른 종류의 해로운 꼬리표들을 붙이고 있다. 교원학교에서 이야기를 나눈 많은 학생들이 신이 나서 하는 말이 있다.

"정규적인 교사직을 얻기는 어려워요. 하지만 특수교육 방면에는 많은 일자리가 있답니다."

특수교육은 '특별한' 학생으로 분류된 아이들을 가르치는 일을 뜻한다. 이 경우 95%는 모자란다는 의미로 흔히 정신박약, 학습장애, 정서장애를 말한다. 아이들 스스로는 이런 상태를 두고 그 퉁명스런 사실적 표현으로 '맛이 갔다' 아니면 '바보'라고 한다. 점점 많은 아이들이 학교에서 맛이 간 걸로, 바보로 분류되고 있고 그 수는 앞으로 더 많아질 것이며 그와 더불어 더 많은 사람들이 그런 아이들을 다루기 위해 훈련을 받을 것이다.

최근에 본 전면 광고에는 미국 아이들의 10%가 심각한 학습장애를 안고 있다고 씌어 있었다. 5년 전만 해도 훨씬 적었을 게 틀림없다. 그리고 앞으로 5년 안에 이 숫자는 훨씬 많아질 것이다. 최근 일요판 《뉴욕 타임스》의 교육란에 실린 한 이야기에 의하면, 진단 전문가들께서 학교에 다니는 아이들은 모두 학습장애를 가지고 있다고 말했다 한다.

분명한 것은 이런 유의 분류와 처치를 위한 잠재적 시장이 아주 넓다는 것이다. 특수교육계의 사람들은 물론 이렇게 말할 것이다. 아이들에게 '맛이 간', '바보'라는 꼬리표를 붙이는 이유는 그저 아이들을 도우려고 하는 것이고 문제가 일어날 경우 (미리 방비를 하지 않았던) 자기 자신을 책망하고 싶지 않기 때문이라고. 하지만 이런 꼬리표는 아이의 공식 기록부에서 결코 지워지지 않을 것이며 더 나쁘게는 그 아이의 마음에서 절대로 지워지지 않을 것이다.

한번은 한 40대 여성이 깊은 수치심으로 얼굴을 붉히고 목소리를 떨면서 자신은 '학습장애' 때문에 아무 일도 할 수가 없노라고 말하는 걸 들은 적이 있다. 그녀는 스스로를 두고 얼마나 여러 번, 또 얼마나 수치스러워하며 그렇게 말했을까? 학교는 또 얼마나 많은 사람들을 두고 앞으로 10년, 아니 20년 동안 사실상 그대는 정신적 불구라고, 아니면 치료될 수 없는 병을 가졌다고 꼬리표를 붙일 것인가?

학-교가 그 영향이 오랫동안 지속되는 새로운 명칭의 꼬리표를 많은 아이들에게 붙이고, 더 많은 사람들이 그것을 알고, 따라서 더 해를 끼치게 되는 것만 해도 충분히 나쁜 짓이다. 그런데도 학-교는 그것으로도 모자라 아이들의 삶에 더 깊숙이 개입해서 훨씬 더 많이 아이들의 삶을 조종하려고 하고 있다. 어린 시절 내가 다녔던 학-교는 우리에게 무언가를 요구하는 데 한계가 있었고, 우리들 모두 학-교가 요구하는 게 무엇인지 알았다. 우리 중에는 학-교가 원하는 것을 하려고 하고 할 수 있었던 애들도 있었고, 하지도 못하고 하려 들지 않는 애들도 있었다. 이렇든 저렇든 학-교는 우리에게 그렇게까지 큰 무게를 갖지는 않았다. 학-교는 우리가 가야 할 의무가 있는 곳이자 성적이 좋든 나쁘든 해야 할 게임이었을 뿐 우리들 삶의 중심은 아니었다.

오늘날 학-교들은 아이들에게 훨씬 더 크고 많고 애매한 요구를 한다. 얼마 전에 중서부 지역의 보수적인 중류층 부모들이 62개 항목이 적힌 유치원의 생활기록부에 관한 이야기를 했다. 내가 걱정할 필요 없다, 어떻게 그런 일이 있겠는가 하고 말하자, 사람들은 그 '유치원 생활 점검표'를 보여주었다. 정말 62개 항목이 적혀 있었다. 각각의 항목마다 세 개의 칸이 딸려 있고 그 위에는 이런 표시가 되어 있다. 첫 번째 협의회(11월), 두 번째 협의회(3월), 학년 말. 1에서 28까지의 항목과 61~62항목은 '11월 중순까지 달성해야 한다.'고 표시되어 있다. 나머지는 5월 중순까지였다. 여기 전체 항목을 살펴보자.

〈유치원 생활 점검표〉

첫 번째 협의회 /두 번째 협의회/ 학년말

1. 나는 _____이에요.

2. 나는 규칙적으로 유치원에 와요.

3. 나는 즐거운 마음으로 유치원에 와요.

4. 나는 유치원에서 즐거워요.

5. 나는 "네", "해주실래요?", "고맙습니다.", "괜찮아요.", "죄송하지만."이라는 말을 해요.

6. 나는 화장실 습관이 좋아요.

7. 나는 혼자 옷을 입을 수 있어요. (지퍼, 단추, 타이)

8. 나는 옷차림이 단정한지 살피고 바로잡을 수 있어요.

9. 나는 내 책꽂이의 책들과 내 방의 물건을 챙길 수 있어요.

10. 나는 유치원에 오고 갈 때 공책을 잘 간수해요.

11. 나는 다른 사람들에게 친절하고 도움을 주어요.

12. 나는 실내에서는 '작은 소리'로 말해요.

13. 나는 차례를 기다리고 지킬 줄 알아요.

14. 나는 모둠시간에 열심히 들어요.

15. 나는 친구들 말에 귀를 기울여요.

16. 나는 선생님 말을 잘 들어요.

17. 나는 간단한 지시를 잘 듣고 따라 할 수 있어요.

18. 나는 내 일을 내가 마무리해요.

19. 나는 같은 반에서 친구를 사귀었어요.

20. 나는 내 이름을 읽을 수 있어요.

21. 나는 내 이름을 또박또박 쓸 수 있어요.

22. 나는 크레용과 연필을 올바르게 잡을 수 있어요.

23. 나는 가위를 제대로 쥐고 쓸 수 있어요.

24. 나는 달리고, 깡충거리고, 팔짝 뛸 수 있어요.

25. 나는 던지고 받을 줄 알아요.

26. 나는 혼자서 공부할 수 있어요.

27. 나는 필요할 때 도움을 청해요.

28. 나는 사람들 앞에서 솔직하게 말할 수 있어요.

29. 나는 이야기를 할 줄 알아요.

30. 나는 한 이야기 속에 일어난 사건들을 차례대로 이야기할 수 있어요.

31. 나는 운을 몇 개 알아요.

32. 나는 운을 붙여서 낱말을 말할 수 있어요.

33. 나는 알파벳 대문자를 순서 없이 알고 읽을 수 있어요.

34. 나는 알파벳 대문자를 순서대로 알고 읽을 수 있어요.

35. 나는 알파벳 소문자를 순서 없이 알고 읽을 수 있어요.

36. 나는 알파벳 소문자를 순서대로 알고 읽을 수 있어요.

37. 나는 완전하고 분명하게 발음할 줄 알아요.

38. 나는 비슷한 소리를 알아들을 수 있어요.

39. 나는 서로 다른 소리를 알아들을 수 있어요.

40. 나는 어떤 음이 어떤 글자와 일치하는지 배우는 중이에요.

41. 나는 그림 속에서 다른 점을 볼 줄 알아요.

42. 나는 낱말 속에서 다른 점을 볼 줄 알아요.

43. 나는 오른쪽 왼쪽을 구별해서 말할 줄 알아요.

44. 나는 왼쪽에서 오른쪽으로 글자를 써요.

45. 나는 요일을 다 말할 수 있어요.

46. 나는 오늘이 몇 년 몇 월 며칠인지 말할 수 있어요.

47. 나는 집 주소를 말할 수 있어요.

48. 나는 학교를 오가는 길을 알아요.

49. 나는 학교의 규칙과 안전 규칙을 지켜요.

50. 나는 8개의 기본색과 그 이름을 알고 구별할 수 있어요.

51. 나는 집 전화번호를 말할 수 있어요.

52. 나는 10까지 셀 수 있어요.

53. 나는 25까지 셀 수 있어요.

54. 나는 0에서 10까지의 숫자를 알고 구별할 수 있어요.

55. 나는 20까지의 숫자를 알고 구별할 수 있어요.

56. 나는 10까지의 숫자를 쓸 수 있어요.

57. 나는 도형을 알고 있어요. (원, 정사각형, 직사각형, 삼각형)

58. 나는 '더 크다', '더 작다'라는 말을 알아요.

59. 나는 '위에', '아래에', '붙어서', '옆에'라는 말을 알아요.

60. 나는 지시대로 답안을 검사하는 법을 알아요.

61. 나는 '할 수 있다.'는 자세를 갖고 있어요.

62. 나는 날마다 더 잘하려고 노력해요.

이 모든 내용이 도대체 무엇을 요구하는 걸까? 그다지 심각하게 받아들이지 않고 너무 엄격하게 비판하지 않는다면 이 중 몇 개는 그런대로 구체적이고 온당하고 양식이 있다. 하지만 대부분은 검증하고 판단하기에 너무 애매하고 어려운 항목이라 교-사들의 판단은 거의 전적으로 호불호의 문제가 되기 마련이다. 교-사가 호불호를 가지는 게 나쁠 것도 없다고 치자. 나도 교-사로 있으면서 수없이 그런 감정을 경험했으니까. 하지만 그런 문제는 공식문서상에 기록될 만한 일이 아니다.

이들 요구 중 많은 것들이 아이의 진짜 삶과는 아무 관계가 없고 학-교 공부라고 전제된 일과도 무관하며 어리석다. "나는 가위를 제대로 쥐고 쓸 수 있다."라니. 어떤 아이가 유치원에서 가위 쥐는 법을 배우지 못했다거나, 도형 이름이나 여덟 가지 기본색의 이름을 배우지 못했다고 해서, 수학이나 영어 같은 것은 절대로 배우지 않고, 그리하여 배울 능력도 없게 될 거라고 믿어야만 하는가?

이들 요구 사항 중 몇 가지는 가난한 아이들이나 유색인 아이들에 대한 차별을 조장한다. 그것은 "나는 완전하고 분명하게 발음할 줄 알아요."를 비롯한 몇몇 항목들인데 특히 "나는 즐거운 마음으로 학교에 와요."와 "나는 학교에서 즐거워요."는 둘 다 음흉하고 사악한 질문이다. 어떤 아이가 학-교에 즐거운 마음으로 오든 말든 학-교에서 즐겁든 아니든 학-교가 왈가왈부할 일이 아니다. 학-교가 아이의 마음을 알아내는 방법을 안다고 쳐도, 그건 학-교가 상관할 문제가 아니다. 아이들이 요구받고 칭송받는 태도, 그래서 길들여지는 태도는 거짓된 미소와 웃음, 선생님에 대한 가식적인 감사 같은 것들이다. 어떤 아이가 아무 잘못도 없는데 그런 장소를 견뎌내라고 요구한다는 사실만으로도 이미 충분히 나쁘며 아이에게 그곳을 좋아하는 척하라고 요구하는 것은 용서할 수 없는 일이다.

지금까지 거론한 몇 가지 질문을 제외하면, 위의 항목이 한 어린이가 세상 속으로 향하는 활동을 관찰하는 일련의 개략적인 지침으로써 그다지 나쁜 것은 아니라고 말할 수 있을지도 모르겠다. 그럴듯한 말이다. 하지만 이 점검표는 그런 식으로 활용되지 않는다. 사실상 이 항목들 대부분은 아이들이 이룬 성과나 진보에 관해서 너무나 상세하게 검토하고 채점한다. 교-사들이 협의회에서 긍정적인 부분을 강조하거나, 부모들에게 "다른 항목에 관해서는 염려하지 마세요. 잘할 거예요."라고 말하는 법은 없다. 완전히 그 반대다.

교-사들은 부모들에게 아이의 잘못된 점을 지적한 긴 리스트를 내주면서 부모를 걱정스럽게 만들어 무슨 일이든 하도록 조장하고 촉구한다. 그 부모들을 잘 아는 사람들 말로는, 몇몇 부모들은 그 11월의 협의회 이후 걱정으로 반쯤은 넋이 나갔다고 했다. 점검표를 보여주었던 부모의 말에 의하면 아이의 유치원 교사가 11월에 말하기를 "어쨌든 한 가지 분명한 것은, 댁의 아드님은 학자가 되긴 틀렸다는 겁니다."라고 했단다. 그 아버지는 할 수 있는 최대한 경악과 분노를 감추며 그 교사에게 겨우 8주 만에 어떻게 그렇게 자기 아이를 잘도 알게 되었느냐고 물어보았다 한다. 교-사들은 학-교에서, 그리고 교-사로 훈련받는 동안 자신이 그런 판단을 할 수 있을 만큼 충분히 알고 있고 언제나 그런 판단을 할 권리와 의무를 가졌다고 생각하도록 고무된다.

교-사들은 아이의 삶이나 인격, 사고, 감정의 어떤 부분에 대해서도 자신들의 정확한 경계가 어딘지 생각하지 않고 끼어들고 엿보고 행동을 규정짓고 판단할 무제한의 권리를 가지고 있다. 그리고 그들 교-사들에게는 이 일을 할 수 있도록 강력하고 위험한 약물에서부터 달래고 으르고 창피를 주는 미묘하고 세련된 기술에 이르기까지 다양한 도구가 주어진다. 그리고 이것은 앞으로도 계속해서 저 구식의 교-사들이 이용해야 했던 어떤 도구보다도 훨씬 더 강력하고 교활하게 변해갈 것이다.*

---

* 이 부분의 실제 수법에 대한 상세하고 철저하며 끔찍한 설명은 피터 슈렉Peter Schrag과 다이앤 디보키Diane Divoky가 같이 쓴 『활동 과다 아이들의 신화The Myth of Hyper-active Child』에 잘 나와 있다.

왜냐하면 저 부지런한 연구원들이 인간을 정형화시키고 조종하는 것에 대해 알아내는 모든 내용이 학-교에서 곧장 활용될 거라는 사실을 확신할 수 있기 때문이다. 그리고 더 나쁜 것은 영향 받는 아이들의 나이대가 점점 더 낮아지고 있다는 점이다. 교원 노조의 몇몇 지도급 임원들은 좀 더 많은 회원들에게 일자리를 제공해주려는 목적에서, 모든 아이들은 두 살 반이 되면 학교에 가도록 해야 하며, 이 모든 조기 유아교육은 공립학교의 관리 아래 행해져야 한다는 생각을 부지런히 선동하고 있다. 그들은 이런 법안을 통과시킬 만한 정치적 힘을 가질지도 모른다. 그래서 실버먼이 "자발성을 훼손시키고 배움의 즐거움을 없애고 창조의 기쁨을 말살하고 자신감을 뭉개버린다."라고 말했던 형벌이 지금까지는 여섯 살 이상의 아이들에게만 가해졌지만, 머지않아 두 살 반짜리 유아들에게도 부과될지 모른다.

'기초'라는 신화와 거짓

학-교는 '기초 능력'을 가르치는 일로 '돌아가고' 있고 '상당한 학력 달성'을 이루고 있다는 말이 사방에서 들린다. 앞서 지적했듯이 학-교의 대다수는 이 일을 중단한 적이 없다. 차라리 아무런 성과도 없이 애를 쓰고 있었다는 게 맞는 말이다. 나는 『아이들은 왜 실패하는가』에서 상당한 분량으로 아주 상세하게 지적했던 그 문제, 우리가 '돌아가고자' 하는 이것이 정말 무엇인지 여기서 다시 한 번 지적하고 싶다.

　　내가 처음 가르쳤던 5학년의 세 학급은 아이들을 까다롭게 선발하는 배타적인 사립 초등학교에 속해 있었다. 그 아이들은 대부분 가족 수입이 연간 3만 달러를 충분히 넘어서는 가정에서 자란 걸로 추측된다. 아주 드물게는 그 학교에 형제자매 중 하나가 다닌다는 이유로 지능지수 120 이하의 아이가 받아들여지는 경우도 있긴 하지만 보통 아이들의 지능은 거의 그 이상이었다. 간단히 말해 그곳은 초엘리트들의 학교였다.

어떤 점에서는 적당히 진보적이고 개혁적인 부분도 있었는데 그중에는 숫자나 글자로 평점을 매기지 않는다는 것도 있었다(읽기와 수학에서는 표준학력고사를 활용하긴 했지만). 하지만 학교가 늘 주장했듯이, 수학이라는 문제에 있어서는 전혀 진보적이지도 현대적이지도 않았는데 구식의 계산 기술을 엄격하게 가르치는 게 옳다는 믿음을 갖고 있었다.

아이들은 1학년 때 한 자릿수 안에서 이런저런 숫자를 바꾸어가며 덧셈과 뺄셈을 하면서 고스란히 1년을 보냈고 그 외는 아무것도 안 했다. 2학년이 되면 아주 조금 날개를 펼치게 되는데 합산이 20까지 이르는 온갖 숫자들의 조합을 익힌다. 3학년이 되면 곱셈을 배우고 4학년 때는 나눗셈을 배웠다. 분수를 배울 '준비'가 된 아이들은 5학년에 올라오게 된다. 내가 바로 그 분수를 가르치기로 되어 있었다.

매우 엄격한 이 구식의 가르침은 자신의 일에 믿음을 갖고 매우 열심인 아주 재능 있는 교사들이 했다는 점을 꼭 밝히고 싶다. 하지만 그 결과는 무엇이었을까? 내가 아주 서서히 알게 된 사실이 있었는데 그것은 이 5학년 아이들 가운데 거의 절반에 가까운 아이들이 아주 작은 숫자를 다룰 때조차도 손가락이나 기타 비슷한 소품을 이용하지 않고는 덧셈과 뺄셈을 확실하게 해내지 못한다는 사실이었다. 어떤 여자아이는 손가락 대신에 종이 위에 작은 점을 찍었다가 나중에 지운다고 말했다. 나는 아이들이 곱셈과 나눗셈에 대해 실제로 얼마나 알고 있는지 감히 알아볼 엄두도 내지 못했다.

어떤 여자아이 한 명이 기억난다. 5학년이 시작되기 바로 직전에 4학년 때 이 아이를 가르쳤던 교사가 그 아이를 내게 소개해주었다. 그러면서 아이가 곱셈, 나눗셈을 하는 데 문제가 좀 있었지만, 여름방학 동안 열심히 공부하고 집중적인 과외를 받은 덕분에 지금은 괜찮다고 말했다. 교사는 곱셈, 나눗셈 문제가 잔뜩 쓰여 있는 두터운 연습장을 보여주었다. 체크 표시와 지운 표시를 보니 아이가 제대로 맞는 답을 얻을 때까지 문제 하나하나를 계속 풀도록 시켰음을 알 수 있었다. 그 공책의 크기와 외관으로 보아 아이는 여름방학 내내 하루에 여러 시간씩 수학 공부를 한 게 틀림없었다. 들은 대로 그 아이는 이제 계산을 할 줄 알았다.

학기가 시작되고 한 달 남짓 되었을까, 그 아이는 32를 반으로 나눈 값을 알아보라는 문제를 다음과 같이 풀었다.

$$2\overline{)32}$$

그다음

$$\begin{array}{r} {\scriptstyle 1} \\ 2\overline{)32} \\ \underline{2} \\ 1 \end{array}$$

그다음

$$\begin{array}{r} {\scriptstyle 11+1} \\ 2\overline{)32} \quad (11, \text{나머지}1) \\ \underline{2} \\ 1 \end{array}$$

그 아이는 단 한 번의 망설임도 없이 써내려갔다.

'레모네이드 보이'로 기억하는 그 다음번의 남자아이가 어느 날 내게 1파인트들이 컵 6개를 각각 3분의 2만큼 채우면 전부 18파인트의 레모네이드를 담을 수 있다고 말했다. 그리고 그게 말이 안 된다고 해도 맞는 답일 수밖에 없다고 했다. 왜냐면 '계산 체계가 그런 식으로 풀게 되어 있기' 때문이라는 것이다.

학력 달성에 관한 이야기는 이 정도에서 그만두자. 그러면 평가기준은 어떨까? 원칙상 나는 내가 맡은 학생의 이전 평가 점수나 생활기록은 보지 않았다. 나는 아이들에게 새로운 출발을 하도록 해주고 싶었고, 아이들에 대한 견해는 오로지 우리가 함께한 생활로부터 얻기를 원했다. 그러나 나는 곧 더하기나 빼기를 못하는 아이들, 9×7=22라거나 4×6=81이라는 등 황당한 답을 내는 아이들 중 몇몇에게 호기심이 생기기 시작했다. 지금까지 그런 사실을 알아차린 교사가 없었단 말인가? 그래서 나는 그 아이들이 이전 학년에 받은 성적을 살펴보았다. 놀랍게도 그 점수는 보통 이하 수준이긴 해도 그렇게까지 낮지는 않았다. 4학년 때 평점은 3.6이나 3.2, 아마도 2.8 정도는 될 수도 있었다. 그 아이들이 알고 있는 수준이 0.5 정도밖에 안 됐는데 어떻게 그 정도 점수나마 얻어낼 수 있었던 것일까? 그 아이들은 미국의 아이들이라면 거의 누구나 하는 식으로 그 점수를 얻었다.

교사들은 학력고사 날짜가 다가온다고 경고를 받고(나도 그랬다.) 시험에 대비해 강력한 집중 지도를 하도록 명령받았다.(나도 그랬다.) 그래서 우리는 그렇게 했다. 우리는 아이들을 집중 지도했고 시험지를 나누어주는 그 순간까지 훈련에 훈련을 거듭시켰다. 우리는 아이들을 태엽 감는 수학 문제 풀이 자동인형으로 변신시켜서 태엽을 끝까지 감아 돌린 다음, 풀어놓았다. 그 아이들 대부분은 태엽이 다 돌아가기 전에 어느 정도의 시험을 치러낸 다음 원래의 그 자리, 총체적인 무지와 혼돈으로 돌아갔다. 그러나 그때까지는 시험이 끝나고 점수가 서류에 기재된다. 학-교는 아이들이 적어도 뭔가를 배웠다는 증거를 갖게 되고 우리 교-사들은 다음 해까지 건재할 수 있다.

이것이 바로 다시 기초로 달려가겠다는 학-교의 '상당한 학력 달성'의 실제다. 그것은 속임수며, 사기며, 거짓말이다. 아이들은 배우지 않는다. 아이들은 학-교가 가르치고 있다고 말하고 있는 것 대부분을 결코 배우지 않았다. 우리가 던져야만 하는 질문은 '학-교가 도대체 뭘 가르치는가?' 하는 것이다. 학-교는 진정 무엇을 위해 있는가?

12 학-교는 무엇을 위해 있는가
What S-chools Are For

1965년 『아이들은 왜 실패하는가』가 출간된 지 얼마 되지 않아 한 교사가 나에게 편지를 보내왔다. 대충 이런 내용이었다.

방금 선생님이 쓴 책을 다 읽었습니다. 참 좋았습니다. 그런데 선생님께서 아셔야만 하는데 모르시는 게 있습니다. 저는 30년이 넘게 뉴욕의 공립학교를 돌아가며 교사 생활을 했습니다. 30년이 넘도록 동료 교사들과 함께 교육자 협의회에 참석하고, 연수와 워크숍을 계속하고, 교육 관련 강연회에서 선생님 같은 지도자들의 강연을 셀 수 없이 들었습니다. 모두 선생님처럼 어린아이의 존엄성이나 개인적 차이의 중요성, 긍정적인 자의식 키우기, 어린아이의 관심사를 기초로 삼기, 두려움이 아닌 호기심에서 배우도록 해주기 등에 관한 내용이었습니다. 그 30년 동안 나와 동료 교사들은 각자가 맡은 교실로 돌아가면서 스스로에게 말해야만 했습니다. '자, 그럼 현실로 돌아갈까.' 그러고는 지금까지 해왔던 것과 꼭 마찬가지의 일을 계속 해오고 있습니다. 그 일이란 어떻게든 아이들을 구워삶고, 접주고, 부끄럽게 해서 누군가가 아이들이 알아야만 한다고 미리 결정해둔 것을 배우게 만드는 것입니다. 어떻게 선생님이 이 모든 사태를 바꿀 수 있다고 생각하실 수가 있는지요?

몇 년 후 어떤 모임에서 교육개혁에 관해 내가 이야기를 하고 있는데, 그 방의 뒤편에 앉아 있던 한 지방 교육장이 일어서더니 문 쪽으로 가면서 많은 사람들이 들을 수 있게 비웃듯 말했다.

"자, 그럼 현실로 돌아갈까."

그로부터 몇 년이 지난 지금, 그 교사들과 저 교육장이 보았던 현실은 나에게도 고통스럽도록 분명해지고 있다. 그것은 그 무엇보다도 학-교는 여전히 어김없이 돌아가고 있다는 사실이다. 학-교는 대다수의 사람들이 학-교가 하기를 원하는 그 일을 하고 있는 중이다. 그것도 아주 잘. 학-교는 학-교가 해야 할 진정한 사회적 임무와 기능, 목적을 잘 알고 있고 그것을 수행하고 있다.

첫 번째 임무는 젊거나 어린 사람들을 어른들의 사회로부터 내쫓는 일이다. 모든 현대사회에서 어린이들은 골칫거리다. 누구도 아이들이 주변에 있는 것을 원치 않는다. 어머니들은 아이들이 집 주변에 있는 것을 원치 않는다. 많은 어머니들이 그렇듯 일을 해야만 할 때는 특히나 상인들은 아이들이 길거리에 있는 것을 원하지 않는다. 돈을 내는 고객들을 밀치고 몰려다니기 때문이다. 노동자들은 아이들이 노동인구에 드는 걸 원하지 않는다. 부족한 일자리를 빼앗아가고 임금을 낮추기 때문이다. 아이들을 필요로 하는 사람은 아무도 없다. 아이들에게는 갈 곳도, 할 만한 일도 없다. 어른들은 국가를 향해 한 목소리로 외친다.

"이 빌어먹을 애들이 우리를 귀찮게 하지 못하게 치워줘!"

국가는 아이들을 강제로 학-교에 보내는 법을 만들어 이 소원을 이루어준다.

학-교들은 물론 이렇게 말한다. 강제 출석에 관한 법안이 마련된 이유는 학-교가 가르치는 온갖 중요한 일들을 아이들이 확실하게 배우도록 하기 위한 것이라고. 하지만 학-교 시험에서 드러나고 학-교 스스로도 인정하듯 아이들은 아무것도 배우지 않거나 학-교가 가르치는 내용을 이미 익히고 있을 때조차 학-교 안에 머물러 있어야만 한다. 가장 모범적인 학생도 아주 드문 몇 가지 경우에 한해서만 학년을 건너뛸 수 있다. 아이들은 자기들의 시간 전부를 학-교에서 보내야만 한다. 그리고 배울 게 조금이라도 있다면, 학-교에서 하는 달팽이 걸음으로 배워야만 한다.

승자와 패자

무엇보다 중요하고 사실상 본질적인 학-교의 사회적 기능은 서열 매기기다. 즉 등급을 매기고, 분류하고, 서열과 계층 속에 집어넣어서 그 아이들을 승자와 패자로 가르는 것이다.

현대의 모든 사회는 과거에 존재했던 대다수의 사회처럼 몇 안 되는 승자들과 엄청나게 많은 패자들로 구성되어 있다. 소수의 '의사 결정자들'이 명령을 내리면 많은 사람들이 그 명령을 수행한다. 물론 이기고 지고를 가르는 선이 어디라고 말하기는 쉽지가 않다. 그 선은 마음속에 있다. 다른 사람들이 그들을 어떻게 생각하든 진실로 승자라고 느끼는 사람들이 승자다. 그리고 패자라고 느끼는 사람들은 패자다. 자신이 진정 원하는 일을 사랑과 긍지로 하는 사람들은 비록 가난하더라도 필시 자기 자신을 승자로 간주할 것이다. 반면에 부유하고 성공한 사람들이라도 자기의 일을 싫어하고 아직도 자기보다 높은 사람들을 질투한다면 스스로를 패자라고 생각할지 모른다. 그러나 적어도 일반적인 의미에서는 거의 모든 사람들이 승자와 패자를 가르는 기준이 서로 같을 것이다.

그 기준은 이렇다. 승자는 보통 돈 문제를 그다지 생각하지 않아도 되는 사람들이며, 필요로 하고 원하는 것 대부분을 살 수 있는 사람들이다. 승자는 자신이나 자기 아이들을 위해 미래를 계획할 수 있고 그 계획을 실행하리라는 희망을 가지고 있다. 그들은 대다수의 사람들처럼 우연한 사건에 좌지우지되거나 재난 직전에 겨우 버티며 살지 않는다. 승자들은 자기가 하는 일에 어떤 통제권을 가진다. 다른 사람이 시키는 일을 하면서 온 시간을 보내지 않는다는 뜻이다. 그들의 삶 속에는 사생활과 공간과 선택권과 존엄성이 있다. 법은 그들의 편이다. 다른 사람들은 대체로 정당하고 예의 바른 대우와 존중을 해준다. 간단히 말해 "나는 가치가 있어, 나는 중요해."라고 생각할 수 있다.

반면에 패자들에겐 이런저런 선택권이 없다. 미래를 위한 계획을 세울 수 없으며 자신의 안전과 가족의 안전을 지켜낼 방도가 거의 없다. 자신이 하는 일에 대한 통제권 또한 거의 혹은 전혀 없기 때문에 시키는 대로 해야만 한다. 오는 10년간의 일자리 중 80%가 대학 졸업장을 필요로 하지 않을 것인데 이런 일자리에서 일하게 될 사람들 대부분은 스스로를 패배자로 생각할 것이다. 만약 (많은 사람들이 그렇듯) 그 사람들이 대학 졸업장을 따기 위해 시간과 돈을 투자했던 사람이라면 더더욱 그럴 것이다.

승자와 패자로 조직된 사회의 평화와 안정을 위해 이런 사태는 필연적이며 승자와 패자를 가리는 방식은 정당할 뿐더러 실패하는 사람은 실패할 만한 이유가 있다고 패자를 설득시켜야 한다. 어떤 시대에는 승자와 패자가 출생이라는 우연한 사건에 의해 결정되었다. 현대사회는 이 결정이 점점 더 학-교에 맡겨지고 있다. 하지만 사회를 관리하는 사람들은 당연하게도 학-교가 기존의 사회질서를 변화시키지 않는 방법으로 승자를 뽑기를 원한다. 승자의 대부분이 승자의 자녀들이고 패자의 대부분이 패자의 자녀들이기를 원한다는 말이다. 그러니까 학-교는 대개 부유층 아이들이 승리하게 되지만 대부분의 가난한 사람들이 공정한 걸로 받아들이는 경주를 벌여야만 한다. 대체로 봐서 학-교는 이 일을 아주 잘 해내고 있다.

많은 교육자들은 등급을 매기는 것은 성적과 시험의 목표가 아니라 아이들이 배우고 익히도록 돕고 교사들이 아이들이 배우는 걸 도울 수 있도록 하려는 목적에서라고 항변할 것이다. 확실히 많은 교사들이 그 사실을 진지하게 믿고 있다. 교-사로서 지낸 몇 년 동안 나도 그랬다. 그러나 그것은 사실이 아니다. 관찰력 있고 사려 깊은 교사라면 누구나 이내 두려움은 배움을 가로막는다는 걸 알게 된다. 유능한 학습자라면 세상을 믿으며 그 세상에 스스로 대처해나갈 수 있음이 틀림없다. 『아이들은 왜 실패하는가』에서 나는 '똑똑한' 아이들조차 이런 자신감을 잃을 때 어떻게 행동하게 되는가 보여주었다. 그들은 새로운 경험으로 나아가는 대신 움츠러든다. 흔히 아이들은 자기들이 할 수 있는 유일한 방법으로, 즉 일부러 실패해버림으로써 실패의 위험과 수치로부터 자신을 방어한다.

두려움은 아이들(과 어른들)이 제대로 지성을 쓸 수 없게 방해할 뿐만 아니라, 거의 확실하게, 그리고 가장 생물학적인 수준에서도 지성의 작동을 완벽하게 방해한다. 우리는 우리의 경험을 기억으로 바꾸고, 오랜 기억을 되살리고, 이 기억된 경험을 짜 맞추고 본을 떠서 하나의 내적 모델로 만들 때(짧게 말해 생각을 할 때), 화학적으로나 전기적으로 무슨 일이 일어나는지 아직도 잘 모른다. 그러나 어떤 일이 일어나든지 간에 두려움은 그것이 일어나는 걸 중단시킨다.

나는 이 사실을 알고 내가 아이들의 두려움을 완화시키고 어느 정도의 자신감을 회복시키거나 다시 만들어낼 수 없는 한, 나의 연약한 학생들을 도울 수 없다는 걸 알았다. 그 자신감의 회복을 위해서는 아이들이 시험을 치르게 하는 일을 중단해야만 했다. 시험에 대한 두려움은 아이들이 실제로 시험을 치러야 하는 시간 훨씬 이전에 아이들의 지성을 막아버렸다. 두려움 때문에 진짜 실력보다 더 나쁜 결과가 나왔다. 그리고 그 시험 결과에 대한 수치심은 자신들이 뭔가를 배우기에는 너무 멍청하다는 점을 점점 더 확신시켜줄 뿐이었다. 그것은 악순환의 소용돌이였다. 그것을 멈출 수 있는 유일한 길은, 그리고 되돌릴 수 있는 유일한 길은 시험 치기를 그만두는 것이었다.

하지만 우리 학교는, 대다수의 학교보다 관대했음에도 나를 내버려두지 않았다. 실제로 나는 충분한 시험을 치르게 하지 않았다는 이유로 파면의 위협을 받았고, 나중에 파면을 당했다. 내가 잠시 동안 시험 치기를 그만두었을 때는 가장 실력이 없는 학생들조차 어느 정도의 자존심과 힘, 그리고 지성을 회복하기 시작했다. 하지만 머지않아 내가 시험을 치겠다는 발표를 해야만 했을 때 그 아이들은 내 눈앞에서 겁에 질려 방어적이 되었고, 멍청이로 변했다.

학생들이 새로운 영역을 탐사하고 새로운 모험을 할 때 애정 어린 지원을 해주는 일이 교사의 생명이다. 나는 내 학생들에게 자신이 가진 두려움에 대해 얘기하고, 그것을 극복해내라고 용기를 주면서 그렇게 하려고 노력했다. 하지만 나 자신이 그 아이들이 처한 위험의 근원인데 어떻게 애정 어린 지원을 해줄 수 있겠는가? 만약 누군가 다른 사람이 그런 시험을 치르게 하고 성적을 매겼다면 나는 아이들이 이 문제에 대처해나가는 데 도움을 줄 수도 있었을 것이다.

하지만 바로 나 자신이 시험을 치게 하고, 그 시험지 위에 붉은 색으로 × 표시를 하고 낙제점을 매기는 사람이었다. 그 아이들이 두려움을 떨쳐버리지 못하는 것은 하등 이상할 게 없었다. 셀 수 없이 많은 다른 교사들처럼, 나 역시도 내가 좋은 의도를 가지고 있으니까 아이들이 나를 두려워하기보다는 신뢰하는 쪽으로 기울 수 있으리라 생각했다. 하지만 내가 매주, 매달 그 아이들에게 진짜 해가 되는 일을 계속 해나가고 있는 마당에 내 의도가 좋다 한들 그 아이들에게 무슨 소용이 있었을까?

학-교와 교-사의 딜레마

학-교에서는 모든 아이들이 성공하기를, 또 자기들이 가르치려고 애쓰는 모든 것을 아이들이 배우기를 정말 원한다고 말한다. 그리고 많은 학-교 종사자들이 그 사실을 믿는다. 그러니 언제, 어느 학교에서든 월급을 받고 가르치는 교-사가 자기가 가르치는 모든 내용을 아이들 모두가 알게 했다면, 그는 아이들 모두에게 전 과목 A를 주어야만 할 것이다. 하지만 그렇게 되면 머지않아 위로부터, 교사가 어떻게 학생들 모두에게 전 과목 A를 준다는 생각을 할 수 있느냐고 한소리 듣게 될 것이다. 만약 그가 이렇게 평점이 나온 것은 공정하고 학생들은 자기가 가르친 모든 것을 진짜 배웠다고 주장하면, 이런 말을 듣게 될 것이다.

"그렇다면 선생은 그 애들을 충분히 가르치고 있지 않은 거요. 기준을 높게 잡아요! 애들을 자극해요! 더 가르치라고!"

학생들의 부모들 역시 이 사람과 같은 마음일 것이다. 자기 아이들이 진짜 A를 받을 만하다고 생각했던 극소수의 부모들은 분개해서 말할 것이다.

"선생님이 다른 애들 모두에게 A를 줘버리면 내 아이가 받는 A가 가치가 없잖아요. 좋은 대학에서 그 애들에게 관심을 줄 것 같아요?"

대부분의 다른 부모들도 말할 것이다.

"우리 애가 A를 받을 만큼 똑똑하지 않다는 걸 잘 알고 있단 말이에요. 선생님이 공짜로 A를 줘버리면 그놈은 앞으로 공부라고는 하지 않을 텐데 나는 어떻게 하란 말입니까? 이제 뭉개고 앉아 빈둥거리기만 할 텐데."

오늘날 모든 이들이 하나같이 '우수 교육quality education'을 이야기한다. 그러나 모든 아이들을 위한 우수 교육은 그 자체가 말이 안되며 모순이다. 대부분의 부모들이 학교에 대고 "내 아이에게 우수 교육을 시켜주시오." 한다면 그것은 "우리 애가 다른 모든 애들을 앞지를 수 있게 해주시오."라는 뜻이 되고, 간단히 말해 승자로 만들어 달라는 뜻이다. 나머지 아이들과 함께하는 승자는 그들이 원하는 승자가 아니다. 그래봤자 이익이 없으니까. 그 말은 아이들 대다수가 패배하는 경기의 승자로 만들어 달라는 뜻이다.

새롭게 시작하는 교-사라면 누구든 알아두는 게 좋은 첫 번째 사실은, 모든 아이들이 승리하기를 원하는 사람은 없다는 것이다. 대학에서 초등학교에 이르기까지 모두에게 높은 평점을 주는 것은 엄청난 골칫거리를 맡아놓는 길이며 쫓겨나기 딱 알맞은 길이기도 하다. 어떤 큰 주립대학에 재직 중인 한 교수가 학장으로부터 받은 편지를 복사해서 내게 보냈는데, 그것은 학생들에게 높은 평점을 줌으로써 그 대학의 주 기능 중 하나인 선발 과정의 토대를 허물고 있다고 경고하는 내용이었다. 또 다른 대학의 한 교수가 내게 말하길, 자기 과의 학과장은 지금까지의 경험에 의하면 A를 받을 만한 학생의 비율은 아주 낮고, B는 그보다 조금 높은 비율, C는 좀 더 높은 비율이 어쩌고 운운하더니 이 비율보다 높은 평점을 주는 사람이 있으면 평점 체계에 '사보타지를 놓는(그의 표현이다.)' 걸로 간주할 것이라고 말하더라는 것이다. 그런 경험은 허다하다.

교-사들에게 해당되는 위와 같은 일은 정확하게 학-교에도 해당된다. 학-교에 평점을 주는 일이 용인되어 있는 한, 학-교는 그 일을 마다할 수가 없다. 왜냐면 아무에게도 평점을 주지 않는다는 건 모두에게 가장 나쁜 평점을 주는 셈이니까. 마찬가지로 학-교는 모두에게 좋은 평점을 줄 수 없다. 모든 학생이 승자라고 말하는 셈이니까. 결국 학-교는 일자리와 경력을 붙잡을 수 있는 티켓을 팔고 있는 중이다. 좋은 평점을 남발하면 할수록 그들이 발매하는 티켓은 가치가 떨어진다. 최고의 대학이란 자기들의 기준이 너무 높아서 거의 모든 학생들이 그 기준에 도달할 만큼의 점수가 안 된다고 말할 수 있는 곳이다.

부정한 경주

학-교는 모든 아이들이 승자가 되기를 원한다고 말한다. 그리고 그보다 더 큰 열정으로 모든 가난한 아이들이 승자가 되기를 원한다고 말한다. 하지만 사회를 움직이는 사람들은 자기의 자식이나 자기 친구들의 자식들만 학-교에서 이기고, 나중에는 사회에서 이기는 사람이 되기를 원한다. 그들은 이렇게 되리라고 확신한다. 상이한 사회계층의 아이들이 같이 학-교를 다닐 때 아이들은 거의 언제나 대학, 실업계, 직업훈련 등등과 같은 능력별 편성을 받게 된다. 그런 능력별 편성이 존재하는 곳에서 그 편성은 거의 완벽하게 가족 수입과 관계가 있는데 가장 부유한 층의 아이들이 제일 상위에 편성되고, 가장 가난한 층의 아이들이 제일 하위에 편성된다.

학-교에서 가르치는 내용과 학-교에서 쓰는 책과 교재는 가난한 아이들보다는 부유한 아이들의 생활이나 경험에 훨씬 닿아 있다. 아이들을 판단하는 데 적용하는 기준들은 가난한 층보다 부유한 층에 유리하다. 무엇보다 언어영역에서 특히 더 그렇다. 앞에서 내가 언급한 유치원 점검표 62개의 항목 중 하나에 "나는 완전하고 분명하게 발음할 줄 알아요."라는 말이 있다. 이 말을 요약하면 이렇게 된다.

"나는 잘사는 애처럼 말해요."

학-교는 표준말, 즉 잘사는 사람들이 말하는 식이 뭔가 못사는 사람들이 말하는 식보다 '낫고', 못사는 아이들의 발음을 '바로잡아서' 실제로 발음을 개선하고 있기 때문에 그 아이들을 돕고 있다고 아주 진지하게 믿고 있는지도 모르겠다. 하지만 학-교에서 실제로 하고 있는 일은 못사는 아이들이 자기가 알고 있는 어른들처럼 말하면 벌을 주고 수치스럽게 만드는 것이다. 그 결과 이 아이들은 점점 더 말이 없어지며 좀 더 능숙하고 유창하게 말하게 될 기회를 잃게 된다.

학-교와 교-사들은 저소득층이나 못사는 아이들 가운데에서조차 겉모습과 말하는 태도가 제일 중산층을 닮은, 그래서 가장 잘사는 아이처럼 보이는 아이들의 편을 들며 차별대우를 한다.

레이 리스트Ray Rist는 〈학생의 사회적 계급과 교사의 기대: 빈민층 교육에서 행해지는 자기성취적인 예언Student Social Class and Teacher Expectations: The Self-Fulfilling Prophecy in Ghetto Education〉이라는 기사에서 전교생이 흑인으로 이루어진 학교에서 한 흑인 유치원 교사가 개학하자마자 여드레 만에 완전히 겉모습만을 기초로 자기 반 아이들을 세 부류로 차별 편성(각각 다른 책상을 배정)하는 방법을 써놓았다. 발음, 머리 모양, 옷차림새 등등이 그 기준이었다.

그녀는 첫 번째 책상에 앉은 아이들에게는 긍정적인 가르침과 도움, 칭찬을 주었고 다른 책상의 아이들에게는 거의 말도 하지 않고 비난과 위협과 벌만을 주었다. 실제로 얼마 지나지 않아 그녀는 첫 번째 테이블에 있는 아이들에게 다른 아이들을 지적하고 놀려도 된다고 허락하기까지 했다. 이 편성 체제는 레이 리스트가 그 학급을 맡게 될 때까지 3년 동안 거의 변하지 않은 채 계속되었다. 오직 한 아이만이 하층 그룹에서 벗어나 상층 그룹으로 빠져나갈 수 있었다.

통찰력과 인정이 넘치는 책인 『계급의 숨겨진 상처들The Hidden Injuries of Class』에서 리처드 세넷Richard Sennett과 조나단 콥 Jonathan Cobb은 어떤 백인 노동자계급 아이들이 다니는 학-교의 2학년 교실에서 벌어지는 비슷한 과정을 묘사한다.

이 교실 안에는 두 어린이가 있었다. 프레드와 빈센트라는 두 아이의 모습은 다른 아이들과 뭔가 달랐다. 두 아이가 입고 있는 옷은 다른 아이들에 비해 화려할 것은 없었지만 깨끗하게 다림질이 되어 있었고 단정해 보였다. 거무스레한 피부의 이탈리아계 아이들이 대부분인 이 교실에서, 두 아이는 가장 흰 피부를 갖고 있었다. 처음부터 교사는 이 두 아이를 발탁했다. 학급 성적을 올리기 위해 자기가 세운 기준에 그 아이들이 가장 가까이 근접해 있다는 뜻이었다.

교사는 그 아이들에게는 목소리에 특별한 애정을 담아 이야기했다. 교사가 다른 아이들과 비교해서 그 아이들을 드러내놓고 칭찬하지는 않았지만, 그 아이들은 다른 아이들과 다르고 더 낮다는 메시지는 자연스럽게 전달되었다. …… 학년 말이 되자 두 아이는 학급에서 가장 공부도 잘했다. 다른 아이들은 자신들의 성적이 이 두 작은 소년들 경우만큼 열광적인 환영을 받지 못할 거라는 교사의 숨겨진 신호를 알아채고 있었다.

교사들이 속물근성으로 이렇게 행동하리라고 추측하기는 쉽다. 하지만 세넷과 콥이 지적하듯 그 행동에는 그 이상의 의미가 있을 때가 많다.

교사들은 무서울 정도의 존재론적 딜레마 속에 있다. 교사들이 대부분의 학생들을 '편견을 갖고' 대한다는 건 사실이다. 그러나 인간이 모두 그렇듯 그들도 자기가 하는 일의 존엄성을 믿고 싶어 한다는 것 역시 사실이다. 그들이 일을 해나가야 하는 상황이 아무리 어렵게 보일지라도 그에 상관없이. ……교사에게는 감응하는 아이가 적어도 몇 명은 필요하다. 자신이 권력을 소유할 이유가 있다고 느끼기 위해서이다. 그 몇 명은 그가 다른 사람들에게 영향을 끼치는 자신의 권력은 실재하며 자신이 진짜로 좋은 일을 할 수 있다는 점을 확신하게 만들어줄 것이다. 능력에 따라 두 개의 계층으로 갈라놓는 것은, '낮은' 계층에 속한 학생들의 두려움 속에서 자신을 단순한 대장 이상의 권위 있는 이미지로 의미 있게 창조하는 일이다.

실제로 가난한 아이가 공립학-교에서 우등생이 되려면 낮은 편성 코스에서 어떻게든 벗어나서 자기를 가르치는 교사들의 편견과 모욕을 피하거나 무시하며, 애정 어린 지원 없이도 배움이라는 모험을 감당해야 한다. 또한 열등한 친구들의 더해만 가는 적의를 맞받아치면서 자신의 삶이나 경험과는 아무 관계도 없는 교육용 자료 속에서 의미를 발견해야만 한다. 무엇보다도 학-교 밖에서는 한 번도 들어보지 못했고 학-교에서도 말할 기회를 갖지 못한 상황에서도 중산층의 언어를 구사하는 법을 배워야만 한다. 아이가 이 모두를 해내기 위해 극복해야 하는 난관은 분명 엄청나다. 하지만 그 아이가 이것을 해내고 고등학교에서 승자들의 대열에 들어선다 해도 그의 앞에는 아직도 수많은 난관이 있다.

콜린 그리어Colin Greer는 몇 년 전 이렇게 지적했다. 고등학교의 우등생들 중에서 가족의 수입이 상위 25% 안에 드는 학생들은, 하위 25%에 해당하는 집안 출신의 아이들과 비교해서 대학원까지 진학하는 비율이 다섯 배나 높다. 오늘날에는 그 격차가 분명 더 커졌다. 더 높은 교육을 받으면 받을수록 그 비용이 가난한 사람들의 수입보다 훨씬 빠른 속도로 증가하기 때문이다.

사회구조를 변화시키는 데 학-교를 이용할 수 있다고 생각하는 것은 너무도 순진한 생각이다. 사회구조를 뒤집어엎는 건 그만두고라도 말이다. 게임의 룰을 바꾸어서 가난한 아이들이 부유한 아이들과 같이 승자가 될 수 있는 좋은 (또는 더 나은) 기회를 갖게 해주는 학-교가 있다면 그 학-교는 오래가지 못할 것이다.

하버드대학의 교수인 데이비드 맥리랜드David McLelland가 말하길, IQ 테스트는 가난한 계층을 계속 주저앉혀놓으려고 중산계층이 고안해낸 가장 위대한 발명품이라고 했다. 정말 맞는 말이다.

하지만 어떤 다른 것을 기대할 수 있겠는가? 아주 가난한 사람들의 아이들에게도 똑같이 유리하게 작용하는 테스트도 있다. 하지만 그런 테스트를 활용하는 학-교라면 어디든 자신의 등급과 티켓의 가치가 하락하는 것을 보게 될 것이고, 머지않아 부잣집 아이는 한 명도 남지 않는다는 사실을 알게 될 것이다. 어떤 학-교도 그런 모험을 하려 들지는 않는다. 다른 사업과 마찬가지로 학-교 역시 가난한 고객보다는 돈 많은 고객을 선호하게 마련이다.

비슷한 힘이 대학에도 작용한다. 가난한 아이들을 너무 많이 받아들이면 동창회에서 불평을 하기 시작하고 필요한 돈의 기부를 거절한다. 주에서 운영하는 교육기관에서 돈을 가진 자와 권력을 가진 자들은 평의회를 통하거나 주 의회를 통해서 이런 압력을 넣는다. 이 압력의 영향력은 꽤 크다. 캘리포니아에서처럼 이런 영향력은 종종 대형 공립 고등학교와 같이 계급별로 편성된 주립대학 체제를 만들어낸다.

상황은 직장이나 일자리 분야에서도 아주 비슷하다. 대다수의 백인 노동자들은 흑인들도 다른 누구나 마찬가지로 일자리를 얻을 똑같은 권리가 있다는 말에 동의할 것이다. '하지만 내 일자리만 빼고!' 대다수의 사람들은 가난한 아이들이나 유색인종 아이들이 사회의 높은 자리에 올라가는 데 다른 사람 못지않은 기회를 가져야 한다는 데 동의할 것이다. 하지만 내 아이가 내려와야 한다는 뜻이 아니라야 한다. 하지만 그런 뜻일 수밖에 없다. 우리가 몸담고 있는 각종 사회에서 승자가 차지할 자리는 정해져 있다. 이 세상의 어떤 학-교 프로그램도 그 자리를 더 만들어낼 수 없다. 누군가 사다리를 올라가면 반드시 내려와야만 하는 사람들이 있기 마련이다.

실패자로 사는 법 배우기

학교의 세 번째 중요한 일과 기능은, 학교 사람들 스스로도 종종 입 밖에 내듯이 '아이들을 현실에 준비시키는 것'이다. 즉 아이들을 이 현대사회 속에서 대다수의 사람들이 살아가는 식으로 살게 하고, 또 무엇보다 사회에서 필요로 하는 일을 할 준비를 갖추게 하는 것이다.

『저능아 만들기The Making of a Moron』라는 책에서 니얼 브레넌 Niall Brennan은 제2차 세계대전 중 오스트레일리아에서 IQ 50 이하에다 정신연령이 여덟 살짜리에도 못 미치는 십대 저능아들이 다양한 공장 노동직을 해냈으며, 그것도 그저 적당한 정도가 아니라 믿을 만하고 근사하게 해냈다고 보고하고 있다.

현대사회에서 필요한 기술적 요구나 사람들이 이 요구에 부응하도록 만드는 교육의 굉장한 필요성에 관한 모든 논의에도 불구하고, 사실상 현대사회의 많은 일들은 지능이 필요 없는 일이다. 그 일을 하는 데는 훈련이나 기술, 지성, 판단력 중 거의 어떤 것도 필요가 없다. 2차 대전 중 가장 고도로 숙련된 기술이 필요하다고 생각한 공장직, 그 일을 배우는 데 아마도 몇 년이 걸릴 거라고 생각했지만, 아무 기초가 없는 보통 사람들 대부분이 두세 달 안에 그 일을 익힐 수 있다는 사실을 알게 되었다.

현대사회의 노동은 아무나 할 수 있다. 그것은 우연이 아니라 고의에 의한 것이다. 프레더릭 테일러Frederick Taylor가 스스로 과학적 경영이라 불렀던 일에 관해 처음으로 썼을 때, 지금도 그의 추종자들이 강조하고 있듯 그가 말하는 요지는 노동자의 지성과 판단력에 기대는 어떤 여지도 남겨놓지 말라는 것이었다. 그 목적은 그때나 지금이나 가능한 한 노동자를 기계로 바꾸어서, 가장 단순한 일련의 동작과 작업을 항상 같은 방식으로 정확하게 반복 또 반복하게 하는 것이다.

노동자는 자기가 하는 일의 의미를 알 필요가 없다. 물어보라고 장려하지도 않는다. 자기가 하는 일이 다른 사람들이 하고 있는 일과 어떻게 맞추어지는지, 어떤 목적에서, 무슨 결과를 내려고 그 일을 하는지 등등 이 모든 것이 그와는 상관없다. 사실 모르면 모를수록 더 좋다. 그가 속한 노동조합조차 그 자신과 그가 하는 일을 하나의 상품으로 생각하라고 조장한다. 자신이 받을 수 있는 가장 높은 가격에 팔리는 물건으로 말이다.

몇몇 나라에서 몇 사람들이 노동을 좀 더 다양하고 도전적인 일로 만드는 길을 모색하고, 노동자들에게 더 큰 선택권을 주고, 자기가 하는 일을 통제할 수 있게 하는 방법을 찾고 있다. 그러나 이러한 움직임은 우리가 인간의 행복이나 성숙보다 생산성이나 효율성, 산업 생산량의 증대를 더 높이 사는 한 그렇게 오래가지 못할 것이다.

사람들이 "이것이 이 일을 하는 최선의 방법입니까?" 하고 묻도록 놔두게 될 때의 위험은 얼마 안 있어 그 사람들이 "이 일이 할 만한 가치가 있나요?"라고 물어올지도 모른다는 데 있다. 스웨덴의 볼보자동차 공장의 새로운 작업 개선 조립라인에서 일하는 한 노동자는 사태의 핵심에 정확하게 가 닿아 있었다. 새로운 방식이 옛 방식에 비해 낫느냐는 질문을 받고 그는 이렇게 대답했다.

"그렇지요, 하지만 어떻게 보든 차를 조립하는 건 지루한 일이죠."

몇몇 여론조사에 의하면 대부분의 노동자들은 자신의 일에 '만족한다.'고 한다. 이 말은 아마 그들이 그 일을 좋아한다는 뜻이 아니라 감수하고 있다, 기꺼이 받아들인다, 이 정도에 감사한다는 뜻일 것이다. 브레넌, 하비 스와도스Harvey Swados, 스튜즈 터켈Studs Terkel 등 많은 사람들과 자신의 직업에 관해 어느 정도나마 이야기를 해본 사람들은 그들 중 자기가 하고 있는 일을 정말로 좋아하는 사람들은 거의 없었다고 보고한다. 1960년대 말에 한 자동차 조립 공장에서 다섯 달 동안 일했던 한 학생이 내게 해준 말에 의하면, 그 공장에서 일하는 사람들 대다수가 규칙적으로 암페타민이라는 각성제를 복용하며 하루를 버텨낸다고 한다.

1974년 12월 12일자 《뉴 타임스New Times》에는 한 야채 가공 공장의 노동에 관한 소름끼치는 이야기가 실려 있었다. 글을 쓴 젊은 여성은 나이 든 다른 여성들과 함께 단두대 모양의 기계로 콜리플라워의 고갱이를 제거하는 작업 라인에서 일했다. 그 라인에서 일하는 대부분의 여성들은 손가락 끝이 하나 이상 잘라져 있거나 아예 엄지까지 잘려나가 있는 게 보통이었다. 그들은 오랫동안 콘크리트 바닥 위에서 몸무게를 한쪽 발에서 다른 쪽 발로 옮기는 것 말고는 거의 움직이지 못한 채 서 있어서 짧은 휴식 시간이 올 때쯤이면 다리와 엉덩이는 고통으로 거의 참을 수 없는 지경이 된다. 몇몇 베테랑급 노동자들은 고통과 지루함을 이겨내려고 쉴 새 없이 혼잣말을 중얼거린다.

일터의 노동자들은 손가락만 잃는 게 아니다. 1975년 4월 27일자 AP통신의 기사를 보자.

정부에 의한 연구 조사에 의하면, 8명에서 150명까지의 인원을 고용하는 영세 사업체를 대상으로 한 표본조사에서 노동자 4명 중 1명은 직업으로 인한 질병을 앓고 있고 이들 중 89%가 노동부에서 요구하는 것과는 달리 신고가 되어 있지 않은 상태다. ……

연구 조사의 목록에 올라 있는 질병 중에는 작업 현장에 있는 석면이나 그 비슷한 섬유성의 먼지로 인한 만성 호흡기 질병, 소음으로 인한 청각 상실, 적외선 복사로 인한 백내장, 납중독 증상 같은 것이 포함되어 있다.

레이첼 스코트Rachel Scott는 『근육과 피Muscle and Blood』에 이렇게 쓰고 있다. 직업상의 안전과 건강에 관한 1972년 대통령 보고서에 따르면, "직업상의 원인으로 발생한 질병으로 인해 연간 10만 명정도가 목숨을 잃고, 해마다 불구를 초래하는 직업병으로 인해 적어도 39만 명의 새로운 환자가 발생하고 있는 실정이다."

그보다 더 나쁜 일은 아무리 나쁜 일자리조차도 일자리를 아예 갖지 못할지도 모른다는 위험이 점점 커져가는 것이다. 1975년 지금 현재 820만 명에 이르는 사람들이 실직 상태이고, 다른 110만 명은 희망없는 구직 전선에서 아예 떨어져 나와 실직 인구에서 제외되고 있다. 게다가 너무 어리거나 너무 늙은 사람은 일할 수 없다는 법 규정 때문에 수백만 명도 더 되는 사람들이 사실상 실직 상태에 있다. 인간의고통 속에서, 노동의 권태보다 훨씬 더한 권태 속에서, 수치와 절망과공포 속에서, 부도덕한 세상 속에서, 깨어진 가족과 매 맞는 아이들속에서, 이들 실직자들의 숫자가 의미하는 바는 우리가 상상할 수 있는 것 이상이다. 일자리도 없고, 쓸모도 없고, 절망적인 가난에 시달리는 현실 또는 그 위험, 그리고 그 위험을 피하거나 막을 만한 힘도 없다는 자각은 수천만 명의 패자들이 인생의 대부분 동안 안고 살아가야만 하는 멍에다.

어린아이들의 호기심과 에너지, 열정에 대해, 그리고 자기들이 할 수 있는 것뿐만 아니라 손에 잡히는 것은 무엇이든 간에 하려고 하는 아이들의 열망에 대해 알게 되면, 우리는 단지 이렇게 물을 수 있을 뿐이다. 아이들이 이런 종류의 일을 하고 이런 종류의 삶을 살며 그것을 견뎌나가도록 준비시키는 것이 과연 가능하겠는가? 유감스럽게도 이 일을 해내는 것이 학-교가 맡은 세 번째 큰 사회적 책무이며 결국 그것이 대부분의 사람들이 원하는 바이다.

여러 해에 걸친 여론조사가 보여주는 바에 의하면 자기 아이가 다니는 학교가 어떤 곳이든 상관없이, 대다수의 부모들은 그 학교들이 '더욱 엄격한 규율'을 가르치기를 원한다. 중서부의 한 택시 운전사가 그 이유를 알아내는 데 도움을 주었다. 그는 자기에게 세 명의 다 자란 자식이 있다고 했다. 나는 아이들이 무슨 일을 하느냐고 물었다. 긴 침묵이 흐른 후, 마침내 그가 말했다.

"글쎄요, 감옥에 간 적은 없지요."

이 말을 할 때 그의 목소리에 깃들었던 그 쓰디쓴 실망과 완강한 자존심을 활자로 전할 길은 없다. 그는 자식들이 승자가 되리라는 기대를 버린 지 오래였다. 그러나 적어도 그렇게까지 몹쓸 패배자들은 아니었다. 건달도 아니고, 주정뱅이나 마약 상습자나 히피, 말썽꾸러기도 아니고, 범죄자는 더더욱 아니었다.

살면서 이렇다 하게 해놓은 일은 없고 앞으로도 할 리는 없지만, 적어도 비뚤어지지 않은 자식 몇 명은 키워놓았다. 수많은 사람들이 이렇게 하는 데 학-교에서 상당한 도움을 받았다고 말할 것이다. 그의 생각처럼 학-교는 아이들은 날이면 날마다 뭘 해야 할지 늘 말해줘야 하고 꾸물대거나 군말 없이 즉각적으로 그 일을 하도록 만들어야 한다는 걸 잘 알고 있었다. 그리고 자식들은 감옥에는 가지 않을 정도로 이 과정을 충실히 잘 배웠다.

이런 것 말고도 더 있다. 대부분의 사람들은 물론 자기 자식들이 괜찮은 패자보다야 승자가 되기를 원한다. 하지만 이 경우도 길은 같다. 세넷과 콥이 『계급의 숨겨진 상처들』에서 지적했듯이, 대부분의 패배자들이 자신의 패배 인생에서 어떤 의미나 존엄성을 구하기 위해 믿게 되고, 또 믿어야만 하는 생각이 있다. 그것은 승자의 지위는 노력과 고통과 희생에 대한 보상으로 주어진다는 것이다. 그들은 이렇게 생각하고 종종 입 밖으로 꺼내기도 한다.

"내가 아이일 때 좀 더 열심히 공부하기만 했더라도, 우리 식구나 선생님이 좀 더 열심히 공부하게 만들기만 했어도, 지금의 내 꼴이 이렇게 되지는 않았을 거야. 이런 쓰레기 같은 일을 하고 있지도 않을 거고, 언제나 남들이 시키는 일을 해야 되는 신세는 면했을 텐데. 그래, 내 새끼들이 똑같은 실수를 하게 두지는 말아야지. 선생들이 애들을 더 열심히 공부하도록 만들어서 나보다 잘살 수 있도록 해주었으면 좋겠어. 그렇게 되기 위해서라면 선생들은 무슨 일을 해도 좋아. 공부를 시키려고 애들을 패야 한다면 그것도 좋지, 뭐."

한편 나라 전역에 걸쳐 점점 더 많은 숫자의 부유하고 보수적인 승자 부모들이 자기 아이들을 초전통주의 학-교에 집어넣고 있다. 그곳에서는 아이들이 하찮은 위반에도 '매를 맞는다.' 왜 이 사람들은 자기 아이들, 그것도 승자임에 거의 틀림없는 아이들이 이런 식의 취급을 받기를 원할까? 한 가지 이유를 들자면, 그들은 성공과 행복이 오로지 희생과 고통, 노력으로부터만 올 수 있다고 철석같이 믿고 있기 때문이다. 또한 미국 내의 최고 엘리트 학-교와 대학에서 베트남 전쟁이나 미국 사회의 낭비, 부패, 부정에 대해 가장 강력하게 항의하고 투쟁했던 아이들은 대부분 유복한 아이들이었다고 들어왔기 때문이다. 이들 부모들은 더 이상 이런 종류의 항의를 원치 않는다. 학-교는 이런 일을 끝내줄 장소다. 빠르면 빠를수록 좋다. 그리고 그렇게 하는 데는 매가 가장 좋은 방법이다. 지금 교장에게 복종하는 법을 배우면 나중에는 대통령에게 복종하게 될 것이다.

13 학-교가 실제로 가르치는 것들
What All S-chools Must Teach

학-교에서는 많은 것을 가르친다. 그중에는 다음과 같은 것들이 있다.

(1) 공식적으로 성문화된 교육과정, 예를 들어 영어·수학·사회·과학 등등.

(2) 교육과정에는 없지만 학-교의 교재와 교과서에 표현되어 있거나 암시되어 있는 생각과 태도.

(3) 교육과정에는 없지만 교-사들이 의식적으로, 또 의도적으로 가르치는 생각과 태도.

(4) 교-사들에 의해 무의식적으로 전달되는 생각과 태도. 즉 교-사들이 너무도 강력하게 믿기 때문에 학생들에게 전달될 수밖에 없는 생각과 태도.

어떤 종류의 생각들은 이 네 가지 중 두 개 이상에서 드러날 수도 있다. 즉 (2)에서 지적한 많은 생각들이 (3), (4)에서도 동시에 나타난다. 학-교와 교-사들은 일반적으로 그들 고유의 신념을 그런대로 지지해주는 교재와 교과서를 채택한다. 또한 교-사들은 대개 공식적인 교육과정을 지지한다. 교육과정을 바꿀 수 있는 권력이 주어진다 해도 대부분의 교-사들은 현재의 교육과정을 그대로 활용할 것이다.

이들 생각과 태도에 대해, 학-교의 눈에 보이기도 하고 안 보이기도 하는 이 교육과정에 대해 참으로 말도 많다. 이 생각과 태도는 교-사에 따라 다른데 정도의 차이는 있지만 학-교에 따라서도 다르다. 전체로 봐서 학-교와 교-사는 사회나 지역, 나아가서 국가가 지닌 일반적 태도와 편견을 공유하고 또 가르친다. 학-교와 교-사들은 중도 보수주의자적 경향이 많은데, 정치 중심부의 보수적 입장에 견주면 아마 조금 오른쪽일 것이다.

내 생각에도 당연하다고 보는데, 자유주의적이고 급진적인 비평가들이 오랫동안 비판하고 있는 내용이 있다. 학-교가 유색인들과 여성들, 육체노동자들과 돈 없는 사람들에 대한 경멸과 함께 편협하고 무비판적이고 호전적인 애국주의, 부와 권력을 향한 너무나 엄청난 경의, 강인함, 경쟁, 투쟁, 폭력에 대한 사랑을 가르친다는 것이다. 시골 지역에 많은, 다른 유의 비평가들은 학-교가 부도덕과 무신론적 과학과 사회주의(아니면 더 나쁜 것) 등등을 가르치고 있다고 분노에 차서 말한다.

앞에 말한 학-교 교육과정의 네 부문에 관해 내가 여기서 말하고자 하는 요지를 하나로 줄여보면, 이 모든 교육과정은 학-교에 있는 사람들이 바꿀 수 있다는 것이다. 그들이 마음만 먹는다면.

내가 가장 관심을 갖는 것은 학-교 교육과정의 다섯 번째 부문으로 단순히 학-교가 학-교라는 사실 하나로 가르치게 되는 것들이다. 그것은 학-교가 아이들을 강제로 출석시키는 권력을 가졌고 아이들에게 무엇을 배울지 말하고, 평점을 주고, 서열을 매기고, 분류할 수 있는 권력을 가졌기 때문에 가르치게 되는 것들이다. 학-교가 이런 권력을 가지고 있는 한 이 부문의 교육과정은 바뀔 수 없다. 그리고 그런 학-교에서 일하는 모든 이들은 자신이 원하건 원하지 않건, 또 스스로 아주 반대되는 내용을 가르치고 있다고 생각할 때조차 이 교육과정을 가르치는 걸 돕고 있는 셈이다.

강제성을 가진 교육기관이라면 어디나 마찬가지지만, 학-교가 그 학-교에 다니는 사람들에게 보내는 첫 번째 메시지는 불신과 경멸이다. 만약 우리가 너희들을 이곳에 오게 하지 않는다면 너희들은 어떤 것도 배우지 못한다. 그저 시간만 낭비할 뿐 하루 온종일을 게임이나 하고 TV나 보고 말썽이나 저지르겠지. 거리를 방황하면서 가치 있는 일이라곤 아무것도 하지 않고 나이만 먹어서 건달이 되겠지.

그와 더불어 다음과 같은 메시지가 따라간다. 너희들이 세상에 대해서 알고 싶어 한다고 우리가 믿어준다고 치자. 너희들은 너무 멍청해서 세상을 알 수가 없다. 너희들이 배울 필요가 있는 게 무엇인지 우리가 결정해야 할 뿐만 아니라 그것을 배우는 법도 우리가 한 번에 조금씩 보여주어야 한다. 너희들은 절대로 혼자 힘으로 이해해내지 못한다. 적절한 질문을 던질 충분한 지각조차 없다. 세상은 너희들이 파악하기엔 너무 복잡하고 오리무중이며 어렵다. 우리는 너희들이 세상을 탐사하게 내버려둘 수 없다. 우리가 너희들에게 세상을 알게 해주어야 한다. 너희들은 우리로부터만 오직 세상에 관해 배울 수 있다.

이런 메시지들(실제로는 부분들이 모여 전체로 맞춰지는 단지 하나의 메시지가 있을 뿐이다.)과 함께 또 이런 메시지가 전달된다. 배움이란 삶과 분리된 것이다. 만약 너희들이 중요한 뭔가를 배우고자 한다면 너희들은 학교에서 교사로부터 그것을 얻어야 한다. 이 메시지로부터 이런 생각이 따라 일어난다. 이해란 활동이 아니라 물건, 즉 상품이다. 그것은 자기의 힘으로 하거나 만들어내는 무엇이 아니라 얻게 되는 무엇이다. 그것은 귀하고, 가치 있고, 비싸다. 그것은 그것을 가진 누군가로부터 얻을 수 있을 뿐이다. 그가 기꺼이 그것을 주겠다는 조건에서. 너희들은 자신만의 이해를 만들어낼 수 없다. 만약 그렇다 한들 그것은 품질이 좋지 않다. 그걸로는 아무것도 얻을 수 없다. 어떤 사람들은 다른 사람들보다 이 가치 있는 지식을 훨씬 많이 가지고 있다. 그렇기 때문에 그들은 다른 이들에게 무엇을 할 것인지 말할 권리가 있다.

너희들이 배울 만한 중요한 것은 무엇이든지 그 사람들이 이야기해줄 것이기 때문에, 너희들만의 고유한 의문은 묻고 답할 만한 가치가 거의 없다. 호기심은 뭘 모르는 꼬마들이나 가지는 것이다. 질문이 많은 아이를 참아줄 학-교나 교-사는 거의 없고 원하는 것보다 훨씬 적은 답을 얻게 될 것이다. 내가 가르쳤던 승자들의 학-교들에서도 아이들은 5학년만 되어도 진짜 알고 싶은 것에 대해 묻기를 부끄러워했다.

몇 년 전에 어떤 작은 사범대학에서 이야기를 한 적이 있었다. 대부분의 교-사들이 다니는 종류의 학교였다. 내가 이야기를 하는 동안 그 대학의 학생들은 내가 하는 말에 관심이 있다는 것을 여러 가지 방식으로 보여주었다. 하지만 단 한 사람의 교수만 한 가지 질문을 했을 뿐이다. 다음 날 안내를 맡아 캠퍼스를 구경시켜주던 여학생에게 이 이야기를 했더니, "오, 그래요." 하며 말을 받았다.

"여러 명이 나중에 제게 말했어요. 묻고 싶은 게 많았지만 창피를 줄까 봐 무서웠다고요."

학생은 또 계속해서 이렇게 말했다.

"예외가 없는 건 아니지만 우리 대학의 교수들은 수업 시간에 질문 받는 걸 좋아하지 않아요. 그리고 질문을 하는 학생이 있으면 창피를 주는 경향이 있죠."

학-교와 교-사들은 이미 학생들이 알아야만 하는 내용이 무엇인지 알고 있다. 그러니 왜 학생들이 중간에 끼어들어 질문을 해대게 내버려두겠는가?

경제인

사회가 원하고 있듯이 학-교는 인간을 경제학자들이 '경제인econo-mic man'이라 부르는 것으로 만든다. 경제인은 개인적 이익을 위해 사는 사람으로 오직 두려움과 탐욕으로 산다. 나눔과 협동에 관해 학-교가 지껄이는 온갖 이야기에도 불구하고 학-교는 인간은 상을 받거나 벌을 피하려고, 당근을 얻거나 채찍을 피하려고, 아니면 다른 누군가를 누르고 이익을 얻으려는 경우를 제외하고는 진지하고 중요한 어떤 일도 하지 않는다는 것을 가르친다. 학-교는 그렇게 생각하거나 말하지 않을 수도 있다. 하지만 마치 그렇다는 양 행동함으로써 그렇게 만든다.

아이들은 처음 학교에 올 때만 해도 아주 호기심에 차고, 지략이 풍부하고, 활기가 넘치고, 능력 있는 탐색가로서 자기를 둘러싼 세계를 향해 열려 있다. 아이들은 대부분 흥미 있고 재미있기 때문에 어떤 일을 하는 것이지 벌을 받을까 봐 두려워서 또는 상을 받으려는 희망에서 하는 것이 아니다.

학-교가 이 아이들에게 무슨 짓을 하는지는 《사이콜로지 투데이 Psychology Today》의 1974년 9월호 표지 사진에서 생생하게 볼 수 있다. 그 사진은 거대한 황금색 별로 눈과 입이 완벽하고 끔찍하게 덮여 있는 여덟 살 소년의 모습이었다. '교사들이 놀이를 공부로 바꾸는 법'이라는 커버스토리를 쓴 데이비드 그린David Greene과 마크 레퍼 Mark Lepper는 그 글에서 실험 몇 가지를 얘기한다. 어떤 일이나 행위 그 자체를 목적으로 삼는 것을 좋아하는 아이들에게 그 일을 했다는 이유로 상을 주다가 주지 않으면, 그 일을 좋아하고 하게 되는 정도가 훨씬 낮아진다는 사실을 보여주는 실험들이었다.

아이들에게 질문을 하게 장려하고, 질문을 하면 상을 주는 학-교에서조차 머지않아 아이들은 질문하기를 그만둔다. 우리가 아이들이 하고 싶어서(세상에 대해 알고 싶어서) 하는 일을 두고 상을 주면 아이들은 얼마 가지 않아 오로지 상을 받으려고 질문하는 법을 배운다. 학-교의 상은 몇 안 되는 승자에게만 주어지기 때문에 대부분의 아이들, 즉 패자들은 질문 던지기를 그만둔다. 이런 현상은 상을 주면 더 잘할 거라는 긍정적 재강화의 개념에 들어 있는 결함 가운데 하나다. 긍정적 재강화는 오직 우리가 그것을 계속하지 않을 때만 작동한다.

훌륭한 일을 하면 상을 받는다고 가르치는 가운데 학-교는 보상을 받지 못하는 일은 훌륭하지 않다는 것을 가르친다. 당연히 우리가 좋아해서, 또 하고 싶어서 하는 일들은 부질없고, 소용없고, 해로운 것들임이 틀림없다.

또 학-교는 우리의 등급을 나누기 위해 끊임없이 시험을 치르고 평가해야만 한다. 그렇게 함으로써 우리가 시험받고 평가받을 수 있다고, 아니면 적어도 우리와 관련된 중요한 모든 것은 평가될 수 있다고, 그래서 평가받지 않은 그 나머지 것들은 확실히 중요하지 않다고 믿도록 가르친다. 따라서 우리는 시험이나 평가가 우리라고 말해주는 것만 우리이며, 시험과 평가가 우리가 할 수 있다고 말해주는 것만 할 수 있고, 시험과 평가가 우리가 할 만한 가치가 있다고 말해주는 것만 할 가치가 있다. 때때로 학-교 사람들은 이 사실을 『고등학교에서 성공하기Success in High School』라는 책에서처럼 명문화해서 말하기도 한다.

좋은 평점은 좋은 교육과 동일하다. 평점이 높으면 높을수록 더 많이 배운 것이고 더 많이 아는 것이다.

그러나 학-교가 우리가 누구이며 어떤 사람인지 시험이 알려준다고 떠벌이지 않는다 해도, 학-교는 마치 그것이 진실인 양 행동한다. 학-교는 결코 다음과 같은 것들을 생각할 수 있도록 격려해주는 법이 없다. 시험이 나쁜 일일 수도 있고, 우리의 가장 중요한 부분은 측정되거나 평가될 수 없을지도 모르고, 우리가 할 수 없다고 시험에 의해 판정된 것을 우리가 해낼 수 있을지도 모른다는 사실을.

결국 학-교는 '전문가들의 신성한 권리Divine Right of Experts'라고 부를 수 있는 것이 존재한다는 것을 믿도록 가르친다. 학-교가 우리를 학-교에 집어넣고, 붙들어두고, 그곳에서의 삶을 관리하고, 우리가 무엇을 어떻게 배워야 하는지 말해주고, 어느 정도 잘 습득했는지에 따라 성적을 매기고 등급을 정하는 등의 온갖 짓을 할 수 있기 때문에 우리는 당연히 이런 믿음을 갖게 된다. 인생의 어느 때, 어떤 상황에서나 우리에게 최선은 무엇이며 다음번에 우리가 해야 할 일이 무엇인지 우리보다 훨씬 더 잘 알고 있는 전문가들이 어딘가에 틀림없이 있으리라는 믿음을. 그 전문가들은 우리가 무엇을 할지 말해줄 수 있을 뿐만 아니라 불가사의한 능력조차 갖고 있다.

토머스 코틀Thomas Cottle이 쓴 『가족 사진첩A Family Album』에서 열 살짜리 한 흑인 소년이 MIT공대를 방문한 이야기를 하는 대목을 보자.

과학자들이 사람들을 위해 얼마나 많은 일을 하는지 모른답니다. 그곳에서 본 훌륭한 실험실은 중요한 장소임이 틀림없어요. 그곳에서 그 과학자들이 연구를 하고 있는 한 이 나라에서 굶어죽는 사람은 더 이상 없을 거예요. 미국의 대통령은 엄청난 힘과 돈을 갖고 있지만 MIT에 있는 이 사람들과 같은 엄청난 머리는 못 가졌어요. 사람이 하루 동안 필요한 음식을 약 두 알로 보충할 수 있다고 말한 것처럼 MIT 식구들은 머지않아 그런 멋진 일을 이루어낼 사람들이에요. 한 주일 동안 필요한 양도 가능하겠지요. 정말이지 그날이 오길 바라요. 부엌으로 가서 엄마에게 말하는 거예요. "아침식사 알약을 주세요, 엄마." 엄마가 내 몫을 꺼내주면 저녁 먹을 때까지 집에 올 필요가 없죠. 특히나 점심 알약을 주머니에 챙겨둔다면 말예요. MIT의 그 사람은 참 훌륭한 생각을 했어요. 절대로 배고프지 않을 거고, 또 식탁에 앉은 채 남동생 여동생 할 것 없이 귀에 대고 악을 써대는 소리를 들으며 뭔가 먹겠다고 낑낑대며 시간을 낭비할 필요도 없겠죠. 아! 과학자들. 그 사람들보다 더 멋진 일을 하는 사람들은 이 세상에 없을 거예요.

이 소년은 그러면서 오늘날의 수많은 열 살짜리들과 꼭 마찬가지로 과학자들이 이룩할 온갖 기적들에 관해 앞에서 말한 식으로 이야기한다. 신체의 장기를 바꿔 끼우고, 사람들을 죽지 않게 하고, 모든 에너지 문제를 해결하고, 아니 모든 문제를 풀고.

나중에 그 소년의 어머니는 과학자들을 두고 이렇게 얘기한다.

과학자들…… 그 사람들은 잘사는 사람들이지요. 다른 부자들과 다를 바가 없어요. 부잣집 아이가 재미 삼아 가난한 아이들을 살펴보는 곳에 앉아서 이것도 집적거려보고 저것도 집적거려보는 식이죠. 문제라고는 없는 곳에서 문제나 만들고. 우리가 진실로 필요로 하는 건 너무나 간단한데 일을 복잡하게 만들고……. 내가 알고 싶은 건 이 나라를 위해 그 사람들이 좋은 일을 한 게 뭐가 있느냐는 거예요. 흑인이나 가난한 사람들을 위해 무슨 좋은 일을 했냐는 거죠.

그러고는 계속 길고도 통렬한 비난을 퍼붓는다. 그런 그녀 역시 나름대로는 아들만큼이나 전문가 숭배자요, 과학자 숭배자다. 이 두 모자에게 과학이란 그들 자신이나 친구들, 이웃들이 자신에게 닥친 문제를 푸는 데 이용할 수 있을지도 모르는, 세상을 바라보고 세상에 대해 생각하는 하나의 방법이 아니다. 과학은 부자거나 운이 좋으면 얻을 수 있는 무엇일 뿐 그들이 할 수 있는 것이 아니다. 과학은 남들이 자기들을 위해 쓸 수 있는 방법이며, 자기들에게는 소비하는 생산품일 뿐이다. 그 소년은 그 모든 훌륭한 과학을 손에 넣을 때까지 도저히 참고 기다릴 수가 없을 지경이다. 한편 어머니는 자기 자신은 그걸 손에 넣지 못할 거라는 걸 안다.

누군가 이렇게 시작하는 글을 써 보낸 적이 있다.

"전문가에게 보내는 편지를 어떻게 시작해야 할지 도저히 모르겠습니다……"

학-교가 우리 사이에 이런 간격이 생기도록 조장했다. 어떤 경우든 나는 이 글쓴이가 알고 있는 그 '전문가'가 아니다. 내가 학교나 아이들, 교육, 가르침, 배움에 관해 무엇을 알고 있든 간에 나는 '하미'로서 배우고 알았지 어떤 학교의 학생으로서 그런 것들을 배우지는 않았다. 많은 사람들이 평범한 경험의 문제에 관해 이야기하면서 그 문제에 대한 자기들의 견해가 어느 누구의 견해에 못지않을 것임에도 꼭 이런 말로 시작한다.

"물론 이 문제에 관해 제가 전문가는 아닙니다만."

누군가 최근에 저 노인학, 그러니까 나이 든 사람들과 그들의 삶, 문제, 감정들을 다룬 비의학적 연구를 '어떤 누구도 아무것도 모르는 새로운 분야'라고 썼다. 저 나이 든 사람들은 어쩌고? 그분들은 그것에 관해 뭘 알지 않을까? 그분들의 경험은 노인학 분야에 박사학위를 가진 어떤 전문가가 그것에 관해 설명해주기 전에는 의미도 없고 가치도 없을까? 학-교는 지식을 희귀한 것으로 만든다. 우리들 대부분이 알고 있는 것을 사실이 아니거나 가치가 없다고 생각하게 만드는 것이다.

제아무리 나눔이니 협동이니 하고 이야기를 해봤자, 학-교는 아이들을 서로에게 적대적인 경주에 세움으로써 진짜 삶은 투쟁이며 다른 어떤 사람, 혹은 다른 모든 사람이 패하지 않으면 누구도 이길 수 없는 제로섬 게임이라고 가르친다. 학-교는 세상을 알아가는 진지한 작업은 협동적으로 이루어질 수 없고, 서로 쫓고 쫓기는 경쟁 속에서만 이루어진다고 가르친다. 탐욕이란 길들여야 할 악이 아니라 북돋아야 할 선이라고 가르친다. 그리고 이기는 것이라면 엄청나게 중요한 걸로 만드는 그 모든 상황처럼 학-교는 속임수를 가르친다. 학생들은 학-교를 속이는 만큼 서로를 속인다.

칼 웨인버그는 『교육은 엄청난 속임수다』에서 이렇게 쓴다. 그가 학생이나 교사를 경험했던 고등학교들에서는 많은 학생들이 두 벌의 숙제를 준비한다. 그중 하나는 교사에게 보여주기 위해 능력껏 옳게 작성하고, 다른 하나는 도움을 청하는 다른 학생들에게 보여주려고 일부러 많은 오답을 끼워 넣는다. 높은 봉급을 받는 일자리를 구하려는 미친 듯한 이 경쟁의 시대에 우리는 신문이나 여러 다른 매체에서 명문 대학의 학생들이 서로 어떻게 속이고 방해하는지에 대해 혐오스런 이야기를 듣는다.

여러 해에 걸친 연구 결과, 높은 기준을 가진 학-교의 A학점짜리 학생들 사이에서 보통 학-교의 보통 학생들보다 훨씬 더한 속임수가 횡행한다는 사실이 드러났다. 학-교 역시 스스로를 속인다. 학-교가 학생들의 등급을 매기기 때문에 학-교들 역시 등급이 매겨진다. 학생들뿐만 아니라 학-교 역시 이 서열 게임을 정직하게 감당할 줄 모른다. 학-교는 학생들을 평가하게 될, 그래서 스스로를 평가하게 될 시험에 대비해서 준비시키고 지도하느라 엄청난 고생을 한다. 내가 앞에서 이미 다룬 그런 방식으로 학-교는 많은 학생들의 실제 실력과는 아무 관계가 없는 시험 점수를 만들어낸다. 그런데 속임수에 불과한 이건 도대체 뭐란 말인가?

그것은 다름 아니라 학교의 숨겨진 교육과정이다. 그것은 너무도 뿌리가 깊어 바꿀 수 없다.*

---

*1974년 5월 20일, 다르에스살람에서 열린 열린교육에 관한 다그 함마르셸드 세미나에서 탄자니아 대통령이자 그 나라의 하나뿐인 정당의 당수 줄리우스 니에레레Julius Nyerere는 이렇게 말했다. 그 일부를 옮겨보자.

"아프리카에는, 그리고 탄자니아에는, 이런 말을 하는 전문직 남자들이 있습니다. '실제 내 몸값은 내가 탄자니아에서 받고 있는 봉급보다 높아.' 하지만 인간에게는 몸값이 없습니다. 노예를 제외하고 말입니다. 정부와 준국영회사의 지도급 위치에는 교육받은 사람들이 있는데, 그들은 아직도 일자리를 찾으면서 이렇게 말하고 있습니다. '나는 교육받은 사람이다. 나는 나의 자격에 합당한 대우를 못 받고 있다. 나는 어떤 누구보다 더 나은 집과 더 나은 봉급, 더 나은 지위를 가져야 한다…….' 요컨대 이렇게 말하는 셈이지요. '내가 지금까지 받은 교육은 나를 시장 가치가 있는 상품으로 변화시켰다. 목화나 사이잘삼, 커피처럼…….' 그들은 자신을 우월한 인간이라고 주장하지 않습니다. 단지 우월한 상품이라고 주장할 뿐. 그러니 그들이 받은 교육은 그들을 물건으로 바꾼 셈입니다. 지식의 보고나 뭔가 특수한 컴퓨터 같은 것 말입니다. 그들은 그들 스스로와 다른 사람들을 물건이나 상품으로 여기도록 배워왔습니다.

그런 태도를 가진 사람은 필연적으로 공동체로부터 할 수 있는 한 최대한의 이익을 빨아들이고 기여할 수 있는 최소한을 기여하면서 인생을 보내고, 욕망하는 대로 살 것입니다. 그는 먹고, 입고, 잠자리를 마련하고, 교육받으며 지역공동체를 빨아먹습니다. 그가 목화 꾸러미처럼, 그가 획득한 기술에 상응하는 가장 높은 가격을 받는 곳으로 옮겨 다닐 때는 세계 공동체를 빨아먹습니다. ……자신들이 받은 교육이 자신들에게 가격표를 붙여준다는 생각을 어린 소년소녀들에게 주입시키고, 이 가격표에 전력을 기울이도록 만드는 게 우리의 교육제도입니다."

그러나 이것은 바로 니에레레 대통령이 자기 나라의 정부와 의회, 정당, 그리고 모든 민중들의 반대를 무릅쓰고, 그와 같은 태도와 악습을 막아보려고 고안해낸 교육 체제를 발표한 지 7년 이상의 시간이 지난 뒤에 했던 연설이다. 니에레레 자신의 말을 빌리자면 그런 악습 대신 "공동의 이익을 위해 같이 살고, 같이 일하는 사회적 목표를 촉진시키는 [것]. …… 개인의 발전이 아니라 협동의 노력을 강조하는 [것]. …… 지적 오만의 유혹을 없애는 [것]이다. 왜냐면 지적 오만이란 좋은 교육을 받은 사람들이 학문과 관계없는 능력을 가진 사람이나 특별한 능력이 없는 사람을 얕보게 만들기 때문."이다.

하지만 나는 묻지 않을 수 없다. 만약에 그런 확신을 가지고 그런 지위와 권력을 가진 사람이 학-교의 숨겨진 교육과정을 바꿀 수 없다면(그는 분명히 바꿀 수 없었던 것 같은데) 누가 할 수 있단 말인가?

14 순종적인 고문자들
The Obedient Torturers

학-교는 자기들이 도덕과 책임감, 그리고 온갖 사회적이고 공적인 미덕들을 가르치고 있노라고 자주 주장한다. 그렇지 않다. 심리학자인 스탠리 밀그램Stanley Milgram 박사는 미국에서 행해졌고 몇몇 다른 나라에서도 모방한 일련의 실험을 통해 왜 그렇지 않은지, 또 왜 그럴 수 없는지, 그러면 그 대신에 뭘 가르치고 있는지 분명하게 밝혔다. 이런 내용은 그의 책 『권위에 순종하는 사람들Obedience to Authority』에 잘 묘사되어 있다.

밀그램 박사가 묘사한 실험 내용을 보면, 기억과 학습이라는 연구에 참여하기 위해 두 사람이 한 심리학 연구실로 온다. 실험자는 둘 중 한 사람은 '교사'로, 다른 한 사람은 '학습자'로 지정한 다음 학습에 있어서의 처벌 효과를 연구할 것이라고 알려준다. 그리고 학습자를 따로 떨어진 방의 의자에 앉혀 양팔을 의자에 묶고 손목에는 전극을 부착한다. 학습자는 짝지어진 단어의 목록을 익히기로 되어 있다.

실수를 하게 되면 강도를 더해가면서 전기 충격을 받게 될 것이다. 교사는 학습자가 자리에 묶이는 것을 본 다음, 다른 방으로 안내되어서 인상적인 모습의 충격발생기 앞에 앉혀진다. 그의 앞에는 30개의 스위치가 줄지어 있는데, 15볼트 전압에서 시작하여 15볼트씩 단계적으로 증가시켜 450볼트까지 이르는 표식이 붙어 있다. 교사는 실험자로부터 다른 방에 있는 학습자에게 학습 테스트를 하라는 지시를 받는다. 교사는 학습자가 맞는 답을 하면 다음 항목으로 넘어가고 틀린 답을 하면 전기 충격을 한 번 주게 되어 있다. 15볼트에서 시작하여 틀린 답을 할 때마다 단계를 높인다.

'교사'는 실험 참가자를 뽑는 광고를 보고 연구실에 온 순진한 피실험자다. '학습자' 또는 희생자는 배우로 전기 충격에 고통스러운 척 연기를 하는데 사실상은 전혀 충격을 받지 않는다. 실험의 요지는 항의하는 죄 없는 희생자에게 고통을 증가시키는 이 일을 사람들이 어디까지 진행시킬지 알아보는 것이다. 75볼트에 이르면 '학습자'는 투덜댄다. 120볼트에서 불평을 시작하고 150볼트에서는 실험에서 풀어 달라고 요구한다. '충격'이 커져감에 따라 학습자의 고함 소리는 점점 커지고 격렬해진다. 285볼트에 이르면 그는 괴로운 비명을 지른다. '교사'가 충격을 주기를 주저하면 실험자가 계속하라고 지시한다. '교사'가 실험자의 권위에 맞서서 더 이상의 충격을 주기를 거부하는 지점이 어디인가를 알아보려는 실험이었다.

4개의 스위치를 일군으로 묶은 충격발생기 위에는 이런 어구들이 씌어 있다. 가벼운 충격, 보통 충격, 강한 충격, 아주 강한 충격, 심한 충격, 극심한 충격, 위험(심각한 충격). 마지막 두 개의 스위치에는

XXX 표시가 되어 있었다. 처음에 밀그램 박사는 '교사'가 제어반 위에 표시된 볼트 수와 이런 글귀들에 압박을 받아 실험자의 명령을 어기고 더 이상 나아가기를 거부할 거라고 생각했다. 하지만 실험은 예상과 달리 계속 진행되었다. '학습자' 또는 희생자로부터 피드백이 없을 때는 이 준비 조사pilot study에 참여한 거의 모든 피실험자가 충격 제어반의 끝까지 나아갔다. 희생자가 가벼운 항의를 보낸다고 해서 사태에 변화를 준 경우는 거의 없었다. 피실험자들의 행동에 어느 정도 다양성을 갖게 하려고 희생자들이 반응을 하게 했다. (때맞춰 이 반응을 녹음해두었다가 재생해서 들어봤다.) 75볼트, 다시 90볼트, 105볼트, 희생자는 투덜댔다. 120볼트가 되자 고통스럽다고 소리를 질렀다. 150볼트에서 그는 소리쳤다.

"실험자, 여기서 나가게 해주시오! 더 이상 실험을 안 하겠어! 계속하지는 않을 거야!"

180볼트에서는 이렇게 소리쳤다.

"못 견디겠어!"

270볼트에 이르자 고통에 찬 비명을 질렀다. 150볼트 이후부터는 충격이 있을 때마다 실험을 그만해달라고 요구했다. 300볼트에서는 더 이상 어떤 대답도 하지 않겠다고 소리쳤다. 이 지점에서 실험자는 '교사'에게 학습자가 대답할 때까지 5초 또는 10초의 시간을 주고, 대답을 안 하면 틀린 답으로 간주하여 충격을 주고, 다음 질문을 하라고 이야기했다. 300볼트 이후부터는 희생자는 더 이상 답을 하지 않았다. 단지 충격을 줄 때마다 고통에 찬 비명을 지를 뿐. 330볼트가 넘으면 학습자의 소리는 들리지 않고 신호판에도 더 이상의 응답이 나타나지 않았다.

네 차례의 실험이 있은 후, '학습자'의 반응은 심장병이 있다고 말하는 것으로 바뀌었다. '학습자'가 의자에 묶일 때 그는 몇 년 전 경미한 심장병이라는 진단을 받았다고 말하고, 충격이 위험한지를 묻는다. 후에 그는 충격에 다음과 같이 반응한다.

75볼트	윽!
90볼트	윽!
105볼트	윽! (좀 더 큰소리)
120볼트	윽! 이봐, 이건 진짜 아픈데.
135볼트	윽!
150볼트	윽!! 실험자 선생! 됐어요. 여기서 나가게 해줘요. 심장병이 있다고 했잖아요. 이제 심장이 이상해지기 시작하는구먼. 여기서 나가게 해줘요, 제발. 심장이 이상해요. 이제 그만하겠어. 나가게 해줘요.
165볼트	윽! 내보내줘요. (소리 지른다.)
180볼트	윽! 못 참겠어. 내보내줘! (소리 지른다.)
195볼트	윽! 보내줘! 나가게 해줘! 심장이 걱정돼. 내보내줘. 계속 묶어놓을 권리가 없다구! 내보내줘! 여기서 보내줘! 내보내줘. 여기서 나가게 해줘! 심장이 걱정된다구. 보내줘! 보내줘!
210볼트	윽! 실험자 선생! 날 꺼내줘. 이걸로 됐어요. 더 이상 실험을 하고 싶지 않아요.
225볼트	윽!

240볼트	윽!
255볼트	윽! 여기서 날 꺼내줘.
270볼트	(고통에 찬 비명) 나가게 해줘. 여기서 나가게 해줘. 나가게 해. 들려요? 여기서 나가게 해줘.
285볼트	(고통에 찬 비명)
300볼트	(고통에 찬 비명) 절대로 더 이상은 대답하지 않을 거야. 여기서 내보내줘! 더 이상 날 붙잡아 놓을 수는 없어. 내보내줘. 여기서 내보내줘.
315볼트	(격심한 고통에 찬 비명) 대답 안 한다고 했잖아. 더 이상 이 실험 안 해!
330볼트	(격심하게 지속되는 고통에 찬 비명) 나가게 해줘. 여기서 나가게 해줘. 심장이 괴로워. 나가게 해줘. 말하잖아. (신경질적으로) 여기서 내보내, 여기서. 날 보내달란 말야. 여기 붙잡아둘 권리가 없다고. 나가게 해줘! 나가게 해줘! 여기서 나가게 해줘! 나가게 해줘! 나가게 해줘!

실제로 사람들은 어떻게 행동했을까? 내가 설명했듯이 그 실험에서 피실험자가 희생자에게 자진해서 가했던 평균 최대 충격은 370~400볼트에 이르고, 피실험자의 60% 이상이 전압의 마지막까지 자진해서 갔다. 여성들도 남성들과 거의 똑같이 이 일을 해냈는데 좀 더 긴장하긴 했다. 희생자가 힘들어 보이고 허락하지 않는 걸로 보일 때, 그리고 실험자의 태도가 상당히 온건할 때면 이 수치는 약간 내려갔다. 실험이 예일대학이나 예일대학의 이름 아래 행해지지 않고, 작고

그다지 인상적이지 못한 도시인 브리지포트 시내의 상가 건물 안 작은 사무실에서 '브리지포트 연구협회'의 이름으로 행해졌을 때도 역시 수치가 약간 내려갔다. 희생자를 피실험자로서 같은 방에 들어오게 해 2, 3피트 떨어진 거리에 있게 하면 수치가 내려갔고, 피실험자가 충격을 주려면 희생자의 손을 잡고 충격판 위에 잡아내려야 했을 때 훨씬 더 내려갔다. 하지만 이 마지막 조건에서도 희생자에게 가해진 최대 충격의 평균은 희생자가 고통에 찬 비명을 지르기 시작하는 시점인 약 270볼트였는데, 이 경우에도 피실험자의 30%는 자진해서 제어반의 끝까지 갔다. 이들 피실험자들 중 한 명의 반응을 묘사한 밀그램 박사의 글은 정말 충격적이다. 만약 이 나라에 나치 스타일의 강제 수용소가 있다면 그 수용소에 투입할 감시병들을 모집하는 게 어렵지 않다는 사실을 깨달을 수밖에 없다.

피실험자 중 몇 명은 자신의 역할을 거의 즐기는 수준으로 보였다. 대다수는 그렇지 않았지만. 어떤 남자는 계속해서 충격을 주는 사이에 제어할 수 없는 상태가 되어 신경질적으로 웃기 시작했다. 또 다른 남자는 제어반의 끝에 이를 때까지 실험자와 논쟁을 했다. 다음에 그 일부를 소개한다.

피실험자: 견딜 수 없군요. 저기 있는 저 사람을 죽이고 싶지 않아요. 외치는 소리 들리죠?

실 험 자: 아까 말했다시피 충격은 고통스러울 수도 있어요. 하지만······.

피실험자: 하지만 고함을 지르는데요. 참지를 못해요. 저 사람 어떻게 될까요?

실 험 자: (참을성 있고 사무적인 목소리로) 실험은 선생이 계속하기를 요구합니다.

피실험자: 아, 하지만. 음, 저 사람을 아프게 하고 싶지 않아요……. 제 말이 무슨 뜻인지 아시죠?

실 험 자: 학습자가 좋아하든 싫어하든 간에 우린 계속해야 해요. 낱말 짝짓기가 다 끝날 때까지.

피실험자: 책임지기 싫어요. 저 사람이 저기서 소리치고 있어요!

실 험 자: 이 일을 계속하시는 건 절대적으로 필요한 일입니다.

피실험자: (아직 묻지 않은 질문 문항을 가리키며) 여기 남은 게 너무 많아요. 무슨 말인가 하면……. 아이고! 저 사람이 틀리면, 너무 많이 남았다는 거죠. 저 사람에게 무슨 일이 생기면 누가 책임을 지냐는 거죠.

실 험 자: 저 사람에게 일어나는 일에 대해선 내가 전적으로 책임을 집니다. 계속하세요, 네.

피실험자: 보세요. 소리를 질러요. 들리죠? 아이고, 모르겠다.

실 험 자: 실험을 하려면…….

피실험자: (끼어들며) 알아요, 알아. 하지만 내 말은……. 휴! 저 사람 뭐 하려고 저기 있는지 모르나 봐요. 195볼트 맞았어요!(실험은 계속된다. 210볼트를 거쳐서 225볼트, 240볼트, 255볼트, 270볼트, 이 지점에 이르자 '교사'는 안도의 한숨과 함께 짝짓기 문제를 다 끝낸다.)

실 험 자: 그 장의 시작 지점으로 돌아가세요. 저 사람이 그걸 전부 정확하게 익힐 때까지 다시 하세요.

피실험자: 오, 안 돼요. 저 사람을 죽이고 싶지 않아요. 단계를 더 올리라

는 말인가요? 안 됩니다, 선생님. 저기서 소리를 지르고 있어

요. 지기서 저 사람이 소리를 지르고 있다구요. 저 사람에게

450볼트를 때릴 수는 없어요, 선생님.

실 험 자: 실험을 끝내려면 계속해야 합니다.

피실험자: 알아요. 하지만 저 사람이 저기서 고함을 질러요, 선생님.

실 험 자: (똑같이 사무적인 어조로) 아까도 말했지만 충격은 고통스러

울 수도 있지만…….

피실험자: (끼어들며) 오, 저 사람, 저 사람 저기서 부르짖고 있어요.

한 여성 피실험자는 문제를 읽고 전기 충격을 주는 작업을 계속하
면서 실험자에게 끊임없이 투덜거렸다.

"제가 계속해야 되나요? 저 사람이 걱정돼요. (제일 높은 수치를 가
리키며) 저기 끝까지 갈 거라는 건가요? 그만두면 안 돼요? 오, 떨려
요, 떨려. 정말 저기까지 가야 하나요?"

지시를 받고 전기 충격을 주는 피실험자의 자발성이 아주 급격하
게 떨어졌던 조건들에 주목해보면 흥미롭다. 한 경우는 실험자가 방
을 떠나서 전화로 지시를 전달했을 때였다. 최대 충격의 평균 수치는
여전히 270볼트였지만 피실험자의 20%만이 순순히 따랐다. 어떤 사
람들은 실험자에게 복종하는 척하면서 주기로 되어 있는 것보다 적
은 충격을 주었다. 변형된 형태로 이루어진 한 실험에서는 피실험자
들에게 희생자에게 가하는 전기 충격의 세기를 선택할 권리가 주어
졌다. 40명의 그룹 중 단지 두 명만이 150볼트 이상까지 갔고 한 명만

이 끝까지 갔다. 최대 충격의 평균 수치는 90볼트 이하였다.

또 다른 경우엔 실험자가 충격 수치에 관해서는 어떤 말도 하지 않고, 피실험자와 또 다른 한 사람을 방에 남겨놓은 채 방을 떠났다. 또 다른 지원자라고 되어 있는 이 사람은 사실은 실험자와 한패로, 같이 실험을 진행하게 되어 있었다. 과학자가 아닌 이 보통 사람이, 틀린 답이 나올 때마다 충격의 도수를 올리자고 제안하면 피실험자는 그의 말에 따르기를 거절했다. 이 형식의 실험을 다양하게 전개하는 가운데 '지원자'라는 사람은 피실험자가 충격 도수를 올리자는 자신의 지시에 따르기를 거절하자 스스로 그 일을 시도한다. 그때 거의 모든 피실험자들이 그가 그렇게 하는 것을 허용하지 않았고, 어떤 경우에는 몸으로 저지하고 위협하기도 했다.

실험자이자 과학자인 사람들의 지시 아래라면 스스로 하게 되는 일을, 그런 공식상의 지시가 없으면 하지 않거나 다른 사람이 하게 놔두지도 않았던 것이다. 권위는 틀림없이 합법성을 갖는다. 모두가 지시를 내릴 권리를 갖지는 않는다. 고문을 하기 위해서는 적절한 자격증을 가져야만 한다.

행동 습성에 관한 이야기는 이만 하기로 하자. 그 책에서 좀 더 상세하게 다루지만 밀그램 박사는 이런 의문에 직면한다. 왜 사람들은 복종하는가? 무엇보다도 왜 사람들은 그런 지시에 복종하는가? 그들은 어떻게 죄 없는 사람을 다치게 하고, 고문하고, 죽이는 것은 나쁘다는 강력한 믿음과 자신들의 복종심 사이에서 갈등을 해결하는가? 이 문제를 두고 밀그램 박사는 책의 8쪽과 9쪽에 이렇게 쓴다.

왜 계속했느냐는 질문을 받은 피실험자들의 전형적인 대답은 "혼자 그렇게 하진 않았어요. 시키는 대로 했을 뿐이에요."였다. 실험자의 권위에 맞설 수가 없기 때문에 사람들은 실험자에게 모든 책임을 돌린다. 그것은 뉘른베르크 전범 재판에 회부된 사람들이 피고 측 진술을 할 때 "오직 의무를 다했을 뿐."이라고 거듭 말했던 것처럼 뻔한 변명이다.

밀그램 박사는 이 점을 확실하게 보여주는 진짜 무서운 예를 하나 든다. 피실험자 중의 한 명은 실험자가 방을 떠나 전화로 지시를 내리는 실험 형태에서 마지막 단계까지 전기 충격을 가했다. 밀그램은 실험 후 그와의 인터뷰를 시도한다. 다음은 그 일부다.

그가 느꼈던 긴장감에 관해 물었을 때 그는 이렇게 대답했다.

"나 자신보다는 저 양반 때문에 더 신경이 쓰였어요. ……그 사람 때문에 훨씬 신경이 쓰였죠. 선생님이 여기 없어서 겁이 났던 거죠. 여기 계셨다면 전혀 불안하지 않았을 텐데. 내 말은 저 사람이 만약 내가 이런 짓을, 그러니까 이런 전기 충격을 주는 바람에 기절이라도 했다면……. 음, 그러면 나 때문이라고, 내게 책임이 있다고 생각했겠죠. 그런 심한 충격을 줬으니……."

그는 계속해서 이렇게 말한다.

"(선생님이 거기 있었더라면) 말씀하셨겠죠. '그만 둡시다.'라든가 '계속합시다.'라든가. 저보다 더 잘 아시잖아요. 선생님은 교수님이니까. 전 아니죠. …… 선생님하고는 달라요. 이 말을 해야겠군요. 내가 마지막으로 그 사람의 상태를 알고 있었던 건 225볼트 근처였어요. 그는 그 지점에서 마지막 불평을 했죠(그 피실험자는 학습자의 불평을 흉내 낸다.).
…… 그런데 스위치가 8개나 남아 있었죠. 그 사람은 경찰을 부르겠다고 난리치며 뭐라 뭐라 했어요. 그래서 그 교수에게 세 번이나 신호를 보냈어요. 세 번째에 그 교수가 말했어요. '계속하시오.' 그래서 그 사람에게 다음 한 방을 주었죠. 그러고 나자 그 사람의 대답 소리는 더 이상 들려오지 않았어요. 훌쩍이지도 않았고 투덜대지도 않았죠. 나는 혼잣말을 했어요, '이런, 하느님! 저 사람 죽었어. 좋아, 우린 하는 거야. 저 사람을 끝내버리는 거지.' 그래서 450볼트까지 줄곧 나아가버렸죠."

……전기 충격을 주는 것 때문에 괴롭거나 마음이 어지럽지 않았느냐고 묻자, 그는 이렇게 말했다.

"아뇨……. 이렇게 생각했어요. 그래 이건 실험이야, 예일대학은 무슨 일이든 잘 알고 있을 거야. 예일에서 괜찮다고 생각하면 아무튼 나한테도 괜찮은 거지. 나보다 잘 알 테니까……. 하라고 하는 건 끝까지 해야지……."

그런 다음 그는 이렇게 설명했다.

"그래요. 맹세코 그 사람이 죽었다고 믿었어요. 우리가 저 문을 열었을 때까지는. 내가 그 사람을 봤을 때 속으로 생각했죠. '다행이다. 정말 다행이야.' 하지만 그 사람이 죽었다는 걸 발견했더라도 별 걱정은 안 했을 거예요. 난 내 일을 했으니까."

그는 그 실험이 끝나고 몇 달간 마음이 어지럽거나 하진 않았지만 그 실험에 호기심이 생기더라고 보고한다. 우리 측의 최종 보고서를 받고는 자기 아내에게 했던 말을 보고서에 쓴다.

"순조롭게, 그것도 순종적으로 행동하도록 내 자신을 잘 컨트롤해서,

내가 항상 그렇듯이 지시를 잘 수행했다고 믿고 있었어요. 그래서 아내에게 말했죠. '자, 끝났어. 나는 내 일을 멋지게 해냈다고 생각해.' 아내가 말했어요. '그 사람이 죽었다 해도요?'"

지노 씨는 이렇게 답했다 한다.

"죽었어도 상관없어. 할 일을 한 거야!"

바로 여기에 학-교가 하는 일이 있다. 학-교는 사람들에게 권위에 복종하라고 가르친다. 즉 450볼트 단추를 명령대로 누르라고. 강제적이고 위압적인 교육기관은 설령 하고 싶다 할지라도 그 밖에는 어떤 일도 할 수 없다. 학교 종사자들은 늘 '책임을 가르치는' 일에 관해 이야기한다. 그러나 한 아이의 생활과 사고 전반을 명령하고 판단하는 교육기관이 아이를 원래보다 더 책임 있는 사람으로 만들 수 있다고 생각하는 건 터무니없다. 단지 더 책임 없는 사람으로 만들 뿐이다.

밀그램 박사는 이 점을 더 분명히 한다.

어떤 사람이 권위에 복종해서 양심을 어기는 것으로 여겨지는 행동을 한다 할지라도 그가 자신의 도덕성을 상실했다고 말하는 건 옳지가 않다. …… 차라리 지금은 그 사람의 도덕적 관심이, 권위가 자신에게 걸고 있는 기대에 얼마나 훌륭하게 부응할 것인지를 숙고하는 것으로 바뀌어 버렸다고 해야 한다.

학-교도 분명 이와 같다. 아이는 머지않아 학-교에서 가장 중요한 일은, 사실상 유일하게 중요한 일은, 교사에게서 황금 별을 받는 것이라는 걸 알게 된다. 대부분의 교사들, 그들 스스로 권위가 말하는 것이라면 무엇이든지 할 준비가 되어 있는 그 사람들은 아이들을 복종하게 만들면서도 도덕적으로 만들고 있다고 생각한다. 그렇지 않다. 학-교는 아이가 가지고 있을지도 모르는 도덕적 가능성이 무엇이든 간에 그것을 파괴하고 있는 중이다.

교사들은 언제나 나에게 묻는다. 어떻게 사람들이 도덕적이 되도록, 아니면 '인간적'이거나 '자비로운' 품성을 갖도록 가르칠 수 있을까 하고. 하지만 우리는 그것을 가르칠 수 없다. 다른 사람을 도덕적이거나 자비롭게 만들 수 없다. 그리고 아무리 부정하고 싶어도, 그 사람의 동의 같은 건 아랑곳하지 않고 남의 생활과 사고를 통제하고 있는 장소에서는 그런 일이 결코 이루어질 수 없다.

누군가 다른 사람이 더 도덕적으로 되도록 도울 수 있는 최선의 방법은 그를 도덕적으로 대하는 것이다. 그것은 적어도 우리가 그 사람을 우리의 종이나 노예로 만들지 않는 것을 의미한다. 교도소, 감옥, 학-교, 어느 곳 할 것 없이 강압적인 기관들은 부정직과 무책임, 부도덕, 그리고 범죄를 가르치는 데는 더할 수 없이 좋은 곳이다. 그러나 그곳에서 도덕과 정의와 미덕을 가르칠 수 없다는 것은 분명하다.

최근 몇 년 동안 몇몇 사람들은 학-교가 학생들에게 도덕심을 가르치게 하려고 노력해왔다. 이 가운데 특히 하버드대학의 로렌스 콜버그Lawrence Kohlberg 박사가 눈에 띄는데 《뉴욕 타임스》의 1975년 4월 30일자는 이 작업에 대해 긴 보도를 하면서 이렇게 말했다.

콜버그 박사는 자신의 발견을 스스로 '도덕적 추론의 여섯 단계'라고 지

칭한 것으로 공식화해서 보여주었다. 가장 원시적인 제1단계는 부모의 권위나 다른 권위를 만족시키고 벌을 피하려는 단순한 계산이다. 가장 높은 제6단계는 보편적 원리를 향한 충성이며 간디나 마틴 루터 킹 목사로 자주 대변되는 종류의 인간 권리에 대한 존중심이다.

멋진 말이다. 그러나 문제는, 콜버그 박사가 강의를 하는 하버드대학까지 포함해서 학-교 체제는 모두 필연적으로 제1단계의 도덕 수준에서 운영된다는 점이다. 유치원에서 대학원까지, 학-교는 학생들에게 말한다.

"우리가 너에게 지시하는 것을 해라, 그렇지 않으면 벌을 줄 것이다. 아마 때리거나 일정 기간 감방에 넣을지도 모른다. 또 네가 살아 있는 한 네가 하고 싶은 일을 하는 것을 어렵거나 불가능하게 만들, 너의 기록부에 표시를 할지도 모른다."

나는 저 하버드 졸업반 학생이 했던 말을 다시 생각해본다. 자기가 아는 모든 학생들이 교수에게서 A를 받는 유일한 길은 교수가 하는 말에 전부 동의하는 것이라 믿는다던 그 말. 또 어느 대학 학장이 한 말도 생각난다. 그는 이렇게 말했다.

"대학원이란 제군들이 저자세로 생각하는 법을 배우는 곳이야."

그런 곳에서 어떻게 제1단계의 도덕심이 아닌 다른 것을 가르친단 말인가?

기사의 후반부에는 이런 말이 실려 있다.

콜버그 박사의 발견을 교실에 적용시키면, 그 목표는 아이들이 도덕적 추론의 좀 더 성숙한 단계로 옮겨가도록 도우려는 것이다. 박사는 사람들에게 도덕적 판단 능력을 발휘할 기회가 주어질 때, 특히 그 일이 지금 자기가 처한 순간보다 한 단계 높은 수준이라고 생각하게 되었을 때 이 일이 자연스럽게 일어난다는 사실을 발견했다.

하지만 사람들이 학-교라는 곳에서 도덕적 판단 능력을 발휘할 기회를 가질 수 있겠는가? 우리는 선택을 할 때, 진지한 선택이나 행위를 수반하는 선택을 할 때만 도덕적 판단을 한다. 그러나 학-교에서는 어떤 학생도 그런 선택을 할 수 없다. 그곳의 모든 진지한 선택과 결정은 다른 사람들이 대신한다. 콜버그 박사가 의도하는 것은 틀림없이 도덕에 관한 '토론'일 것이다. 그러나 토론을 통해 도덕에 관한 배움을 얻으려 하는 일은 성냥을 가지고 놀면서 포커에 관해 배우려고 애쓰는 모습과 다르지 않다.

놀이가 아닌 진짜 포커를 배우려면 돈을 걸고 해야 배우듯이 우리가 도덕심을 배우는 유일한 길은, 진짜 잃어버릴 것이 걸린 선택을 하면서 배우는 것이다. 그리고 우리가 확신할 수 있는 건, 콜버그 박사가 학-교에서 학-교로 자신의 프로그램을 퍼뜨리고 다니는 걸로 봐서 그 자신은 학-교의 도덕적 권위에 대해 의문이 없는 것 같다는 것이다. 그는 어떤 상황에서 학생들이 할 수 있는 가장 도덕적인 행위는 학-교에 맞서서 힘을 합치고 학-교가 학생을 서열 매기는 데 이용하는 테스트와 시험을 없애는 것이라고는 권고하지 않을 것 같다.

《타임스》의 기사는 이렇게 계속된다.

콜버그 박사는 보스턴, 피츠버그, 시카고에 있는 30개의 교실에서 실시된 연구 조사에서 이런 사실을 발견했다. 적어도 한 학기에 걸쳐 도덕적 딜레마를 다룬, 제한 없는 토론을 거치면 어떤 교실에서나 학생의 20~50%가 도덕적 추론의 더 높은 단계로 옮겨갔다. 반면에 통제된 그룹에 속했던 아이들은 그렇지 못했다.

이 글을 읽고 웃어야 할지 울어야 할지 모를 지경이다. 콜버그 박사를 비롯한 다른 사람들은 한 학기가 소요될 정도의 토론이 진행되는 동안 그 토론을 잘 소화하는 몇몇 학생들, 분명 승자 그룹이었을 그 아이들이 콜버그가 생각하는 도덕적 우선 사항이 무엇인지 짐작해냈을 거라는 생각은 한 번도 안 해봤단 말인가? 그들은 해야 할 가장 똑똑한(제1단계) 일은 (저 하버드 졸업반 학생처럼) 그 도덕적 우선 사항을 따르는 것이라고 판단했을 것이다. 요컨대 콜버그는 하버드에 있고 그 아이들은 언젠가 하버드에 가고 싶어 할지도 모른다.

학-교를 이용해서 도덕을 가르친다는 이야기는 어리석은 농담이다. 군대를 이용해서 평화주의를 가르친다는 이야기와 다름없다. 에드가 프리덴버그가 이 사실을 아주 훌륭하게 표현했듯이, 힘을 잃은 자는 타락한다. 학-교는 학생들로부터 선택의 힘을 빼앗아감으로써 그들을 타락시킨다. 다시 한 번 밀그램 박사에게로 돌아가보자.

……어떤 이들은 인간으로부터 기원한 체제를 마치 어떤 인간적 동인보다 우위에 있거나 그것을 넘어선 곳에 존재하는 것처럼, 그리고 일시적 기분이나 인간적 감정의 지배를 벗어난 저 먼 곳에 있는 것처럼 대한다.

기관이나 제도 뒤에 있는 인간적 요소는 거부된다. 그리하여 실험자가 "실험은 당신이 계속하기를 요구합니다."라고 할 때 피실험자는 이 말을 그저 단순한 인간적인 요구를 넘어선 불가피한 명령으로 생각한다.

피실험자는 참으로 분명해 보이는 질문을 하지 않는다. "누구의 실험 말인가요? 저 희생자는 고통을 당하는데 왜 실험을 고안한 사람의 요구를 채워줘야 하나요?' 어떤 한 인간(실험의 고안자)의 바람은 피실험자의 마음속에서, 자신의 인격을 초월하는 힘을 미치는 계획의 중요한 일부가 되어버렸다. "이 일은 계속되어야 해. 이 일은 계속되어야 해." 한 실험자는 이 말을 반복했다. 그 사람은 바로 자기 자신과 같은 사람이 그 일을 계속하기를 원한다는 사실을 깨닫지 못하게 된 것이다…….

제도화된 인간에 대한 정확한 묘사다. 이런 인간에게 공공기관과 그 기관의 요구는 생명 있는 사람의 필요보다 훨씬 현실적이고, 급박하고, 구속력 있는 것이 되었다. 그것은 마치 자신을 (공공)기관의 대체 가능한 기계적 부품으로 만드는 가운데 그 기관에 자신의 영혼 자체를 양도해버린 꼴이다. 기관은 살고, 배고파하고, 목말라하고, 고통받고, 죽는다. 사람들은 로봇이다.

권위에 순종하는 사람들에 관한 글의 후반부에서, 밀그램 박사는 야만적 권력과 직위, 제복, 지위에 기초한 공적 권위와 자연스런 권위 사이에 그다지 중요한 차이를 두지 않는다. 그 실험에서 피실험자들이 복종하는 것은 공적 권위다. 밀그램 박사는 어떤 점에서 그들이 자진해서 복종하는 걸로 묘사하지만 그들의 행동을 설명하는 방법으로는 뭔가 이상하다. 그들은 자기들에게 선택의 여지가 없다고 느꼈기 때문에 괴로움 속에서 복종하는 경우가 많았다. 그러니 이것은 자발적 복종이 아니다.

사람은 자유롭게 선택할 수 있다고 느낄 때만, 진실로 자유로운 선택권을 가질 때만 자발적으로 복종한다. 그때 우리는 벌이나 수치심을 두려워하지 않고, 죄의식도 느끼지 않으며 복종을 거절할 수 있다. 그때 우리는 그렇게 해야 한다고 생각하기 때문이 아니라, 그렇게 하고 싶기 때문에 기꺼이 복종한다.

자연스런 권위는 경우에 따라서 공적인 권위와 겹치고 결합될 수도 있다. 가끔은 공적인 지위에 있는 사람이 자기 밑에 있는 사람들로부터 진심에서 우러난 존경과 찬탄과 사랑을 받는 경우도 있다. 음악이나 예술 분야에서도 이런 일은 자주 있다. 이탈리아의 지휘자 토스카니니Toscanini나 러시아 출신의 무용가 발란친Balanchin이 대표적인 예다. 그러나 대부분의 경우 공적 권위는 자연스런 권위를 무너뜨리고 파괴한다.

아이들이 학-교에서 그러는 것처럼 모욕과 처벌의 두려움에서 공적인 권위에 복종하는 법을 익힌 사람들은 음울하게, 맹목적으로, 무책임하게, 밀그램 박사의 피실험자들처럼 진실하고 자연스런 권위를 알아보는 능력도, 그 권위에 자발적으로 책임 있게 온 마음을 다해 따르는 능력도 잃어버린 것이 거의 확실하다. 올바른 이유가 있을 때 복종할 줄 아는 사람들만이 이유가 올바르지 않을 때 복종하지 않으며, 누가 스위치를 누르라고 지시하든 상관없이 고문자의 스위치를 누르지 않는다.

15 학-교에서 학-교로
S-chools into s-chools

학-교를 솔직한 생각과 감정, 솔직한 이야기가 가능하고 좋은 가르침이 이루어지는 멋진 곳으로 만드는 첫 번째 단계는 그곳을 학-교에서 학-교로 바꾸는 일임이 틀림없다. 학-교의 가장 잘못된 점은 기술적인 부분이 아니라 도덕적인 부분이고, 방법이 문제가 아니라 목적이 문제이며, 수단이 아니라 목표가 문제라는 것은 아무리 강조하고 또 강조해도 지나치지 않다. 학-교는 나쁜 임무를 지녔기에 나쁜 장소다.

학-교를 좋은 곳으로 만드는 첫 번째 단계(수많은 단계 중의 단지 제1단계)는 그런 임무들을 학-교로부터 제거하는 일이다. 학-교는 어린이들의 감옥이 되어서는 안 된다. 요컨대 어떤 나이의 사람에게도 강제성을 띠어서는 안 된다. 그리고 학-교가 학생들에게 등급을 매기고 분류하도록 허용해서는 안 된다. 등급 매기기가 허용되면 몇몇 학-교가 그렇게 할 것이고, 몇몇이 하면 모두가 한다. 왜냐면 등급을 매기지 않는 것은 나중에 가서 가장 낮은 등급을 매기는 것이 되기 때문이다.

이런 변화를 만드는 것은 정치와 관련된 일이다. 그 일은 학-교와 학-교 사람들 스스로의 힘만으로는 이룰 수 없다. 일반 대중과 입법기관, 사법기관 모두가 힘을 합쳐 강제 학교 출석에 관한 법안을 없애야만 할 것이다. 그리고 학-교가 세상을 향해 자기들의 학생이 가치가 있다고 말할 수 있게 해주는 근거가 무엇이든 그 모두를 없애야 한다.

이 두 가지의 정치적 일은 떼어놓을 수 없다. 학-교가 아이들이 대부분의 일, 특히 가장 근사한 일을 하기 위해서는 꼭 필요한 티켓인 학위, 자격증, 면허증 등을 얻을 수 있는 유일한 장소라면 아이들에게 학-교에 갈 필요가 없다고 말하는 것은 아무 소용이 없다. 문제는 학-교로부터 평가하고 분류하는 권력과, 지금은 독점적이 되다시피 한 일자리와 경력을 향한 티켓을 배부하는 권리를 거두는 일이다. 한 가지 방법은 그 모든 티켓들을 없애는 것이고, 다른 방법은 사람들이 학-교를 나오지 않고도 원하는 티켓을 취득할 수 있는 길을 만드는 것이다. 여러 가지 면에서 앞의 방법이 최상의 방법으로 보인다.

왜 사람들이 어떤 일을 하는 데 그럴 만한 능력이 있다고 증명하는 종잇조각 없이는 아무 일도 못 하게 되어 있단 말인가? 사람들은 오랫동안 살아왔고 그따위 종이쪽지가 고안되기 훨씬 전부터 여러 종류의 어렵고도 기술적인 일들을 많이 해왔다. 어떤 사람이 다른 사람들을 위해 일하거나 그들과 같이 일하고 싶어 한다면, 그들 스스로가 최상이라고 생각하는 방법으로 그 사람에게 그 일을 할 능력이 있는지 평가하게 하자. 그것이 왜 다른 누군가의 볼일이란 말인가?

이것은 어려운 질문을 불러일으킨다. 그렇다면 우리 시민들이 부정직한 사람들이나 무능한 사람들로부터 우리 자신을 보호하고, 무엇을 사고 이용할지, 누구와 같이 일할지를 결정하는 것이 허용되는 때는 언제며 또 어느 정도까지인가? 그리고 또 우리가 보호를 요청하든 안 하든 보호받게 되어 있는 때는 언제란 말인가? 만약 그렇다면 누가 또 어떻게 우리를 보호해줄까? 더 나아가서 학·교를 통해 자격증을 주는 현 체제가 좋은 방법일까? 아니 최선의 방법일까? 그것도 아니면 단 하나의 방법일까? 내 생각에는 그중 어떤 것도 아니다.

보호자들이 보호를 해주기는커녕 대중을 착취하고 사취하려는 새로운 음모가들로 변신하는 것은 너무도 흔한 일이다. 우리가 만약 삶의 초기에 전문가 숭배자로 만들어지지 않아서 위험이라는 것의 진상을 쉽게 알아낼 수만 있다면, 우리는 필시 우리 자신을 수많은 위험(전부는 아니지만)으로부터 아주 잘 보호할 수 있다. 그렇기 때문에 보수주의 경제학자인 밀턴 프리드먼Milton Friedman은 의사들조차 면허를 받아서는 안 된다고 주장하고 있다.

누군가 다른 사람을 치료할 수 있다고 생각한다면, 그가 그 사실을 말하고 볼 수 있는 고객을 보게 하자. 그 대신 모든 이들에게 자기의 의료 방법과 결과를 공개하라고 요구하자. 그 속에는 잠재 고객들이 그에 대해 검토할 수 있도록 과거 고객의 명단과 주소도 포함되어 있어야 한다. 넓은 의미에서 보면 선택할 수 있을 만큼 충분한 돈을 가진 사람들은 지금도 이렇게 한다. 그들은 의사나 변호사에게 찾아갈 때 그전의 환자나 고객에게 그를 어떻게 생각하는지 물어보지 않고는 가지 않는다.

이 생각에 대한 찬반을 논의하는 일은 내가 여기서 할애할 수 있는 것보다 많은 지면을 필요로 한다. 정치적으로 말하자면 그 모든 자격증을 없애버린다는 생각은 짧은 기간을 상정할 때 너무 급진적이고 어려운 일처럼 여겨진다. 당분간은 자격증에 대해 학-교가 가지고 있는 거의 독점적이다시피 한 권한을 없애는 것이 더 쉽다.

어떤 특정한 일을 하는 데 자격증이 요구될 경우 학-교를 가거나 졸업할 필요 없이 그 자격증을 취득할 수 있는 길이 있어야만 한다는 법안을 통과시켜도 된다. 간단히 말해 한 사람의 능력을 보여줄 수 있는 다른 길이 있어야만 한다는 뜻이다.

아이슬란드의 산에서 여름 동안 스키 캠프와 스키 학교의 운영을 거들고 있는 한 친구에게 이런 말을 꺼냈더니 그는 사리 있게도 이렇게 말했다.

"그렇죠. 하지만 스키 캠프에 오려면 아주 험한 길을 지나고, 강을 여러 개 건너고, 어찌어찌 와야만 하는데 그걸 알아보려고 우리 버스를 위험에 내놓고 싶지는 않아요. 우리가 운행하는 버스의 운전사를 고용할 때 운전사가 그런 일을 해낼 수 있을지 알고 싶지만 말이에요. 어딘가 이런 목적에 맞는 버스를 가지고 있는 적당한 학교가 있다면 좋을 텐데…… 운전자들은 그 학교에서 운전을 익히고 연습을 할 수 있을 거고, 우리는 이 학교에서 능력이 된다고 인정한 사람에게 우리 버스를 맡길 수 있을 거예요."

맞는 말이다. 누군가 다른 사람이 운전을 할 수 있는지 알아보려고 자기 소유의 버스나 자동차, 비행기를 위험 속에 내놓을 이유는 없다. 아마도 아이슬란드같이 작은 나라에서는 대부분의 사람이 자사 버스를 갖고 있는 운전 학교에 가지 않는 한, 악조건의 도로에서 운전하는 법을 배우기는 어려울 것 같다. 하지만 어떤 누구도 그런 학교에 다니라고 법으로 요구받지는 않는다. 누구든지 적어도 어떤 학교도 다니지 않고 버스를 운전하는 법을 배울 권리가 있어야 한다. 대다수의 사람들이 학교에 다니지 않고도 자동차 운전을 배우고, 운전을 할 수 있다는 걸 보여주듯이.

어떤 일을 배우고, 또 그 일을 하는 방법을 알고 있다는 것을 보여주는 데 학교를 통하지 않는 다른 방법이 있어야 한다. 지금 미국의 대형트럭 운전수의 대부분이 이 경우에 해당한다. 그 사람들은 트럭을 가진 사람을 찾아서 가르침을 받는다. 이런 일은 다른 기술을 익힐 때도 가능하다.

큰 공항의 항공 관제사가 되려면 확실히 아주 대단한 기술과 판단력을 갖추어야 한다. 많은 사람들의 생명이 그들 손에 달려 있으니까. 그러나 적어도 미국에서는 최근까지 항공 관제사들을 훈련시키고 자격을 부여하는 데 학교 같은 형식의 공식적 규정이 없었다. 이들은 선배들의 조수역을 하면서 그 기술을 익혔다. 이 선배 관제사들이 후배 혼자서 그 일을 해낼 수 있다고 생각할 때까지. 이들 관제사들 중 많은 사람들이 고등학교 졸업장만 가지고 있고, 가장 뛰어난 기술을 가진 사람들 중에도 많은 사람들이 그렇다.

적어도 영향을 끼칠 수 있는 법적 선례의 초기 단계가 미국에서 시작되고는 있다. 그리그스 대 듀크파워 사 사건Greiggs vs. Duke Power Co.을 예로 들어보자. 듀크파워 사에서 일하던 흑인 그리그스는 좀 더 숙련되고 임금이 높은 일자리를 신청했다. 회사는 그에게 몇몇 학교식 필기시험을 치르게 한 다음 이 시험을 근거로 그 일자리에 채용하기를 거절했다. 그리그스는 소송을 제기해서 그 시험은 그 일을 하는 데 필요한 기능과는 아무 관계가 없고 법적으로 금지된 방식으로, 인종적인 입장에서 자기를 차별하려는 수단일 뿐이라고 항변했다. 대법원은 만장일치로 그리그스에게 유리한 판정을 내렸는데, 듀크파워 사가 어떤 일자리를 신청하는 사람(특히 흑인 신청자)의 능력을 알아보기 위해서는 그것이 그 일 자체의 기능과 분명한 관계가 있음을 보여주어야 한다고 했다. 이 판결이 백인 노동자들을 보호하지는 않을 것이고 아마 앞으로도 그럴 것이다.

백인이든 유색인이든 상관없이 모든 노동자는 학교에서 발급하는 자격증이나 그 일에 필요한 기능과는 명백한 관련이 없는 다른 테스트를 근거로 일자리를 거부당해서는 안 된다는 사실을 확고히 하려면, 국회든 주 의회든 그와 같은 효과를 낼 수 있는 법안을 통과시켜야만 한다.

학-교와 그들이 발부하는 자격증이 갖는 권력이 더욱더 줄어들게 되면, 고등학교 졸업에 상당하는 검정고시에 대한 생각 역시 확장될 수도 있겠다. 모든 주와 보호령에서 고등학교를 마치지 못한 사람들은 시험 하나만 치르면 고등학교 졸업장에 상당하는 자격을 획득할 수 있다.

지금은 일정한 나이에 이르기 전까지는 이 시험을 치르지 못하는데 주에 따라 그 나이는 17세에서 21세까지, 또는 고등학교를 졸업했으면 이르게 되는 나이로부터 1, 2년 후까지 다양하다. 분명히 법은 어떤 젊은 사람이 학-교가 자기에게 가르치기로 되어 있는 것을 이미 익혔다는 사실을 단순히 보여주려고 학-교를 벗어나는 일을 내버려

두려 하지는 않는다. 하지만 머지않아 여러 주에서 나이에 상관없이 고등학교 검정고시를 치를 수 있는 법을 통과시킬 수 있을지 모른다. 아니면 시험에 통과한 사람이면 누구나 더 이상 고등학교를 다닐 필요가 없고, 비록 법적으로 학교를 떠날 나이가 되지 않았더라도 주립 대학을 선택하는 데 특별한 대가를 치르지 않아도 된다는 법을 통과시킬 수 있을지도 모른다.

우리는 이 생각을 더 멀리 확장시킬 수 있다. 뉴욕 주의 교육국장인 이왈드 나이키스트Ewald Nyquist 박사는 대학 검정고시를 제안했는데 고학하는 이들에게 대학 졸업장을 취득할 수 있게 한다는 취지이다.*

마찬가지로 중학교나 9년제 학교의 검정고시를 치를 수 있고, 학년마다 치르는 것도 가능하며, 정해진 학년의 시험을 통과한 학생이면 더 이상 그 학년에서 시간을 보낼 필요가 없다. 그다음에 아이가 다음 학년으로 올라가든, 학교에서 독립적으로 공부하든, 전혀 학교를 다니지 않든, 마음대로 선택할 수 있다.

가난하든 부유하든, 백인이든 유색인이든, 많은 아이들은 자신들이 제대로 된 환경에 있게 되면 학교가 보통 가르치는 것보다 훨씬 빨리 배울 수 있다는 사실을 보여주었다. 만일 법이 허용한다면, 학교 교육을 재빨리 끝내고 싶어 하는 사람은 그럴 수 있다. 벌게 된 시간을 학교를 벗어나 지내거나 다른 일을 하거나 공부하는 데 쓰는 아이

---

*뉴욕 주 대학 평의회는 현재 나이와 사는 지역에 상관없이 학외 학위를 수여하고 있다. 수여되는 학위는 문학 분야, 과학 분야(간호학), 응용과학 분야(간호학), 문학사, 이학사.

들도 있겠고, 단순히 훨씬 빠른 시간 내에 훨씬 수준 높은 훈련에 들어가는 아이들도 있겠다.

이런 일은 의사나 변호사, 또는 다른 전문직에 종사하고 싶어 하는 가난한 집 아이들이나 유색인 아이들에게 큰 도움이 될 수 있다. 현재 그들이 이런 직종에 들어가지 못하는 이유 중의 하나는 필요한 학교 자격증을 따내는 데 엄청난 시간이 걸린다는 점이다. 돈도 문제가 된다.

1971년 대학에서 드는 등록금과 식비, 방값의 평균가는 연간 3,000달러 정도다. 통학비나 책값, 옷값, 유흥비 등이 포함되지 않은 금액이다. 그때 이후 학교교육에 드는 비용은 빠른 속도로 증가하고 있다. 명문 대학들, 그 졸업장이 가장 가치 있다고 하는 대학들은 현재도 연간 6,000달러나 든다. 그러나 돈 없는 사람이 무료로 학교를 갈 수 있다고 해도 만약 일을 했더라면 벌 수 있었을 돈을 잃게 되는 셈이다. 많은 전문직들이 어디에서든 2~3년에서 5년, 아니면 10년, 아니 그보다 더한 대학원 과정을 요구하기 때문에 이 잃어버린 임금은 수만 달러에 이를 수도 있다. 가난한 사람이 감당하기에는 너무 버거운 투자다. 하지만 학교교육의 초기 16년을 절반 정도, 또는 그보다 적은 시간 내에 평범하지 않은 방식으로 해낼 수 있다면 더 많은 전문직 훈련을 감당할 수 있을지도 모른다.

주 의회가 언젠가는 그런 법안을 통과시키리라는 믿음에는 모종의 이유가 있다. 경기후퇴가 계속되거나(그럴 것처럼 여겨지는데) 가벼운 회복세로 돌아선다 해도 대부분의 지방정부에 들어오는 돈은 점점 줄어들 것이다. 많은 지방정부가 지금 파산 상태다. 이와 동시에 점점 성장 중인 투쟁적인 교원 노조는 필경 봉급 인상 투쟁을 계속할 것이다. 대다수의 사람들이 학교교육에 지불하는 돈이 훨씬 적어진 지금 상황에, 학교교육에 드는 비용은 훨씬 더 많아지는 셈이다. 바로 이런 때 우리는 다음과 같은 견해를 지지하는 방향으로 입법권이 있는 대다수를 일깨울 수 있을지도 모른다.

(1) 어떤 학년에서 가르치는 내용을 아이가 이미 알고 있는데 그 학년에 아이를 묶어두는 것에 왜 선량한 납세자의 돈이 들어가야 하는가? 학교에 있는 아이들이 가능한 한 빨리 배우도록 내버려두면 안 되는가?

(2) 왜 아이들이 스스로를 향상시키고, 생산적인 시민이 되고, 다른 아이들에게 좋은 모범을 보여주려는 걸 말려야만 하는가?

말할 필요도 없겠지만 교원 노조는 이 법안에 반대할 것이다. 노조는 교사들에게 좀 더 많은 일자리를 만들어주려고 그들을 지금보다 더 오래 학교에 붙들어두려 한다. 그러나 충분히 어려운 시절이 되면 그들은 이런 정치 싸움에서 이길 수 없다.

이런 법안이 통과되면 결국에는 배움과 가르침을 위한 다른 장치로 고객을 확보할 수 있고 어느 정도 지원도 받을 수 있다. 그렇게 되면 작은 동네 공부방도 생겨날 것이다. 폴 굿맨Paul Goodman과 조지 데니슨이 기사를 썼고 뉴욕에서는 아주 성공적인 예가 많은 스토어프론트 미니 스쿨Storefront Mini School, 비콘힐 프리스쿨이나 교육 통화의 지역판, 보스턴에 어느 기간 동안 있었던 스토어프론트 러닝 센터Storefront Learning Center 같은 것, 그 밖에 또 다른 여러 가지 장치를 고안해볼 수도 있다.

오늘날 그런 단체들이 공식적으로 인가를 받은 학교로 조직하려 하면, 출석이나 소방안전설비, 생활기록부, 자격증 있는 교사 등에 관한 법규에 방해를 받고, 대부분의 사람들이 그 작업을 감당할 수 없을 정도로 돈이 많이 드는 일로 만들어버린다. 그러나 그런 곳이 학교로서 공식적인 인가를 받지 않으면 대부분의 사람들은 감히 그곳을 이용하지 못한다. 누군가 부모들을 설득시켜 부모와 친한 벗과 이웃이 힘을 합치면 정규학교보다 더 잘 도와줄 수 있는 학습 환경을 만들 수 있다고 확신시킨다 해도, 부모들은 이렇게 말할 것이다.

"그게 나을지도 모르죠. 하지만 우리 아이들은 자격증을 얻어야만 해요. 정규학교는 그걸 얻을 수 있는 유일한 곳이죠. 그러니 아무리 나빠도, 애들은 그곳에 가야만 해요."

유색인, 저소득층, 가난한 사람들이 인근의 대안학교에 가고 싶어 하는 경우는 그다지 많지 않다. 전체적으로 가난한 사람들은 적어도 부유한 사람들만큼이나 아이들은 오로지 유혹과 협박, 탐욕과 두려움을 통해서만 배운다고 강하게 믿고 있다. 하지만 예외도 있다. 이미 그렇게 한 사람들도 있는데 몇몇 가난한 사람들은 자녀들을 위해 훨씬 격식 없고 유연한, 그리고 생기 있고 인정 넘치는 삶과 배움의 환경을 받아들이려 한다. 이런 경우가 그 가치를 증명하게 되면(몇몇은 이미 증명했다.), 더욱 많은 지지자들을 얻게 될 것이다. 소수에 불과하더라도 지금보다는 훨씬 많은 숫자가 동참할 것이다.

사람들은 많은 아이들의 경우 특정한 자원이 주어지면 기존의 학교 밖에서 훨씬 빨리 배울 수 있다는 사실을 알기 시작했다. 때문에 학교 출석 법규를 덜 엄격하게 시행하거나, 완전히 다르게 규정하는 일을 시작할 수도 있다. 그래서 나는 『자유 그리고 그 너머』에서 이렇게 제안했다.

학교 출석 의무 일수를 줄이거나, 학교를 1년 내내 열어두고 학생들이 원할 때 출석 일수를 채울 수 있게 한다. …… 저녁에 학교를 다닐 수 있게 해서 학생들이 낮에는 다른 노작(일 또는 도제수업)을 하고, 저녁에는 학점을 이수할 수 있게 한다. 노작을 포함해서 훨씬 광범위한 활동에 학점을 줄 수 있다. 그리고 왜 어떤 학생이 자신의 모든 학교 공부를 한 학교에서만 해야 하는가 하는 문제에 관해서라면, 행정적 편의 외에는 다른 이유가 없는 듯 보인다. 한 학교에서 일부 교육을 받고 다른 학교에서 일부를 받도록 해주면 어떨까? 학생이 자신이 살고 있는 주 내에서 원하는 학교라면 어떤 곳이든 갈 수 있게 하고 학교는 출석하는 학생의 수에 따라 보조를 받는다. 이런 방식은 학교가 학생을 끌어들이는 촉진제가 될 것이다.

만약 정부가 어린 사람들을 강제로 학교에 가게 할 수 있다면 적어도 그들에게 학교의 선택권 정도는 허용해주어야 공정할 것이다. 그렇게 하는 데 이동이 필요하다면 아이들의 소속 학구와 주에서 그 요금을 지불해야 한다. 이렇게 하는 것이 소수집단에게 돌아가는 인종차별적이고 열악한 학교의 문제를 다룰 수 있는 가장 공정하고 실행 가능한 방법이라고 여겨진다. 자기가 속한 학구에 있는 학교가 좋으면 그곳에 가게 두자. 그렇지 않을 경우에는 그 학교가 어떤 학구에 속하든 원하는 학교를 선택하게 하자. 인종만큼이나 거주 지역 또한 누군가를 학교에서 소외시키는 토대가 된다. 백인이든 아니든, 가난한 아이들도 부유한 아이들 못지않게 자기에게 도움이 될 거라고 생각하는 학교에 갈 권리가 있다.

아마 머지않아 취학의무법은 사문화되어버릴 것이다. 더 이상 시행하지 않지만, 폐지하는 것보다는 무시하는 게 정치적으로 안전하다는 이유로 남겨놓은 다른 법규들처럼 말이다. 사회가 아이들이 가서 유용한 일을 할 만한, 지금보다 훨씬 안전하고 흥미로운 장소를 많이 만들어내게 되면, 학교가 지닌 감옥의 기능을 조용히 침식해서 없애버릴지도 모른다. 이렇게 되는 데는 시간이 걸린다. 그러나 아주 가까운 장래에 우리는 이 방향을 향해 몇 단계라도 나아갈 수 있다.

이런 일들을 하고도 학-교로부터 아이들을 등급 매기고 분류하는 권력을 떼어낼 임무가 남아 있다. 앞에서도 언급했지만 점점 더 많은 수의 학-교가 아이들(종종 그 부모들까지)을 대상으로 너무나 해롭고 모욕적인 사이비 심리학적 생활기록부를 작성하고 있다. 이런 기록을 작성하고 보관하고 유포시키는 행위는 학-교와 그 학-교의 교장, 행정 담당관, 피고용인, 상담가, IQ 테스트 검사자 모두가 처벌받아 마땅한 범죄행위다.

법은 학교가 아이에 관해 보유할 수 있는 유일한 기록은 성적에 관한 기록이며, 이 기록도 규칙적으로 부모들에게 보내져야 한다고 구체적으로 명시해야 한다. 만약 학-교가 아이에게 지능검사를 비롯한 심리학적, 의학적 등등의 성격을 지닌 검사를 받게 하고 싶으면 부모의 허락을 받았을 때만 가능해야 하고, 테스트의 결과물은 반드시 부모에게 보내도록 해야 한다.

법은 더 나아가서 학-교가 부모 허락 없이 아이에게 순수한 학구적 테스트가 아닌 다른 테스트를 하거나, 아이에 관해 법적으로 허락되지 않은 기록을 남기거나, 어떤 기록물이든 부모의 접근을 거부했을 경우, 부모는 학-교와 여러 공무원들, 피고용인에게서 처벌적 손해배상을 받을 권리를 가진다고 명시해야만 한다. 그런 법들은 학-교 이사진, 행정직 공무원, 교사들이 그 법을 감히 어기지 못하도록 매우 강경한 표현을 써야 한다.

등급을 매기는 학-교의 역할을 없애려면 훨씬 더 나아가야 한다. 만약 학-교가 아이들이 무엇을 배우고 배우지 못했나에 관해 좀 더 알아내려는 목적으로 시험을 보고 평점을 매기기를 원하거나, 아이들이 그 일을 하도록 만들려고 어떤 종류의 당근과 채찍을 활용하고 싶다면 정당한 이유가 있어야 한다. 이런 유의 학교에 자식을 넣고 싶어 하는 부모들은 항상 있다. 법은 그것이 단순히 성적이라 할지라도 학-교가 학생들에 관해 작성하고 보관하는 온갖 기록들은 학생들의 자산이며, 그 아이들이 학교를 떠날 때 전부 넘겨주어야 한다고 명시해야 한다. 아이들이 나중에 이 성적을 누군가 다른 이에게 보여주고 싶다면 그래도 된다. 그렇지만 어떤 누구도 그 성적을 들여다볼 권리는 없다.

이런 단계에 이르면 학-교가 아이들을 붙잡고 서열화하는 권력, 그래서 아이들에게 주입하고 세뇌하는 그 권력을 제거할 수 있다. 학-교는 아이들에게 무엇을 배워야만 하는지 더 이상 명령할 수 없다. 어학원이나 가라테 학원에서 지금도 그렇듯이 일부 학교는 "이곳에 다니기를 원한다면 이러이러한 것을 배워야만 합니다. 왜냐면 이러이러한 것을 여기서 가르치니까요."라고 말할 수는 있다. 하지만 그곳에 다닐지 말지는 학생이 선택해야 한다. 이것이 지금까지 '탈학교deschooling'라 불러온 정치적 과정의 큰 부분이다. (그러나 전부는 아니다.) 이것은 학교를 교육자들보다는 하미와 배우미들에게 봉사하는 곳으로 만들 것이다.

그러나 이런 일도 학교를 살고, 하고, 가르치기에 좋은 곳으로 만드는 겨우 첫 단계에 불과하다. 학-교를 학-교로 바꾼다고 해서 학교에 있는 모든 사람들을 갑자기 바꾸지는 못한다. 교사들 대다수가 지금 그곳에 있는 바로 그 사람들일 것이고, 바로 그 사람들은 아니라도 그런 사람들과 꼭 같은 사람들일 것이다.

어떤 교사들은 학-교에서 학-교로의 변화를 기꺼이 받아들일 것이다. 다른 교사들은 때가 되면 필경 새로운 상황에 적응할 수 있을 것이고, 그전의 공적이고 강압적인 권위를 대신해서 자신의 진짜 경험과 관심사, 기술에 근거한 자연스러운 권위를 발휘하기 시작할 것이다. 그러나 또 다른 교사들은 그런 변화를 이루어내지 못할 것이다. 학-교가 학-교로 된다 해도 아이들을 좋아하지 않고 제대로 된 실력도 없는 교사들을 학교로부터 몰아내는 데는 여러 해가 걸릴 것이다. 이들 대부분을 파면시킬 수는 없다. 이들 중 몇몇 사람들은 학생들이 점점 떨어져나가면 기가 꺾여 학교를 떠나게 될지도 모른다. 그러나 다른 이들은 은퇴할 때까지 붙어 있을 수도 있다.

그리고 정말 아이들을 좋아하고, 존중하고, 신뢰하는 사람들, 그리고 아이들이 세계를 탐색하고 이해하도록 돕고 싶은 그런 사람들을 충분히 학교로 끌어들이는 데는 여러 해가 걸릴 것이다. 이들 중 많은 사람들이 일찍이 학교를 떠났거나 파면됐던 전직 교사들일 가능성도 많다. 우리가 충분한 하기 장소와, 관대하고, 유능하고, 도움이 되는 어른들을 확보할 때까지는, 그래서 모든 아이들이 자신의 몫을 가질 수 있을 때까지 한 세대, 아니 그 이상의 시간이 걸릴지도 모른다. 그러나 가르치는 일이 진정 소명이 될 수 있고, 즐거운 일이 될 수 있고, 또 마땅히 되어야 하는 그 모습대로 된다면, 가르치기를 원하고 또 잘할 수 있는 사람들을 점점 더 많이 끌어들일 수 있게 될 것이다.

그러나 이렇게 된다 해도 이 사회 속에 우리의 몫으로 남아 있는 불평등, 잔혹 행위, 사회적·법적인 부정, 가난, 편견, 실직 같은 온갖 문제가 없어지지는 않는다. 이런 것은 학교의 문제가 아니다. 그리고 우리가 학교 안에서 무슨 일을 한다고 해서, 또는 학교를 대상으로 무슨 일을 한다고 해서 해결될 수 있는 문제가 아니다. 우리가 희망할 수 있는 최상은 아이들에게 하기를 펼칠 훌륭한 장소가 충분히 있고, 또 그 아이들이 성장하는 데 도움이 되는 쓸모 있는 어른들이 충분히 있을 때 그 아이들이 언젠가는 충분히 지적이고 관대한 사람이 되어 지금 사회보다 훨씬 나은 사회를 만들리라는 것이다.

16 왜 가르치는가?
Why Teach?

학-교에서 일하고 있거나, 일할 준비를 하고 있는 사람들 중에는 이런 질문을 할 사람도 있을 것이다.

"이런 온갖 문제에 나는 어떻게 대처해야 하나? 내가 할 수 있는 일은 무엇인가?"

그 답은 무엇보다 그들이 학-교와 이 책에 나온 생각들에 관해 어떻게 느끼는지에 달려 있다. 학-교를 대하는 사람들의 태도를 다섯 개의 그룹으로 나누어보겠다.

첫째, "학-교는 근본적으로 좋아. 하지만 돈을 덜 쓰고 좀 더 엄격하고 전통적으로 가르쳐야 해. 너무 황당한 생각을 많이 가르치지 말고. 하지만 대체로 잘 해나가고 있어."

대부분의 일반 대중은 이렇게 느낀다.

둘째, "학-교는 근본적으로 좋아. 하지만 학-교의 일이 제대로 되려면 좀 더 새롭고 나은 기술과 도구가 필요해. 이를테면 새 건물, 현대적 장비, 컴퓨터, 훨씬 많은 수의 교사들과 전문가들, 더 높은 봉급, 더 적은 학급 정원, 좀 더 개선된 (아니면 좀 덜 통합적인) 인종 통합 정책, 시대에 맞는 교과서, 새로운 교육과정, 여러 가지 새로운 아이들 통제법, 점점 그 숫자가 늘어가는 부적응아와 적응할 의사가 없는 아이들을 돌볼 더 많은 특수교사, 말썽꾸러기들을 다룰 특수학-교 등등."

이것을 믿는 사람들은 학-교 문제의 많은 부분이 학-교가 아이들을 다루는 방식에서 기인한다는 사실을 믿지 않는다. 그들은 이런 문제들을 순수하게 기술적인 문제로 본다. 그리고 그 기술적인 문제는 돈만 충분하다면 학-교와 전문가들이 쉽게 풀 수 있다고 본다. 학-교 또는 교육 분야에서 일하는 사람들이 대부분 이처럼 느낀다.

셋째, "학-교는 좋아질 거야. 가난한 아이들, 유색인 아이들, 낙오한 아이들을 부자에 백인인 1등 아이들을 대하듯이 다루기만 하다면, 또 교육과정이 그렇게 인종차별적이고, 성차별적이고, 자본주의적이고, 천박하고, 시대에 뒤떨어지지만 않는다면 말이야."

이런 식으로 느끼는 사람들에는 많은 정치적 급진주의자들, 소수집단이나 여성운동의 지도자들, 코난트Conant나 허친스Hutchins 같은 지식인 비평가들이 있다.

넷째, "학-교는 근본적으로는 좋은 목적을 가지고 있어. 아이들을 박학하고, 비판력 있고, 지적이고, 민주적이며, 정직하게 만들 뿐만 아니라 온갖 미덕을 갖추게 해주려고 해. 하지만 학-교가 지금과는 아주 다른 종류의 장소가 되고 아주 다른 방식으로 아이들을 다루게 될 때까지는 그 일을 해낼 수 없을 거야."

대부분의 진보주의 개혁가들, 인도주의 개혁가들이 이 말에 동의하는 사람들이다. 나도 아주 최근까지는 그런 부류에 속했다.

다섯째, "학-교는 근본적으로 나쁜 목적을 가지고 있어. 학-교는 아이들의 가르침이나 배움, 지성과 성장이 이루어지기에 좋은 장소로 만들 수 없어. 학-교가 지닌 나쁜 목적을 학-교에서 제거할 때까지는. 그리고 이 나쁜 목적들은 학-교에서 일하는 사람들에 의해 제거될 수 없어. 일반 대중의 힘만이 그것을 할 수 있어."

나 말고 이렇게 느끼는 사람은 아무도 없을지도 모른다. 이 책을 통해 이런 사람들이 있다면 몇 사람이라도 찾아내는 게 나의 희망이다.

첫째, 둘째, 셋째 그룹에 속하는 사람들 대부분은 이 책을 읽지 않을 것이다. 만약 읽기 시작했다 해도 끝까지 읽지는 않을 것이다. 첫째와 둘째 그룹의 사람들은 아마도 내 생각을 완전히 틀렸거나 미쳤다고 볼 것이다. 세 번째 그룹의 사람들은 내 생각을 하찮게 여길 것이다. '학교에서 아이들이 행복한가 따위가 무슨 상관인가? 진짜 문제는 모든 아이들이 승자가 될 수 있도록 학교를 바꾸는 일이야.' 나는 이 책에서 그리고 특히 이 장에서 대개 넷째, 다섯째 그룹에 속한 사람들에게 말을 건네고 있다고 생각한다.

그 사람들에게 다시 한 번 말하는데 이 책은 가르침을 반대하는 책이 아니다. 이 책은 '교육에 의한' 가르침의 실패를 반대하는 책이다. 누군가 오랫동안 하고 싶어 하던 일, 하지만 실패할까 봐 두려워하던 일을 하도록 도와주는 것보다 나를 기쁘게 하는 것은 없다.

얼마 전의 일이다. 아주 지적이고 능력 있는 한 여성이 있었는데, 그녀는 어떤 식의 배움에도 전혀 굴함이 없었다. 음악을 사랑하는 그 친구가 내게 말하길 자기는 악보를 읽었으면 하고 바라마지 않았지만, 학교에서 음악을 공부하면서 그 일이 전혀 가망이 없어 보일 정도로 불가사의하고, 겁나고, 불가능하게 여겨졌다고 했다. 나는 특별히 어렵게 생각되는 부분이 있냐고 물었다. 그녀는 커다란 몸짓을 취하며 말했다.

"전부 다요. 종이 위에 그려진 그 작은 점들이 도무지 뭔지 이해할 수가 없을 뿐이에요."

나는 가장 불가사의하게 여겨지는 것이 박자인지 음정인지 물었다. 잠시 생각하더니 그녀는 음정이라고 말했다. 마침 옆에 피아노가 있어서 나는 이렇게 말했다.

"괜찮다면 몇 분간 저 피아노로 아무거나 쳐서 악보에 그려진 음표를 치는 법을 보여줄 수 있을 것 같은데요."

그녀는 그러자고 했다. 30분 만에 그녀는 아주 천천히, 혼자서 초보용 피아노 교본에 있는 한 곡을 연주할 수 있게 되었다.

그녀를 도울 수 있었던 다섯 가지 사항을 열거해보면 이렇다.

(1) 그것은 그녀의 생각이고 관심사였다. 그녀는 그것을 하고 싶어 했다.

(2) 나는 언제든지 그녀가 원하기만 하면 그만둘 참이었다. 그녀는 내가 혼자 열광해서 열정적이고 단호한 성격의 교사들이 자주 학생들을 밀어 넣는 혼란과 공포, 수치심 속으로 그녀를 밀어 넣지는 않을 거라는 점을 알고 있었다.

(3) 나는 그녀의 불안과 혼란을 정당하고 진지한 것으로 받아들였다. 나는 마음 깊은 곳에서조차 그녀의 어떤 두려움이나 의문도 어리

석은 것으로 치부해버리지 않았다.

(4) 나는 온갖 질문을 다 받아줄 준비가 되어 있었다. 그래서 그녀가 질문을 하기를 기다렸고, 그녀가 원하는 대로 내 답변을 이용하도록 해줄 준비도 돼 있었다. 나는 그녀가 이해했는지 검사하지 않았다. 나는 그녀 스스로 이해했는지 못했는지를 판단하게 놔두었고, 만약 이해하지 못했으면 다음번에 무엇을 물어볼지도 스스로 결정하게 놔두었다.

(5) 나는 나 자신이 얼마나 재능 있는 교사인가 증명하려고 그녀를 이용하지는 않았다. 그녀가 악보를 더 탐구하고 싶다면, 그건 좋은 일이다. 나에게 더 많은 도움을 청하고 싶다면, 그 역시 좋다. 물론 내 도움 없이 그녀가 그걸 할 수 있었다면 더 좋겠지만. 그러나 만약 음표가 무엇을 뜻하는지 이해할 수 있다는 걸 스스로 증명하게 되면 더 이상 그러고 싶어 하지 않을 것이다. 그것 역시 좋다.

『자신을 존중하는 아이』에서 앨리슨 스톨브라스는 네 살 반짜리 꼬마가 자기보다 어린 아이에게 금속으로 된 기어오르기 틀(우리의 정글짐과 비슷한 놀이기구)의 중심 기둥을 타고 미끄러져 내려오는 법을 어떻게 가르쳐줬는지 그려 보여준다.

마이클은 적어도 대장이 되겠다거나 자기의 우월함을 보여주겠다는 욕망에서 동기를 얻은 것 같지는 않았다. 그 아이는 그저 제임스가 쉽게 하도록 도울 수 있는 일이라면 뭐든지 했다. 마이클은 제임스가 다른 놀이기구에서 놀기 시작하면 그 놀이를 같이 했는데, 분명 제임스가 일단 기둥에서 미끄러져 내려오는 것은 충분히 익혔다는 걸 알아채고 있었다.

마이클은 기대에 어긋난다고 참을성 없이 그 일을 걷어차버리지 않았다. 때문에 제임스는 창피를 당하지도 않았고 긴 시간을 두고 배우고 익히는 자기의 능력에 자신감을 상실하거나 기가 꺾이지도 않았다. 다음번 그 아이들이 밖에서 놀 수 있는 기회가 또 생겼을 때 (아마도 날씨 때문에 한 주 이상의 간격이 있었던 것 같다.) 두 아이는 다시 새롭게 노력하기 시작했다. 노력은 마침내 보상을 받았는데, 제임스는 꼭대기 근처에서 기둥으로 뛰어 매달려서는 너무나 즐겁게 땅으로 미끄러져 내려왔다.

배우려는 아이가 자신의 배움을 조절할 수 있도록 놔둘 줄 아는 이런 마음 씀씀이와 요령, 인내심을 가진 어른 교사들이 얼마나 될까? 정말이지 너무 없다.

나는 또 학-교에서는 누구도 가르치지 말아야 한다거나, 누군가 가르치기를 원하는 데는 좋은 이유가 있을 수 없다는 말을 하려고 이 책을 쓰지는 않았다. 좋은 이유도 있고 나쁜 이유도 있다. 어떤 모임에서 내가 이 책에 있는 내용을 이야기하는 것을 들은 한 젊은 교육 전공 학생이 화를 내며 말했다. 내가 자신의 용기를 꺾었다고, 그러니 다음 해에 자신이 학-교에서 미술을 가르치기 시작하면, 내 생각들은 자기의 교사 활동을 더 어렵게 만들 뿐일 거라고 했다.

나는 대충 이런 내용으로 답했다.

"나는 학생을 격려하려고 여기 온 게 아닐세. 일반 교육과 학교교육에 관해 내가 아는 진실을 이야기해주러 왔을 뿐이네. 그건 그렇고, 자네는 왜 격려가 필요하지? 자네는 미술을 가르치는 걸 선택했네. 그 일이 할 만한 가치가 있다고 생각하는 이유가 틀림없이 있겠지. 그렇다면 계속 그 일을 하게. 할 수 있는 한 훌륭하게 말일세. 만약 자네가 매일매일 진행되는 수업의 일부분만이라도 충분하고 사려 깊게 주의를 기울일 수 있다면, 몇 년간은 충분히 바쁘게 보내야만 할 걸세. 자네에게 격려가 필요하다면 내가 그랬듯이 자네에게 닥친 문제를 해결하고 어떻게 하면 자기 일을 더 잘할 것인가 알아냄으로써 격려를 얻게. 때가 되어 언젠가 자네도 학교의 본질과 목적 그 자체는 자네가 그 속에서 훌륭한 가르침을 펴는 걸 불가능하게 한다는 점을 깨닫게 되면, 그때는 그 문제를 다루는 법을 혼자서 해결하게. 그러나 그때까지는 자네에게 미술 교사가 되는 이유를 말해달라고 나에게 요구하거나 기대하지 말게. 그것은 자네의 결정이었지 나의 결정이 아니었네."

나는 교사가 되었었다. 좋은 사회를 만들려는 것도, 가난을 종식시키려는 것도, 아이들을 돕고 배움의 진리를 발견하려는 것도, 학교를 변화시키고 교육을 개혁하려는 것도 아니었다. 단지 교사라는 직업이 흥미 있고 즐거운 일일 거라고 생각했기 때문이었다. 나는 전통적인 교육에 아무런 불만이 없었다. 만약 누군가 내가 이 책에서 말한 것과 거의 같은 내용을 그 시절의 나에게 이야기했다면, "무슨 허튼소리!!"라고 했을 것이다. 나는 아무런 의문 없이 학생들이 영어나 수학, 역사, 과학 등등을 배워야 하고 그렇게 하지 않으면 낙제점을 줘야 한다는 데 동의했다. 하지만 학생들이 배우지 않는다고 해서 책망한 적은 없었다.

학생들이 배우려는 것을 가르치는 길을 알아내는 것이 내 일이었다. 가르치는 일을 했던 대부분의 기간 동안 나는 내 시간의 거의 전부를 그 생각을 하면서 보냈다. 급박하고, 구체적이고, 실제적인 일이었다. 어떻게 학교를 좀 더 좋게 만들 수 있고 아이들이 더 잘 배우게 도울 수 있는지가 아니라, 이 아이가 이 단어의 철자를 익히고 이 문제를 풀도록 돕기 위해선 어떻게 해야 하는지가 문제였다. 교육에 관한 나의 생각은 전부 그런 종류의 경험과 질문에서 나 왔다.

교육개혁가인 포스트먼Postman과 바인가르트너Weingartner는 학-교에서 가-르치는 일은 아이들에게 '내장형 거짓말탐지기'라고 부르는 것을 줄 수 있는 '전복 활동Subversive Activity'일 수 있기 때문에 아이들은 사람들이 자신들을 속이거나 이용하려고 할 때 알아차리고, 속거나 이용당하지 않도록 스스로를 지킬 수 있을 것이라고 제안했다. 좋은 생각이다. 그러나 아이들을 억누르고, 어르고, 달래고, 유도하고, 평가하고, 서열을 매기고, 분류하는 곳에서 이런 것을 가르쳐줄 수는 없다. 사람들에게 선전 선동가들이나 행동 교정사들을 알아보고 저항하는 것을 가르치는 학교는 아주 훌륭하고 필요한 학교일 수도 있다. 그러나 학-교가 그런 일을 가르칠 수 있다고 가정하는 것은 분명 부조리요, 모순이다.

아이들의 삶과 사고의 모든 부분이 권위에 의해 결정되고, 통제되고, 판단되는 곳에서 아이들이 어떻게 권위를 의심하고 비판하는 법을 배울 수 있단 말인가? 아이들이 우리의 말을 진지하게 받아들이는 한 아이들은 말할 것이다.

"왜 여기 앉아서 선생님 말을 듣고 있어야만 되죠?"

학교에서 가-르친다는 것은 제너럴모터스 사나 펜타곤에서 일하는 것만큼이나 전복적인 일일 수도 있다.

스스로를 두고 급진파라고 생각하는 교생들은 나에게 이렇게 말하곤 한다.

"나는 학-교를 혐오해요. 그래서 그곳을 바꾸려고 그 안에 들어가려는 거죠."

그런 사람들은 어떤 것도 바꾸기 어렵다. 그런 사람들은 분노와 좌절감과 절망으로 스스로를 반광란 상태로 몰아가기 쉽다. 그들이 보여주는 전 존재 방식은 학-교에 있는 모두에게 자신들이 적이라는 사실을 말해준다. 그리하여 그들이 온당하고 사리에 맞는 제의를 한다해도 깊은 생각을 거치지 않고 거부당한다.

한 젊은 교사가 한번은 학교를 변화시키는 방법을 말해달라고 《교사 신문Teacher Paper》에 썼다. 나는 그 교사에게 이런 내용의 글을 썼다.

"당신은 바빠서 손이 모자라게 될 겁니다. 그렇게 심하게 해를 끼치지 않는 입장을 스스로 찾아서 만들고, 학생들에게 그런 대로 솔직하고, 어떤 아이들이 학교의 문제들을 좀 더 잘 대처해나가도록 돕고, 자기 일에서 약간이라도 즐거움을 얻으려고 하는 데만 해도 말입니다. 그 정도로 적은 일을 하는 것도 쉽지가 않을 겁니다. 만약 당신이 강하고 똑똑하고 굽힘 없는 성격에 꾀가 많고 뻔뻔스럽고 무엇보다 운이 따른다면, 그렇게 할 수도 있지요. 그다음에 자기편들을 몇몇 찾아낼 수 있을 것이고 또 한 번 운과 때가 맞으면 당신은 학-교 안에서 약간의 작은 변화를 만들어낼 수도 있을 겁니다. 하지만 단지 학-교 안에서만 일하려 하는 한 그 정도가 당신이 할 수 있는 최선이 되겠지요."

지적이고 인도적인 방법으로 가르치고, 아이들의 힘과 관심을 온전히 이용하게 만들고 싶어 하는 교사들이라면 그런 일을 하도록 가만두는 학-교는 거의 없다는 사실을 알아야만 한다. 내 책을 포함하여 학교 개혁을 이야기하는 책들은 교사들이 원하기만 하면 교실 안에서 재미있고 흥미로운 일을 할 수 있다고 암시한다. 그렇지 않다. 그런 일을 그만두게 하는 데는 교장은 놔두고라도 시설 관리인 혼자면 충분하다. 만약 교장과 관리인 둘 다 그 일을 허용한다 해도 대부분의 부모들이 반대한다. 부모들은 아이들이 집에 와서 교실에서 재미 본 일에 대해 이야기하는 걸 좋아하지 않는다. 부모들은 생각한다. 학교에서 도대체 뭘 하는 거야? 어떻게 애들이 공부는 안 하고 온종일 놀고만 있단 말이야? 학생들 스스로가 반대할 수도 있다. 그러고는 항상 해온 대로 학교놀이를 하자고 주장할 수도 있다! 그들은 "뭘 할지 말해줘요." 하고 말한다. "그러면 우리가 거기서 빠져나갈 길이 있을지 알게 될 거예요."

대부분의 학-교는 신뢰, 애정, 진정한 존경심과 같이 두려움이 아닌 자연스러운 권위를 바탕으로 학생들을 대하려는 사람들이 학교 안에 있는 것을 원하지 않는다. 두려움을 이용하지 않거나 이용할 필요가 없는 교사, 그래서 학생들이 겁을 덜 먹고, 다른 사람들이 남에게 겁을 먹게 하는 일을 힘들게 만드는 그런 교사는 학-교에 있는 모든 다른 교사들을 위협한다. 그가 지닌 자연스런 권위는 다른 교사들의 공적 권위의 토대를 허문다. 그들은 그를 '우리'와 '그들' 사이에 그어진 선상에서 잘못된 편, 다시 말해 학생 편에 서 있는 것으로 볼 것이다. 그래서 학-교는 교사들에게 언제나 말하길 학생들과 '친하게 사귀지' 말고 '직업적인 거리를 유지'하라고 한다. 명문 대학의 교수인 내 친구는 친한 선배 교수들로부터 학생들과 너무 많은 시간을 보내서 경력을 위태롭게 하고 있다는 지적을 몇 번이나 받았다.

개혁자들이 쫓겨나지 않는다 해도 다른 종류의 압력을 받을 수도 있다. 나는 얼마 전 한 중서부 도시에서 어느 정도 열린 체제의 한 초등학교 교장을 만났다. 그 학교는 2~3년 전에 세워졌는데 전통적인 초등학교의 교장으로 있던 그가 그 학교를 운영해보겠다고 지원했다. 교사들 역시 그곳에서 가르치겠다고 스스로 선택했던 사람들이었다. 원하지 않는데 그곳에서 일해야만 하는 사람은 아무도 없었다. 그 학교는 정말 즐거운 곳으로 여겨졌고, 아이들 역시 정말 편안하고 행복하게 보였다.

이야기를 나누면서 그가 이런 말을 했다. 자기 학교의 교사들 대부분이 그 학교에 온 이후에 그 도시의 다른 교사들로부터 어느 정도의 배척과 박대를 당하고 있다고 호소한다는 것이었다. 전부터 잘 알고 같이 일했던 사람들에게서조차 그렇다고 했다. 물론 그런 일은 교장 자신에게도 마찬가지였다. 그는 체제 안에서 20년 가까이 교사나 교장으로 있었고 수많은 교장들과 오랫동안 동료이자 친구로 지내왔었다.

"하지만 나는 지금 일종의 파리아(인도 남부의 불가촉천민)이지요. 몇 년 동안 같이 골프도 치고 맥주도 마시며 알고 지내던 친구들이 말도 잘 안 건넨답니다. 학교에 대해 비웃는 듯이 농담을 하는 것 말고는."

이런 압력은 견디기 어렵다. 이런 압력을 오랫동안 견딜 수 있는 개혁가는 드물다.

자기들 스스로를 '급진적 교사'라 칭하는 사람들은 스스로를 속이고 있다. 그들도 날이면 날마다 출석을 부르고, 지각과 결석을 보고하고, 학-교 규칙을 시행하고, 시험을 치고 성적을 매길 것이다. 아니면 파면을 당할 테니까. 하지만 그 교사들은 이런 일들을 하면서 학-교가 학-교의 근본이 되는 현상 유지와 보존 임무를 수행하는 것을 돕게 된다. 그들은 학-교의 일을 하면서 학-교의 메시지를 가르친다. 그들이 하는 온갖 이야기가 제아무리 급진적이고 전복적이라 한들 그 가르침보다 가치가 있게 되거나 그 가르침을 엎어버리지 못할 것이다.

'급진적 교사'라는 생각은 '평화주의자 군인'이라는 말처럼 터무니없다. 적을 향해 총을 쏘면서 "나는 전쟁이 싫어! 우린 모두 형제들이야! 너는 죽지 않을 거야!" 하고 고함을 지른다면 어떻겠는가? 하긴 무슨 소리를 지르든 군대가 무슨 상관을 하겠는가. 그가 계속 총을 쏘는한. 군대에 입대하고 싶은 사람이라면, 입대하도록 두자. 정직한 군인일 수 있는 사람도 있다. 내가 매우 사랑하고 존경하는 남자 하나는 거의 평생을 군인으로 있었다. 하지만 군대는 평화 봉사단이고 군대에 입대하여 인간의 형제애를 위해 일한다고 스스로에게 말하지는 말자.

학-교에 대해서도 마찬가지다. 아이들의 군대인 학-교.

스스로 급진파라고 생각하는 사람들에게, 승자와 패자로 이루어진 사회를 나처럼 혐오하는 사람들에게, 나는 말한다. 할 수 있다면 변화시키자. 하지만 학-교 안에서 그 생각에 반대한다고 말하는 것으로,

아니면 모든 학생들을 승자로 만들려고 애쓰는 것으로 그것을 변화시키고 있다고 착각하지는 말자. 승자-패자 사회는 그 승자들의 손에 의해 바뀌지 않는다. 꼭대기의 몇 사람에 의해 돌아가는 사회가 그 위에 다른 몇 사람들을 같이 끼워 넣는다고 해서 변화될 리 없다.

적어도 앞으로 10년간은, 그리고 아마 다음 세대 동안은 거의 확실히 학-교가 존재할 것이다. 그러니 당연히 우리가 할 수 있는 일을 하려면 조금이라도 나은 교실을 여기 좀 만들고, 조금이라도 나은 학-교를 저기 좀 만드는 것이 사리에 맞다. 그러나 우리가 할 수 있을 것 같은 일은 그게 전부다. 나는 그런 작은 변화를 만들려고 노력하는 사람들의 용기를 꺾고 싶지는 않다. 단지 그런 변화가 하나하나 모여서 충분히 많아지면 학-교를 완전히 다른 종류의 기관으로 바꿀 것이라는 생각은 하지 말라고 설득하고 싶을 뿐이다. 학-교가 (강제적이고, 강압적이고, 경쟁적인) 학-교로 남는 한 그 속에서 만들어지는 어떤 변화도 그다지 깊이, 그다지 멀리, 그다지 오래 가지 않을 것이다.

아이들을 위한 인도적인 학교를 바라는 사람들은 전체 인구의 5%도 되지 않는다. 그리고 그 사람들조차도, 대부분 모든 사람들이 학-교가 해주기를 원하는 것을 학-교가 하기를 바란다. 내 아이를 승자로 만들라, 다른 아이들에 앞서서 좋은 대학을 가고, 근사하고, 흥미있고, 존경받고, 수입이 좋은 일자리를 갖게 해달라.

어떤 학-교나 학-교 개혁이 제아무리 훌륭하다 해도, 아이들을 승자로 만들고 있다고 학부모들을 확신시킬 수 없는 한 계속될 수 없다. 그러므로 깊이 있게 변화할 수 있는 학-교는 단지 소수밖에 없다. 학-교에게나 사람들에게 승자의 자릿수는 정해져 있고 또 적다. 오직 소수의 아이들만이 승자일 수 있기에 오직 소수의 학-교만이 승자 학-교일 수밖에 없다. 모든 학-교를 개혁해서 재미있고 활기차며 인간애 넘치는 곳으로 만들 거라고 기대할 수는 없다. 사람들이 자기 아이들이 승자가 되기를 바라는 마음을 버리고 학교로부터 승자—패자 게임을 걷어내지 않는다면 말이다.

내게는 학-교의 개혁을 말하는 사람들이 밑바닥에 큰 구멍이 난 배에서 물을 퍼내려고 애쓰는 사람들처럼 보인다. 계속 물을 퍼내면 한 번쯤은 그 구멍을 고칠 수 있는 곳에 가 닿을 수 있는 경우가 생길 수도 있겠다. 하지만 개혁가들이 거기에 구멍이 있다는 것을 아는 것처럼 보이지는 않는다. 아니면 그들은 이렇게 말한다.

"우리는 구멍을 고칠 수 없다. 우리가 할 수 있는 전부는 물을 퍼내는 일이다."

아니면 또 이렇게 말한다.

"우리는 물을 아주 빨리 퍼내고 있다. 그래서 구멍을 고칠 필요가 없다. 퍼내는 걸로 충분하다."

물론 학-교를 학-교로 바꾸는 일이 빠른 시간 안에 되지는 않을 것이다. 따라서 그것은 개혁가들이 학교 안에서 개혁이 이루어져야 한다고 주장할 만한 더욱더 큰 이유가 된다. 하물며 너무나 많은 개혁가들이 이렇게까지 말한다.

"학교는 강제적이어야만 한다. 왜냐면 그렇지 않을 경우, 우리가 마침내 모든 학교를 화기애애하고 재미있는 장소로 만들고 나면, 가난한 사람들의 자식들은 학교에 가지 않을 수도 있고 그러면 그 아이들은 그 모든 좋은 일을 놓쳐버릴 것이기 때문이다."

만약 학-교가, 아이들을 위한 '하기'의 장소인 그곳이 충분히 정직하고 활기차고 흥미롭다면 강제적일 필요가 없다. 마찬가지로 학교가 강제성을 띠는 한 좋은 곳이 될 필요가 없기에 대부분의 학교들은 좋은 곳이 되지 않을 것이다. 언젠가 모든 학교가 좋아질 수 있으니까 강제적이어야 한다고 말하는 건 결국은 학교가 아무리 나빠도 그에 상관없이 강제적이어야만 한다고 말하는 것과 다르지 않다.

이 문제에 대해 다시 한 번 주장해야겠다. 학-교의 문제는 수단이 아니라 목적의 문제다. 내가 찾는 변화는 햄스터 같은 애완동물 사육이나 환경 교육을 위한 연못 만들기, 퀴즈네르 막대 같은 수학 교재나 더 좋은 읽기 프로그램 같은 새로운 학습용품 속에 있지 않다. 그것은 저 전기 충격 버튼에 있다. 누군가가 우리에게 그것을 누르라고 하면 누를 것인가, 아니면 말 것인가? 아이들이 그것을 누르도록 훈련시키기를 바라는가, 아니면 아이들이 그것을 거절할 만큼 자립심과 강함과 책임감을 갖도록 도와주길 바라는가? 이것이 우리가 해야만 하는 선택이다.

17 우리에게 기회가 있는가?
Do We have a Chance?

학-교가 아무리 부유하고 강력하다 하더라도 학-교가 가진 힘이 자연의 힘은 아니다. 사람들이 학-교를 만들었고, 학-교가 유용할 거라고 생각했다. 때문에 더 이상 학-교가 소용에 닿지 않으면 학-교를 없앨 수 있다. 사회의 지배자들에게는 학-교가 유용했다. 학-교가 대부분의 사람들에게 기계처럼 살고 일하는 법과 기계만이 만들 수 있는 것을 원하도록 가르쳤기 때문이다. 대부분의 사람들에게도 학-교는 유용했다. 왜냐면 학-교가 사람들과 그 자식들이 이 세계 속에서 위로 올라갈 수 있고, 언젠가는 힘 있고 부유하게 될지도 모른다는 꿈을 팔았기 때문이다. 학-교는 모든 사람(또는 거의 모든 사람)이 탈 수 있는 신분 상승 기계나 대부분의 사람들이 당첨될 수 있는 복권처럼 여겨졌다.

이것은 사실상 얼마 동안은 맞는 말이었다. 보편 교육과 강제 학교 교육은 급속도의 경제성장 시대의 시작과 함께 고안되었기 때문에 번성했다. 그 시대는 새로운 기계들, 새로운 동력자원, 새로운 종류의 인간 조직과 인간 통제법, 엄청난 양의 부와 쉽게 이용할 수 있는 원료가 '서구' 여러 나라의 사람들 대부분과 거의 모든 나라의 서구화된 소수들을, 그전 시대의 무모하기 짝이 없는 꿈들을 능가하는 부자로 만들었다. 그러나 지금은 이 붐을 가능하게 만들었던 풍부하고 값싼 연료와 광물자원들이 모두 떨어져버렸다. 남은 것은 얼마 없는 데다 질도 떨어지고 얻기도 힘들다. 그래서 훨씬 더 값이 비싸다. '끝을 모르던' 붐은 끝났다. 신분 상승 기계는 멈춰버렸다. 점점 더 많은 사람들이 미끄러져 거꾸로 떨어지기 시작했다. 얼마 전에는 가장 부유한 나라들에서조차 모두가 의심할 여지없이 자신과 자신의 아이들이 미래에는 지금보다 더 부유하게 될 거라는 기대를 갖고 있었지만, 이제 그런 사람들은 거의 없다. 더 가난한 나라에서는 대부분의 사람들이 기아와 재난에 맞닥뜨려 있다.

우리는 어쩔 수 없이 우리의 행성과 그 자원에 균형을 더 잘 맞추기 위해 덜 낭비적이고 덜 파괴적인 경제 속으로 할 수 있는 한 천천히 움직이기 시작했다. 이 움직임은 여러 형태를 취하는데 그 속에는 경기침체, 실업, 가난, 기아도 포함된다. 언제나 그렇듯이 인류가 그 잘못에 대가를 치러야만 할 때 가장 무거운 희생을 치러야 하는 사람은 가장 적게 가진 자이다.

그러나 사람들은 때가 되면 희생을 좀 더 공평하게 나누자고 요구할 수도 있다. 더 부자가 될 좋은 기회를 갖고 있다고 생각했을 때는 그 간극을 받아들였던 많은 사람들도 그 기회가 사라져버렸다는 것을 알게 되면 더 이상 그렇게 하지 않을 수도 있다. 그런 때가 되면 사람들은 학-교에 관해 아주 어려운 질문 몇 개를 던지기 시작할지도 모르겠다.

왜 학-교에 그렇게 많은 비용이 들어야 하지? 왜 부유하고 유복한 계층의 아이들이 가장 많은 것을 갖게 되는 체제를 지원하기 위해 모든 사람들이 세금을 내야 하지? 어떤 인종이 학교를 운영하기에 가난한 아이들은 항상 지고 돈 많은 아이들은 항상 이기는 걸로 되어 있지? 왜 지식과 기술을 가능하면 널리 자유롭게 나누면 안 되지? 아니 그러기는커녕 할 수 있는 한 높은 가격표를 붙이는 이유가 뭐지? 짧게 말해서 그들도 이 책에서 말하는 몇몇 질문을 하기 시작하고 몇몇 변화를 요구하기 시작할 것이다.

부모가 할 수 있는 일

앞에서 말한 어떤 일도 앞으로 10년 안에 일어날 것 같지는 않다. 그동안 학-교는 여전히 학-교인 채 남아 있을 것이다. 그렇다면 내가 생각하는 것처럼 학-교를 생각하면서도 그 속에 아이들을 집어넣어놓은 사람들이 할 수 있는 일은 무엇일까? 대충 세 개의 가능성이 있는 것 같다.

(1) 아이들이 학-교에 대처할 수 있게 돕는다.

(2) 학-교에서 도망치도록 돕는다.

(3) 대안을 준다.

아이와 상황에 따라서 부모들은 최선이라 생각하는 대로 이 세 개를 섞어서 이용할 수 있다. 왜 섞는다고 하냐 하면 (1)을 하든 (2)를 하든 (3)을 병행하지 않는 한 어떤 한도까지 제대로 해나갈 수 없을 것이 분명하기 때문이다.

지금까지 내가 아는 아이 중에서 학-교에 최선으로 대처해나가고, 성적도 좋고, 그런대로 학교에서 즐겁게 지내기도 했던 아이들은 자기 생활의 가장 크고 가장 흥미 있고 가장 중요한 부분을 학-교 밖에서 이끌어갔다. 학-교를 좋아하지 않고 거기서 잘 해나가지 못하면서도 학-교로부터 도망칠 수 없는 아이들에게는 학-교 바깥의 생활이 훨씬 더 필요하다. 그리고 학-교를 탈출한 아이들에게는 다른 아이들이 학-교에서 보내는 시간을 어느 정도 대안적이고, 즐겁게 보낼 수 있는 방법이 있어야 한다.

내가 아는, 학-교에 다니지 않거나 다니고 싶어 하지 않는 아이들은 그런 대안들을 가지고 있다. 그 아이들은 좋아하는 것이 많고 그것을 해나갈 만한 시간과 장소가 있다. 이런 것은 학-교식의 대안으로 할 수도 있지만 꼭 그래야 할 필요는 없다. 학-교에서 자기 아이들을 빼낸 어떤 사람들은 학-교 대신에 미니학교를 운영한다. 말하자면 자기 집에서 하루에 두세 시간씩 아이들을 가르친다.

하지만 많은 아이들은 그런 격식을 갖춘 배려 없이도 세상을 완벽하게 배울 수 있다. 훨씬 느슨한 식의 안내만 있어도 된다. 하루에 두세 시간 정도를, 아니 원한다면 그 이상을 좋아하는 어른과 함께 보낼 수 있다면 어떤 아이라도 학-교에서 한 주일 동안 배울 수 있는 것보다 그 어른과의 대화로부터 훨씬 더 많은 것을 배울 것이다.

내가 알기로 학-교에서 최상으로 대처해나가는 아이를 가진 부모들은 대체로 '혼자서도 충분히 잘 지내게 하라.'는 원칙을 따른다. 자식들이 그런대로 학-교에서 즐겁고 능동적이고 성공적인 한, 그 부모들은 학-교에서의 아이들의 삶에 그다지 끼어들지 않는다. 학-교에 관해 좋아하지 않는 일이 있다면 자기들만 알고 만다. 학-교의 가치관과 그 숨겨진 교육과정을 싫어하는 나 같은 사람들은 아이들이 이런 가치관에 물드는 것으로부터 아이들을 지키려고 걱정이 많다. 하지만 이런 위험은 생각하는 것보다 적다. 자식들에게 정직하고 솔직하다면, 꼭 말로써가 아니라 전체 삶 속에서 자기들의 가치관을 표현하고 자기들이 대우받고 싶은 대로 자식들을 대우할 것이고, 그들의 가치관은 자식들에게 전해질 것이다. 그리고 건강한 아이들은 생각보다 속거나 타락하기 어렵다. 자기 부모들을 사랑하고 신뢰하는 아이들은, 그리고 그 부모의 자연스런 권위에 응답하는 아이들은 자기를 가르치는 교사들에게서 보게 되는 자연스런 권위가 무엇이든 간에 그 권위에 응답하는 길을 자주 발견해낸다. 게다가 그런 권위를 조금이라도 갖지 못한 교사는 거의 없다.

내가 잘 아는 한 아이는 열두 살 때 한 체육 교사를 만났는데 그 여성은 여러 점에서 거의 만화 속의 인물 같은 사람이었다. 아이들에게 "이걸 해라, 저걸 해라." 하고 끊임없이 소리를 질러대면서 성가시게 잘못을 집어내고 빈정거리는 타입이었다. 하지만 이 여성은 (적어도 체육 교사로서는) 상당한 나이임에도, 엄청난 에너지와 열정과 능력을 가지고 있었다. 그 교사는 체조와 텀블링을 좋아했는데 실제로 학생들이 할 줄 모르는 수많은 묘기를 부릴 줄 알았다. 열두 살짜리 내 친구는 그 교사의 그런 자질을 좋아했고, 그 교사에게서 배울 만한 것을 즐겼으며, 얼마 안 있어 그 교사의 많은 결점을 너그럽게 봐주는 법을 익혔다. 심각한 신체상의 약점들, 뒤틀린 팔이나 못생긴 얼굴을 너그럽게 봐줄 수 있는 것처럼. 그 아이는 "그건 그 선생님의 살아가는 방식일 뿐이잖아요." 하고 말하곤 했다. 아이들은 적응력이 뛰어나다. (그래야만 하니까.) 그리고 대체로 좋은 것을 얻기 위해 나쁜 것을 봐주는 능력이 우리보다 뛰어나다.

현명한 부모들은 학-교에서 보내는 아이의 생활에 섞여들지 않으려고(요구하지 않으면) 한다. 그래서 아이가 원하는 것 이상으로 학-교생활을 집에 가져오라고 요구하지 않는다. 학-교에서 일어난 온갖 사건들, 누가 친구고 뭘 배우고 또 그걸 어떻게 생각하는지 이야기하라고 강요하지 않는다. 학업에 문제가 없는 한 숙제를 하라고 괴롭히지도 않는다. 또 문제가 있을 경우는 그 문제를 해결하도록 도우려고 노력한다. 그 문제만 해도 너무 많은 숙제일지도 모르니까. 점수가 높다고 너무 과하게 칭찬하거나 자랑하지도 않고 점수가 낮다고 너무 심하게 걱정하거나 나무라지도 않는다. 아이가 학-교에서 일어난 자기 생활에 대해 같이 얘기하고 싶어 하면 흔쾌히 그렇게 한다. 그렇지 않을 경우에 그 주제는 그냥 그대로 두고 아이에게 더 소중한, 학교 바깥의 생활에서 얻을 만한 걸 얻도록 해준다. 이와는 달리 아이가 혼란스러워하고, 겁먹고, 불행하고, 부당한 대우에 분개하고 있을 때는 가능한 모든 위로와 정신적 지원을 아끼지 않는다. 대부분의 학-교 사람들은 이 말에 동의하지 않을 것이다. 최근 《뉴욕 타임스》에 인용된 한 교원 노조 위원장의 말을 들어보자.

"'네가 학교에서 말썽을 부리게 되면 집에서까지 말썽이 일어나게 돼.'라고 말하는 구식의 부모가 필요하다."

하지만 최근에는 학-교에 만연된 아이들의 폭력이 문제가 되고 있어 아이의 학-교생활에 어느 정도 신경을 쓰지 않을 수가 없다. 게다가 학-교와 교-사들은 아이들에게, 어린 아이들에게조차, 특히나 가난한 유색인 아이들에게 아주 오랫동안 육체적·정신적 폭력을 가해왔다. 이 문제로 추궁을 당하면 학-교는 보통 거짓말을 하거나 사실을 은폐하고 아이들 말이 아니라 자기들의 말을 받아들이라고 요구했지만 신뢰받을 만한 정당성을 확보하지 못했다. 그러니 학교에서 당한 것 때문에 불만을 터뜨리는 아이의 부모들은 적어도 아이가 말하는 내용 속에는 어떤 진실이 있다고 추측할 정도로는 현명하게 행동할 것이다.

당연히 사람들은 어느 정도 판단력을 발휘해야 한다. 아이가 대체로 믿을 만한지, 아니면 적어도 이 경우에만은 믿을 만한 개연성이 있는지, 또 교사가 아이에게 했다는 말을 그가 했음직 한지에 대해서 말이다. 다시 말하지만 아이에게 정신적 지원을 한다는 것은 반드시 학-교로 곧장 달려가서 지옥탕을 만들어놓는다는 의미는 아니다. 가장 최선의 길은 아무것도 하지 않는 것일 때도 많지만, 이런 뜻의 짧은 글을 보내는 것도 괜찮다.

"우리 아이가 그러는데 이런 일이 일어났다더군요, 사실인지 아닌지 모르겠습니다. 그런 일이 없었기를 바라지만 만약 있었다면 다시는 일어나지 않게 해주십시오."

요점을 말하자면 아이가 학-교에 대해 속상해하고 겁먹고 있거나 불만을 가지고 있다면, 부모는 아이가 하는 말에 세심한 관심을 가지고 귀를 기울여야만 한다. "부풀리지 마라."느니 하는 말을 해서는 안 된다. 그 아이가 원하는 전부는 자기 말에 귀를 기울여줄 사람에게 자기 이야기를 들려줄 기회, 바로 그것일 때가 많다. 그 기회는 사실 學-교에서는 너무나 얻기 어렵다. 아이가 가장 필요로 하는 것은 진지하게 받아들여지는 것이다. 그 일이 이루어지면 한결 기분이 나아지는 법이다.

훨씬 더 마음이 쓰이는 문제는 대체로 學-교를 두려워하고 싫어하는데 빠져나올 수 없는 아이들이다. 이 아이들도 다음의 두 가지 조건이 충족되면 한결 잘 대처해나갈 수 있으리라.

(1) 學-교를 좋아하지 않는 자신을 나쁜 아이라고 생각하지 않도록 해야 한다.

(2) 學-교를 좋아하지 않는 자기들만의 이유를 부모가 이해하고 찬동하고 있다는 걸 느끼게 해주어야 한다.

적어도 몇몇 불행한 아이들에겐 부모가 이런 말만 해줘도 도움이 된다.

"그곳에 대해 네 기분이 어떤지 알겠다. 정말 오죽하겠니. 거길 다녀야만 한다면 나라도 똑같은 기분일 거야. 할 수만 있다면 데리고 나오고 싶다. 그런데 그럴 수가 없으니 우리가 할 수 있는 최선을 하자꾸나. 머리를 맞대고 어떻게 하면 가장 잘 해결될지 알아보자."

아이는 자기편을 얻었다는 생각에 훨씬 강해질 것이다.

자식들이 學-교에 잘 대처해나가도록 부모가 도울 수 있는 또 다른 길은 아이들이 學-교놀이를 더 잘하게 해주는 몇 개의 요령을 보여주는 것이다. 이 중 많은 요령이 읽기, 쓰기, 숫자 등과 관련된 것으로 내가 쓴 몇 권의 책(특히 『월요일엔 무엇을 할까?What Do I Do Monday?』)이나 데니슨, 콜Kohl, 헌돈, 페이더Fader, 맥로리 같은 다른 학교 개혁가들의 책 속에 제시되거나 암시되어 있다.

이 여러 재주에 덧붙여 하나를 더 소개하고 싶은데 오랫동안 이야기는 해왔지만 아직 글로 쓴 적은 없었던 것 같다. 3×5인치 카드를 익힘 재료로 이용하는 방법이다. 뭔가 관련성이 없어 보이는 사실을 기억해야만 되는 내용을 공부하고 있다고 하자. 역사에 나오는 인명이나 연대일 수도 있고, 수학에 나오는 합과 곱, 물리나 화학의 공식 등등일 수도 있겠다. 교과서를 읽는데 시험에 나올 만하다고 생각되는 부분을 마주치게 된다. "누가 아메리카를 발견했나?" 또는 "로마는 언제 멸망했나?" 같은 것들. 이때 카드의 한 면에 '아메리카 발견' 또는 '로마 멸망 연대'라고 쓴다. 그리고 뒷면에 '콜럼버스(아니면 이 시기에 대해 책에 적힌 내용이나 교사가 원하는 것은 무엇이나)' 또는 '410 A. D.'라고 쓴다. 그리고 책 속의 여러 다른 항목도 그렇게 기입한다.

첫 번째로 주목할 일은 기억할 필요가 있는 특정 사실을 판단하고 그것을 카드의 양면에 적절하게 기록하는 것만 제대로 하면, 그 내용을 기억하기 위해 해야 하는 작업의 약 90%가 달성될 거라는 점이다. 이것이 우리가 혼자 힘으로 만든 카드가 다른 사람이 우리를 위해 만들어주는 카드보다 훨씬 더 공부가 잘되는 이유다.

더 공부를 해나가는 동안 우리의 기억력을 테스트하고 새롭게 하는 데 이 카드를 활용할 수 있는데, 각각의 카드를 들여다보고 반대편에 뭐가 쓰어 있는지 기억해낸 다음 스스로를 점검한다. 한 카드를 정확히 맞추게 되면 한편에 제쳐둔다. 적어도 지금은 그 카드에 더 이상 시간을 들일 필요가 없다. 틀리는 카드는 뒤섞어서 뒤집었다가 계속 해나가면서 제대로 맞히게 되면 '안다' 파일에 덧붙인다. 마침내 '모른다' 파일에는 한 장의 카드도 남지 않을 것이다. 이 방법은 싸고 간단하며 효과가 있다. 학교교육을 받는 초창기에 이 비결을 익힌 아이라면 공부의 암기 부문에서는 그다지 어려움이 없게 된다. 학-교가 신경을 쓰는 대부분은 이런 암기 문제다.

또 괜찮은 비결이 있는데 학-교 수학이 주는 걱정과 지루함을 많이 덜어줄 만한 요령으로, 아이에게 작은 전자계산기를 쥐여주는 것이다. 아이에게 계산기를 써서 교과서에 있는 문제를 푸는 법을 가르쳐주면 아이 스스로 답안지를 작성할 수 있다. 그런 다음 계산기 없이 문제를 풀게 되면 제대로 했는지 확인하는 용도로 쓰면 된다. 교-사가 그런 종류의 숙제를 20개, 30개, 40개 내주었다 치자.(이런 일은 예사다.) 그래도 교사와 붙어볼 만한 실력이 된다. 그 문제 중에서 여섯개, 아니 열 개쯤은 계산기 없이도 맞힐 수 있다. 나머지는 계산기를 쓰면 된다. 시간 때우기 공부에 시간을 허비해야 할 이유는 없다. 많은 아이들이 계산기로 문제를 푸는 데 너무 재미를 붙여서 수학 교과서를 수학 교-사들보다 훨씬 빨리 다 떼어버릴지도 모른다. 어쩌면 공부를 잘하는 아이에게는 당연한 일이다. 수업을 앞질러버리는 위치에 있다는 것은 약간은 지루한 일일 수도 있다. 그러나 훨씬 안전하다. 또 다른 아이들을 도와주는 데 자기들의 지식을 이용할 수도 있다.

또 이럴 수도 있다. 수업에 활용하는 교과서가 어떤 것인지 알아낸 다음 그 교과서에 해당하는 교사용 지침서를 출판사나 학교 교재를 다루는 서점에서 살 수도 있다. 이런 지침서를 다른 식으로 이용할 수 있다. 아주 어린 아이들은 물론 이런 책을 읽을 수 없지만, 열 살쯤 되면 읽을 수 있을 뿐 아니라 필시 흥미롭고 재미있다고 생각하리라 본다. 도움이 됨은 물론이다. 어린 아이들에게는 부모가 그 지침서를 읽은 다음 그 속에 있는 내용을 말해주면 된다. 지침서를 이용하면 아이들이 학-교에서 교-사가 뭘 원하는지 추측하느라고 애쓰는 데 시간과 에너지를 허비할 필요가 더 이상 없을 뿐 아니라, 추측을 못 해냈다는 이유로 궁지에 몰리는 위험도 없을 것이라는 게 요점이겠다.

이런 식의 교사 지침서 활용을 아주 강력하게 변호해보겠다. 몇 년 전에 내가 친하게 지내는 아주 지적이고 학식 있는 한 여성이 시간을 내서 자기 아이의 4학년용 교과서를 몇 권 읽고는 각 장의 마지막에 나와 있는 문제에 답을 맞혀보았다. 그 책들은 과연 너무 단순하고, 부정확하고, 편견이 가득하고, 무엇보다 엄청 지루했다. 하지만 이 여성에게 가장 놀랍고 노여웠던 것은 그 문제들이었다. 그 이야기를 해주면서 그녀는 이렇게 말했다.

"각 장의 내용은 너무 간단하고 너무 단순해서 어떤 아이라도 그 내용에 대해 물으면 대답할 수 있을 정도였어요. 문제의 뜻이 뭔지만 확신할 수 있다면요. 그런데 문제를 꼬고 애매하게 해서는 어렵게 만들려고 하더군요. 거의 매번 그 질문이 원하는 답을 맞힐 수가 없었어요. 나로서는 그 질문에 대한 답으로 서너 가지를 생각해낼 수 있었는데 전부 똑같이 그럴듯했죠. 하지만 물론 교사들은 가능한 여러 가지 다른 해답을 생각해내는 아이들에게는 관심을 갖지도 않고 상을 주지도 않죠. 교사들에게는 딱 하나의 '맞는' 답이 있고 다른 식의 답을 하는 아이는 누구든 '틀린' 것이 되어 나쁜 점수를 받는 거니까요."

이것은 많은 교-사들의 경우 사실이고 분명 이들은 지침서를 보고 가르치는 사람들이다. 그러므로 한 아이가 도와주려는 의도가 아닌, 함정에 빠뜨리려고 고안된 문제들에 맞닥뜨려야만 할 때는 실제로 요구하는 게 뭔지를 알게 해주는 것이 정당하다. 더 나아가서 좀 더 큰 아이들이라면 이런 지침서들을 이용해서 학-교생활을 훨씬 더 재미있게 만들 수 있는 몇 가지 방법을 상상해볼 수 있다. 예를 들어 아이들은 교-사를 두고 면밀한 점검을 할 수도 있다. 지침서에 얼마나 충실한지 알아보기도 하고, 어떤 식으로 그 내용에서 빗나가 있는지도 알아보면서.

아니면 교-사를 앞지르면서 약간의 재미를 볼 수도 있겠다. 만약 지침서에 어떤 정해진 날에 어떤 질문이나 토론을 제의하라는 권고가 있다면 아이들이 그보다 먼저 질문을 하거나 토론을 제의할 수도 있다. 그러면 아이들은 교-사의 반응을 살펴볼 수 있다. 또는 지침서가 "토론을 하고 이런 요지를 분명히 하시오!"라고 말하는 지점에서는, 그 요지를 즉각 꺼내놓아서 더 이상의 거짓 토론을 끝내버릴 수도 있다. 아니면 반대로 교-사가 아무리 밀어붙이고 찔러대도 원하는 요지를 꺼내기를 끝끝내 거절한다. 또 교-사에게 이렇게 말할 수도 있다.

"선생님, 지침서 좀 보여주실래요?"

많은 교사들이 그런 물건이 있다는 사실을 부정할 테고, 그런 사실은 그런 책을 갖고 있는 아이들에게는 큰 즐거움을 선사한다. 또 아이들은 아직 그 수업에서 공식적으로 '진도가 나가지' 않은 부분에서 질문을 꺼내 그 교-사에게 물어볼 수도 있다. 나는 그런 놀이를 하면서 큰 재미를 보곤 하던 열 살짜리 아이들을 많이 알고 있었다. 누가 알겠는가? 아이들은 학-교를 적당히 재미있는 장소로 만들 수 있겠고, 언젠가는 몇몇 교-사들이 지침서를 완전히 포기해버리도록 만들 수도 있다. 나는 이런 걸 몇 개 제안했다고 해서 어떤 가책도 느끼지 않는다. 지침서를 보고 가르칠 정도로 우둔하고 게으른 교-사라면 무슨 짓을 당해도 싸다.

그러나 물론 학-교 게임에서 이기는 가장 중요한 요령은 그것이 게임, 즉 체스만큼이나 관념적이고 비실제적이고 소용에 안 닿는 게임이며, 그 게임에 이기는 법은 요령이라는 점을 잘 아는 것이다. 그 게임은 오로지 잘하면 상을 받고(체스에서도 그렇다.) 못하면 벌을 받기(체스에서는 아니다.) 때문에 중요하다. 이 점은 성공한 학생들이 거의 본능적으로 알고 있는 요점이다.

나는 그 점을 열 살 때 눈치 챘고 열세 살이 되었을 때 완벽하게, 또 의식적으로 알게 되었다. 나는 대부분의 학교 공부를 할 때 "이런 영어나 수학, 역사, 과학은 전부 무엇을 뜻하는가?" 하고 생각하는 것이 아니라 "저들은 뭘 원하나? 그들이 물어봄직한 건 무언가?"라고 생각하면서 했다. 그리고 A를 받는 다른 학생들도 다 그랬다. 오직 D와 E를 받는 학생들만이 그것이 대체 무슨 뜻인가, 또는 자기들이 실제로 그걸 익히고 있는가 하는 문제로 많은 고민을 했다.

내가 학-교에서 머리를 쓰지 않았다는 뜻은 아니다. 나는 학교 공부보다는 친구들과 이야기를 하는 데 훨씬 더 많은 시간을 보냈다. 하지만 시험을 위해 당일치기 공부를 하며 서로를 도와줄 때를 빼면 우리는 학교 공부에 관해서는 어떤 대화도 하지 않았다. 만약 우리가 좋은 학생이라면 수업 시간에 대단히 활발하게 어떤 주제를 토론할 수도 있다. 그것도 흥미 있게. 하지만 문을 나서자마자 토론은 거기서 멈추었다. 우리에게는 어떤 경험의 연속체가 없었다. 학교 공부는 학교 공부였고, 삶은 삶이었다. 그리고 그 둘은 서로 아무 관계가 없었다.

우리를 가르쳤던 한 물리학 교사가 어느 날인가 우리에게 최초의 원자 분열과 그때 방출되는 엄청난 양의 에너지에 관해 이야기를 해주었다. 우리는 그 내용이 어떤 시험에도 나오지 않으리라는 사실에 일단 안심을 했기 때문에 그 문제에 대해 다시 한 번 생각해보거나 하지 않았다.

탈출의 길

그러나 나는 그런 방식을 통해 부모들이 학-교를 대부분의 아이들에게 좋은 경험이 되도록 만들 수 있다거나, 학-교가 나쁜 곳이 되지 않도록 막을 수도 있다는 식의 인상을 주고 싶지는 않다. 내가 알고 지내는 이해심 많고 정 많은 여러 부모들이, 아이들이 학-교에서 심하게 상처입지 않도록 해보려고 내가 앞에서 제안한 온갖 일들을 했다. 그러나 그것들이 아이들에게 진짜 도움이 되었던 건 아니었다.

그 아이들은 학-교가 요구하고 상을 주는, 그 관념적이고 단편적인 방식을 통해서는 배울 수 없었다. 『아이들의 삶』에 나오는 '맥신'이라는 아이처럼 그 아이들도 진실한 만남 없이는 배울 수가 없었다. 아이들은 자기들에게 정말 중요하고 염려되는 문제들을 놓고 생각하고, 묻고, 이야기하는 일을 하지 않을 수가 없었다. 아이들은 교실에서 벌어지는 치사하고 야비한 경쟁에 적응을 못 했고, 항상 그 경쟁의 밑바닥에 있었다. 아이들은 그들을 가르치는 교-사들의 무감각함과 가혹함을 피할 수도, 넘겨버릴 수도, 어떤 점에서는 상대할 수도 없었다. 또 그 교-사들의 공적 권위 너머의 자연스런 권위를 이끌어낼 수도 없었다. 해가 갈수록 아이들은 점점 더 겁을 먹고, 당황해하고, 희망을 잃고, 수치스러워했다.

내 주장의 핵심은 부모들이 내가 제안한 몇 가지 방법을 써서 몇 안되는 아이들에게는 학교가 진짜 좋은 경험이 되게 만들 수 있고, 또다른 몇 명쯤에게는 그런 일을 안 했을 때보다는 약간 덜 나쁜 경험이되게 만들 수도 있겠다, 정도라는 말이다.

대부분의 아이들이 필요로 하는 것은 탈출 방법이다. 학교를 나처럼 생각하는 사람들이 할 수 있는 최선의 일은 아이들이 그런 방법을 찾거나 만들 수 있게 돕는 것일지도 모른다. 우리에게는 한때 노예들을 노예 상태로부터 탈출하는 것을 돕는 (완전 불법인) 소위 지하조직이 있었다.

지금 아이들이 학-교에서 탈출하도록 돕는 새로운 지하조직을 만든다면? 그런 지하조직은 불공평하다고 말하는 이도 있을 것이다. 단지 몇 명의 아이들만이 탈 수 있을 테니까. 그러나 그때도 대부분의 노예들은 노예 상태에서 벗어나지 못했다. 그렇다고 해서 모든 노예가 해방되지 못하니까 아무도 해방되어서는 안 된다고 주장하는 사람은 없었다. 게다가 우리는 다른 이들이 따라올 수 있는 길잡이 표식을 새기기만 하면 된다.

어린이들의 지하조직은 모든 사회저항과 사회운동이 그렇듯 작은 규모로 시작해야만 한다. 더 많은 아이들이 타게 되면 더 커지게 될 것이다. 그렇기도 하고, 징병 거부의 경우처럼 자기 자식들을 학교에서 빼내는 일이 합법화될 것 같지는 않다. 불법이라도 상당한 수의 사람들이 그 일을 같이 감행한다면 모를까. 오직 좀 더 많은 사람들이 이 일을 할 때만이 소수의 사람들이 경험을 통해 이미 보여주었던 것을 큰 규모로 확실하게 보여줄 수 있다. 아이들은 대개 학교를 안 다니는 것 때문에 상처받기보다는 훨씬 좋아진다는 그 사실을.

아이들이 학-교를 안 다닐 수 있는 많은 길이 있다. 어떤 것은 합법이고, 어떤 것은 법이 의도한 바는 아니지만 자구 해석상 합법적이고, 어떤 것은 비합법적이다. 가장 합법적이고 안전한 길은 부모가 학-교를 설득해서 자기 아이들을 학-교에 안 다녀도 되게 만드는 것이다.

몇몇 주에서는 학부모 중 한 명이 교사자격증이 있으면 자기 아이들을 집에서 가르칠 수 있는 합법적 권리를 가진다. 부모에게 그런 권리가 없는 주에서조차 자격증이 있으면 필요한 허가를 얻기가 쉽다. 어떤 부모들은 스케줄과 숙제, 시험까지 완비해서 면밀하게 작성한 가정학습 계획서를 준비하여 허가를 얻어냈다. 계획서를 만들었다 해서 그 계획서에 매일 필요는 없다. 그 아이들의 시험 성적이 학년 수준을 상회하고 있는 한 학-교가 그 계획이 시행되고 있는지 확인하려고 그렇게까지 면밀하게 점검하지는 않을 테니까.

어떤 주에서는 부모가 자격증이 있는 교사를 고용해서 개인교습을 통해 아이들을 가르치고, 가정학습 프로그램을 감독하는 게 합법적으로 가능하도록 되어 있다. 만약 부모가 주로 가르치고, 그 개인교사는 그 계획안을 학-교 당국이 보기에 더 낫게 보이도록 만들려는 이유 때문에 고용하는 것이라면, 일주일에 서너 시간 이상 그 교사를 고용할 필요는 없다. 이렇게 하는 것은 사립학교에 등록금을 내는 것보다 훨씬 적게 돈이 든다.

몇몇 주에서는 교사자격증이 있으면 누구든지 학교를 시작할 수 있다고 법에 명시되어 있다. 만약 그 학교가 충분히 작다면(여섯 명 또는 더 적은 아이들이 있는), 대부분의 집에서 화장실, 비상구, 놀이공간 같은 건강과 안전을 위한 시설물 설치에 대한 요구를 만족시킬 수 있다. 그러고도 도시계획법상 무슨 지구니 이웃이니 하는 문제들이 있겠지만, 저 먼 시골에 살고 있는 사람들에게 이런 문제는 그다지 심각하지 않을 수도 있다.

만약 지역의 학-교가 아이들을 위한 가정학습이나 노동 학습 프로그램을 인정하도록 설득할 수 없다면, 아주 적은 비용을 내고 근처에 있는, 또는 다른 학구나 주에 있는 대안학교에 아이들을 등록시킬 수도 있다. 이런 학교들은 그런 프로그램을 승인해줄 것이다. 내 친구의 딸은 2, 3년간 한 번도 가본 적이 없는 어떤 학교의 학적에 올라 있었다. 그 아이는 실제 그 기간 동안 좀 나이 많은 친구와 함께 나라 안을 여행하며 돌아다녔다. 하지만 그 아이는 학교가 '이 아이는 승인된 학교 밖 학습 프로그램을 하는 중입니다.'라고 인정해주는 증명서를 갖고 있었다.

퍼시픽고등학교나 웨스트코스트 대안학교에서는 어떤 때 일단의 학생들이 모두 비슷한 서류로 무장하고 수백 마일 떨어진 곳에서 학교를 떠나 살고 일하면서 지냈다.

내가 아는 한, 위에서 열거된 제도적 장치들이 아이들이 지역 학-

교에 갈 필요 없이 집에서 생활하고 공부할 수 있게 하는 데 활용되고 있지는 않다. 하지만 그렇게 하지 못할 이유가 없다.*

내가 알기로 어떤 주도 부모가 주 밖의 학교에 아이들을 입학시킬 수 없다거나, 그런 학교가 가정학습 프로그램을 승인할 수 없다고 말할 만한 법적 권력을 갖고 있지 않다. 한편 그런 학교 중 어떤 학교는 스스로를 방어하기 위해 아이가 성적을 좋게 받는 한에서만(아니면 학교 공부에 뒤처지지 않았다는 걸 다른 방법으로 보여주는 한에서만) 그런 제도적 장치를 계속 활용할 수 있을 거라고 부모들에게 알려줘야 한다고 생각할지도 모르겠다. 그런 학교를 제외하면, 아이들에게 더 큰 믿음을 갖고 있고 더 대담한 다른 곳에서는 이런 문제를 상관하지

---

* 어떤 대안학교의 교사 한 분이 최근에 이런 글을 써 보냈다.

"……다른 주에서 등록한 학생이 있습니다. 아직 학교에 온 적은 없지요. 부모의 지도 아래 일정한 코스의 공부를 하며(우리의 추천으로 대학 수준의 생물학 과정에 입학을 지원하기까지 했지요.) 어떤 과목은 적당한 개인교사를 두었습니다. 학점을 위해서는 여러 분야에 얼마나 시간을 들여 참여했는가 하는 보고서를 정기적으로 제출했습니다. 우리 측에서는…… 그 아이의 학업 진도 상황을 받아보고 평가하고 기록했습니다. 학년 말이 되면 학력 달성(여러 분야의 학점) 통지서를 발송했지요. 그 아이가 그 '기록'을 원하는데 우리가 더 이상 가지고 있지 않을 경우를 대비해서 말입니다. 그 소년은 지금 열여섯 살입니다.

좀 더 최근에는 우리 주 안에 있긴 하지만 175마일가량 떨어진 곳에 사는 여덟 살짜리 아이 한 명이 우리에게 학적을 올렸습니다. 이 경우에는 아이 아버지가 이미 지역 당국으로부터 비난을 받아왔고, 교육장과 보안관이 그에게 구속영장을 발부한 상태였습니다. ……우리는 세 가지 가능한 대응 방식을 말해주었는데 그이는 우리 학교에 등록하는 걸 택했습니다. 아시겠지만 이렇게 하면 취학의무법을 준수하는 것이 되고, 부모는 기소의 위협에서 벗어나게 됩니다. 그리고 (우리 주에서는 지금, 어쨌든……) 아이가 지역 학구의 관할권으로부터 벗어나게 돼 그 아이가 등록해 있는 사립학교의 '관리 담당'이 그 관할권을 갖게 됩니다!"

않을지도 모른다.

내가 제의한 이런 일 중 어떤 것도 할 수 없는 부모들도 있을 것이다. 도시에 살고 있고 둘 다 일을 해야 하고 그 지역의 학-교 체제가 너무 빡빡하다는 등등의 이유로. 그때는 적어도 1년에 얼마만큼이라도 아이들을 친척이나 친구, 그리고 다른 동정적인 어른들과 함께 살게 하는 방법도 있다. 그 사람들이 합법적으로 이런 일을 할 수 있다면.

어떤 사람들에게는 선택 가능한 방법이 하나도 없을지도 모른다. 그런 경우에는 그저 법을 무시하고 아이들을 학교에 안 보내면 된다. 할 베넷Hal Bennet은 『더 이상 공립학교는 없다No More Public School』에서 이에 관한 몇 가지 길을 제시했다.

어떤 경우 아이의 부모가 학-교에 자기 아이에 대한 이야기를 하지 않으면 학-교가 아이의 존재를 모르고 지나갈 수도 있다. 그러면 아이가 학-교에 나타나지 않아도 그 아이를 무단결석자니 하고 부르지 않을 것이다. 이런 일은 이웃들의 눈이 밝은 곳에 살고 있는 가족에게는 어렵고 멀리 떨어진 시골에 살고 있는 사람들에게는 유리하다. 내가 아는 어떤 부부는 작은 도시에서 10마일가량 떨어진 시골(교외가 아니다.)에서 살고 있는데, 아홉 살짜리 아들은 학교에 가본 적이 없다. 아니, 가고 싶어 한 적이 없다는 말이 맞다. 부모는 두 사람 다 도시에서 일한다. 시골 학-교에서는 그 아이의 존재를 알아도 그저 그 도시에 있는 학-교에 다니겠거니 추측하고, 도시의 학-교는 시골의 학-교에 다닐 거라고 추측한다. 그 아이는 방과 후면 학교에 다니는 많은 친구들을 만나서 노는데, 그 친구들은 그 아이가 학교에 다니지 않는 걸 알고 아이의 행운을 부러워한다. 지금까지는 그 애를 밀고한 사람이 아무도 없다. 아마도 남의 사사로운 일에 참견하지 않는다는 전통이 아직 남아 있는 시골에 살고 있기 때문인 것 같다.

할 베넷은 그 책에서 이렇게 지적한다. 부모가 그 지역의 학-교에 아이를 공립학교에서 사립학교로 전학시키겠다고 하면, 공립학교는 아이가 사립학교에 다닐 거라고 간단하게 믿고 필시 그렇게 하는지 알아보려고 조사하지 않을 것이다. 어떤 사람들에게는 이 방법이 고통스럽고 파괴적인 학교 상황에서 아이를 구출하는 길일 수도 있다.

마지막으로 만약 부모들이 아이를 집에 데리고 있을 수 없고 학교 밖에 있게 할 수 있는 처지가 아니라면, 적어도 잠시 동안만이라도 아이를 다른 사람들과 함께 살도록 보낼 수도 있다. 친척이나 친구가 아니면 그저 동정적인 사람들에게라도. 한 학년 내내 이렇게 할 수는 없더라도, 대부분의 아이들에게 학-교로부터의 탈출은 기간이야 얼마쯤이든 간에 전혀 못하는 것보다 낫다. 한 학년 전부를 학-교에서 보내야만 하는 게 아니라면, 학년의 일부만은 학-교에 기꺼이 가거나 가고 싶다고 자처하는 아이도 있을 것이다.

이런 말을 하고는 있지만, 이 가운데 어떤 일도 쉽고 누구나 할 수 있는 일이라고 주장하고 싶지는 않다. 더더군다나 자기 아이들을 학-교에 보내기를 거부하게 된 사람들의 수가 충분해지면 학-교는 쇠퇴해서 없어져버릴 거라고 주장하고 싶은 것은 아니다. 그래도 내가 주장한 방법으로 제법 많은 수의 아이들이 학-교를 탈출하는 것도 가능하리라고는 본다. 하지만 충분한 수의 아이들이 이 허점, 혹은 다른 허점을 통해 빠져나오게 되면, 학교 당국은 교-사 노조나 조직들을 등에 업고 이 허점을 막아보려고 상당한 정치권력을 휘두를 것이다.

대학과 대학원을 포함해서 강제적이고 경쟁적인 학교교육은 결국 강제 소비에 기반을 두고 있는 연 천 억 달러의 사업이다. 교육 관련자들은 힘겨운 투쟁 없이는 그 사업의 어떤 부분도 포기하려 하지 않을 것이다.

그러나 충분한 수의 아이들이 학-교를 탈출해서 학-교가 그 탈출로를 막아야겠다고 느낄 때쯤에 이르면, 우리는 사법부나 입법부를 납득시킬 만한 충분한 증거를 가질 수 있을지도 모른다. 요컨대 학-교를 다니지 않는 아이들이 학-교에 다니는 아이들보다 엄청나게 적은 공공비용을 들이고도 훨씬 빨리, 그리고 훨씬 더 잘 배운다는 걸 보여줄 수도 있고, 자유나 정의뿐만 아니라 공공정책을 이유로 해서도 어떤 종류의 학교교육을 (만약 한다면) 얼마만큼 하고 싶은지 부모와 아이들이 함께 결정하게 놔두어야 한다는 사실을 보여줄 수 있을지도 모른다.

교육(강제 학교교육, 강제 학습)은 인간의 정신과 영혼에 반하는 폭압이요, 범죄다. 그로부터 탈출할 수 있는 모든 사람들을 탈출하게 놔두자. 할 수 있는 온갖 방법으로.

아이들의 삶을 아이들 자신에게 돌려주자

나는 최근에 '없이 살기'라는 주제를 놓고 집중적인 구상을 하거나 몇 편의 글을 써보며 십수 년간 우리 가족이 해본 실험을 정리해보고 있다. 물론 그 속에는 '학교 없이 살기' 같은 주제도 포함되는데 존 홀트의 표현을 빌리자면 '교육 없이 살기'라는 편이 더 맞겠다.

우리 가족은 오랫동안 학교 없이 살아왔다. 이런저런 학교와 인연을 맺지 않은 건 아니지만 미래를 위한 '교육' 대신 지금 당장 해야 할 일이나 하고 싶은 일을 하면서 살아왔다는 뜻이다. 흔히 우리 같은 사람들을 두고 '홈스쿨러'라고 부르지만 홈스쿨링이라는 말이 제대로 정착하기도 전에 그 의미가 급격히 변질되고 있는 지금에 와서는 다른 말로 우리 같은 사람들의 정체성을 표현하고 싶기도 하다. '스쿨링schooling'이라는 말 자체를 싫어해서 '언스쿨링unschooling'이라고 하자는 사람들도 있다.

어쨌든 우리가 아이들을 학교에 보내지 않게 된 것은 운동적 성격의 홈스쿨링과는 관계가 없는 일로 '없이 살기'라는 우리의 개인적 추구에서 비롯된 일이었다. 이런 생활 태도를 두고 사람들은 '언플러그드'라고 보기도 하고 '자연으로 돌아가기,' 더 최근에는 '귀농'이라는 관점에서 이해를 하는 것 같다. 하지만 굳이 우리의 입장을 구구하게 설명하자면, 인간의 삶에 필수 불가결한 조건처럼 자리 잡고 있는 온갖 체제와 물질로부터 조금이나마 벗어난다면 본래의 인간이 지닌 자유와 존엄성을 회복할 수 있는 길이 되리라는 믿음 속에서 몇 가지를 시도해본 것이다. 그 시도의 일환으로 우리는 일상에서 텔레비전과 세탁기, 여러 가지 엔진과 모터들을 없애나갔고, 낡은 인습과 제도로부터 벗어나려고 했으며, 미디어, 인터넷, 전문직 등에 구애받지 않는 사람이 되려고 했다.

그 대안으로 우리는 당연히 농사짓기를 바탕으로 한 자급자족을 추구했고 경제생활이나 사회생활을 최소화하는 식으로 나아갔다. 학교의 교과과정이나 수업 내용이 우리의 추구점이나 사상과 맞지 않아서이기도 했지만, 학교에 보낼 만한 경제적 여유가 없어졌기 때문에라도 학교와의 거리는 멀어질 수밖에 없었다. 우리에게 학교 없이 살기는 서서히, 자연스럽게 이루어진 셈이다.

때문에 나에겐 이 책에서 보여주는 홀트의 주장이 새삼스런 충격은 아니다. 나에게 충격적이었던 것은 이 책이 거의 한 세대나 전에 미국에서 쓰인 책임에도 홀트가 묘사하는 그때 그 상황과 지금 우리나라의 상황이 너무나 흡사하다는 사실이다. 사회의식 수준이 경제 발전 단계와 비례하는 것이라면 우리는 이제 홀트가 이 책을 썼던 1970년대의 미국과 비슷한 사회의식 수준을 갖게 된 것일까? 이 책에 나오는 교육통화 프로그램에 소개된 보통 사람들의 관심사를 살펴보면 그 점을 알 수 있다. 여러 가지 심리 치료 프로그램이나 명상, 몸에 대한 열망, 생태주의, 페미니즘의 대두, 유기농, 에너지 문제, 웰빙에 관한 관심…… 등등.

아주 다른 점이 있다면 우리의 경제 발전이 선진국형이 아니어서 오는 사회의식 발달의 혼란을 들 수 있겠다. 중국 인민들이 급작스런 시장경제의 활성화로 흑백텔레비전이나 반자동 세탁기를 거치지 않고 바로 컬러텔레비전이나 전자동 세탁기를 쓰게 되는 급격한 문화적 혼란을 겪었듯, 우리도 자체의 필요성에서 나온 상상력의 결과가 아닌 서구형 대안의 상업적 홍수 속에 휘말리게 된 셈이다.

몇 해 전에 어떤 출판사로부터 홈스쿨링에 관한 책의 번역을 의뢰받은 적이 있다. 내용인즉슨 '보통 사람들도 홈스쿨링을 할 수 있게 해주는 가이드' 같은 것이었는데 홈스쿨링에 관한 온갖 정보들이 총망라된 엄청나게 두꺼운 책이었다. 아직 우리의 상황이 그런 책을 수용할 만큼 무르익지 않았고 또 그 책에서 소개하는 교육 프로그램이 너무 미국적이라는 이유로 거절했지만, 사실 나를 가장 서글프게 만들었던 것은 그 책에 담긴 철저한 상업주의였다. 상업주의가 가져다주는 정보의 홍수 속에서 우리의 상상력은 질식당한다. 체제 속에서 우리의 자유가 질식당하듯이.

홀트의 나라 미국에서는 홀트의 책이 나온 지 한 세대 만에 수백만에 달하는 홈스쿨러들이 생겨나고 홈스쿨링의 학력이 인정되었다. 그러면서 홈스쿨링 가정들이 교육 프로그램과 교재의 새로운 소비시장으로 부상하게 되는 혼동을 겪었다. 그리고 지금은 진정한 풀뿌리

운동이었던 홈스쿨링의 순수성이 퇴색되고 있는 시점인 듯하다.

우리의 사정은 어떨까. 지금 우리 사회에서는 홀트가 이 책에서 내놓는 몇 가지 대안들이 무색할 만큼 도서관을 비롯한 사회자원들이 나날이 풍요로워지고 있고, 홀트의 시대에는 꿈도 꾸지 못했던 인터넷을 이용한 무료나 무료에 가까운 교육 자원들이 넘쳐나고 있다. 그런데 왜 이렇듯 일견 '무르익은' 상황 속에서도 아이들은 낡을 대로 낡은 기존 체제 속에서 끝없이 무가치한 교육열의 희생물이 되고 있는 것일까?

사람들이 공교육 체제로부터 벗어나지 못하는 것은 얼핏 대안이 없어서가 아니라는 생각이 든다. 많은 사람들이 공교육의 비인간성과 비효율성을 뼈저리게 느끼고 비판하면서도 실제로 대안을 선택하지 못하는 가장 큰 이유는 소외나 고독의 두려움이지, 기존의 교육 체제에 대한 '교육적 대안'이 없어서가 아니다. 일반 학교를 가고 싶어하지 않는 아이들이나 대안을 찾는 부모들이 당장에 학교에 가기를 그만두기보다는 덜 모험적으로 보이는 대안학교를 선택하는 주원인도 여기에 있지 않을까. 그런 대안학교들에서 보이는 자폐증적인 과도한 의사 공동체성과 자기 증식 욕구도 모두 체제로부터의 소외를 피해보려는 열망으로 보인다. 대안적인 연대가 아니라 기존 체제로부터 인정받고자 하는 자가당착적인 모습까지 보이며 말이다.

그러니 우리에게 필요한 것은 대안에 대한 정보나 방법론이 아니라 고독과 소외를 무릅쓰고라도 대안을 선택할 수밖에 없는 상황을 인식하고, 행동할 수 있는 필연성을 발견하는 것뿐이다. 대안의 내용은 스스로가 만들어야 한다. 그래야만 고독과 소외가 최초의 동반자

일 수밖에 없다는 너무나 쉬운 법칙을 이해하고 스스로 길을 찾아나 갈 힘을 키울 수가 있다. 고독의 시간과 소외의 어려움을 이겨내지 못해서 찾게 되는 해결책이란 그것이 어떤 이름으로(대안학교든 홈스쿨링이든) 불리든지 또 다른 모습의 체제에 불과하다. '서로에게 도움이되는', '공생의' 등등의 문구들이 의미하는 세상은 그다음의 일이다. 그러니 이 책에서 홀트가 이야기하는 대안들 역시 안타까움에서 나온 여러 가능성에 관한 탐색이며 그 나름의 예언쯤으로 받아들이는 것이 좋을 듯하다. 그 예언의 대부분이 이루어졌다는 것도 감안하면서.

존 홀트의 글이 지닌 가장 큰 힘은 오늘날 행해지고 있는 교육과 학교 제도의 본질을 바로 볼 수 있게 해주는 데 있다. 그의 글에는 체제에 잠식되어 있는 내 삶을, 우리 아이들의 삶을 우리 자신의 것으로 온전하게 되찾아야겠다는 결심을 갖게 해주는 힘이 있다.

이 책을 번역하며 같이 패밀리 비즈니스를 해준 우리 아이들에게 감사하며, 그다지 상업성은 없어 보이지만 두고두고 그 진심이 빛나는 이런 책의 출판을 결심한 아침이슬에 감사드린다.

공양희

존 홀트의 학교를 넘어서
−학교 밖에서 찾는 능동적 배움의 길

첫판 1쇄 펴낸날 · 2007년 9월 10일

지은이 · 존 홀트
옮긴이 · 공양희
펴낸이 · 박성규

펴낸곳 · 도서출판 아침이슬
등록 · 1999년 1월 9일(제10−1699호)
주소 · 서울시 마포구 합정동 411−2(121−886)
전화 · 02)332−6106
팩스 · 02)322−1740
이메일 · 21cmdew@hanmail.net

ISBN · 978−89−88996−77−5 (03370)

책값은 뒤표지에 있습니다.